edition suhrkamp 2721

Im Oktober 2017 jährt sich die Russische Revolution zum einhundertsten Mal. Anlass genug, die Ereignisse von 1917 durch das Prisma 1968 zu betrachten und beide Revolutionen in ein Verhältnis wechselseitiger Kritik zu bringen. Während 1917 auf den Staat fokussierte, zielte 1968 auf das Individuum. In Zukunft müsste es darum gehen, die »Beziehungsweisen« zwischen den Menschen in den Blick zu nehmen. Das Buch analysiert die revolutionären Geschlechterverhältnisse als Verhältnisse, die zwischen Privatheit und Öffentlichkeit, »Nahbeziehungen« und »Fernbeziehungen« geknüpft sind – das Geschlecht der Revolution. So tritt ein Begehren zutage, das nach wie vor auf Realisierung wartet: das Begehren nach gesellschaftlichen Beziehungsweisen der Solidarität.

Bini Adamczak lebt in Berlin und arbeitet als Autorin und Künstlerin zu politischer Theorie, queerfeministischer Politik und der vergangenen Zukunft von Revolutionen. Von ihr sind bisher erschienen: *Gestern Morgen. Über die Einsamkeit kommunistischer Gespenster und die Rekonstruktion der Zukunft* und *Kommunismus. Kleine Geschichte, wie endlich alles anders wird.*

Bini Adamczak

Beziehungsweise Revolution

1917, 1968 und kommende

Suhrkamp

Klimaneutral
Druckprodukt
ClimatePartner.com/14438-2110-1001

6. Auflage 2023

Erste Auflage 2017
edition suhrkamp 2721

Originalausgabe

Satz: Satz-Offizin Hümmer GmbH, Waldbüttelbrunn
Druck: C. H. Beck, Nördlingen
Umschlag gestaltet nach einem Konzept
von Willy Fleckhaus: Rolf Staudt
Printed in Germany
ISBN 978-3-518-12721-6

www.suhrkamp.de

Inhalt

TEIL EINS
RUSSISCHE REVOLUTION

TEIL ZWEI
DAS GESCHLECHT DER REVOLUTION

TEIL DREI
BEZIEHUNGSWEISEN

Es ist nicht warm
aber es könnte warm sein
Erich Fried

TEIL EINS
RUSSISCHE REVOLUTION

PRD – Postrevolutionäre Depression

Mitte der zwanziger Jahre unternahmen Ignazio Silone, ein italienischer Kommunist und Schriftsteller, und Lazar Schatzky, der Vorsitzende des Komsomol, der Kommunistischen Jugendorganisation Russlands, einen Spaziergang über den Roten Platz in Moskau. Es war die Zeit der Neuen Ökonomischen Politik, die im Rahmen der »Diktatur des Proletariats« kapitalistischen Handel zwischen Stadt und Land erlaubte. Die Kommunistische Partei Russlands (Bolschewiki) befand sich schon ein Jahrzehnt an der Macht, doch während sich der Geist des Leninismus großer Lebendigkeit erfreute, war Lenin selbst bereits 1924 verstorben. Lenins Gehirn wurde in einem eigens dafür gegründeten Institut auf Genialität hin untersucht (Hagemeister 2005, 36), der Rest seines Körpers in einem hölzernen Mausoleum auf dem Roten Platz konserviert. Diesen Holzbau, an dem »man jeden Tag endlose Prozessionen armer, zerlumpter Bauern vorbeidefilieren sah« (Silone 2005 [1949], 107), passierten die beiden Freunde gerade, als Lazar Schatzky begann, über seine Traurigkeit zu sprechen. Was ihn traurig machte, war das Gefühl, zu spät geboren zu sein, zu spät, um an der Revolution teilnehmen zu können. Für einen überzeugten bolschewistischen Revolutionär musste das dem Gefühl gleichkommen, das wichtigste Ereignis des eigenen Lebens verpasst zu haben. Ignazio Silone versuchte, seinen Freund zu trösten: »Es wird noch genug andere Revolutionen geben«, sagte er, »Revolutionen werden immer nötig sein, auch in Russland.« »Was für Revolutionen?«, fragte Schatzky ungeduldig, »und wie lang müssen wir noch darauf warten?« (Ebd., 107)

Silone wollte seinen sowjetischen Genossen nicht leiden sehen und bot direkte Abhilfe an. Er zeigte auf das hölzerne

Mausoleum, dessen Fassade erst 1930 durch grauen und roten Granit ersetzt werden sollte, dann schlug er vor, einige Kanister Benzin zu besorgen, die »Totem«-Baracke anzuzünden und so auf eigene Faust eine kleine »Revolution« zu machen.

Bekanntlich befolgte der Vorsitzende der Kommunistischen Jugendorganisation Russlands den Vorschlag seines italienischen Genossen nicht. Weder fackelte er das Lenin-Mausoleum ab, noch konnte er über die schöne Idee auch nur lachen. Stattdessen wurde er »furchtbar blass und begann zu zittern«. Dann bat er seinen Freund, nie wieder etwas so Scheußliches zu sagen.

Zwei affektive Zustände prägen diese kurze Sequenz, die Ignazio Silone in einem 1949 geschriebenen autobiographischen Essay erinnert. Zunächst ein Zustand von Blässe und Zittern. Obwohl sich der Stalinismus erst 1929 konsolidierte (Arendt 2008 [1951], 629), waren diese Reaktionen bereits Mitte der zwanziger Jahre Ausdruck einer aufkommenden stalinistischen Subjektivität. Erstens weil die systematische Vergötzung Lenins, der »Leninismus« oder »Marxismus-Leninismus« selbst ein stalinistisches, von Stalin entwickeltes Konzept war (Adamczak 2007, 123 ff.). Zweitens weil Schatzkys Angst rückblickend mehr als gerechtfertigt erscheint. Nur wenige Jahre später würde ein Witz tatsächlich ausreichen, um nicht nur aus der Partei ausgeschlossen, sondern auch verhaftet und verbannt, zu Zwangsarbeit verpflichtet oder erschossen zu werden. Auch Schatzky sollte, zehn Jahre nach diesem Spaziergang, dem stalinistischen Terror zum Opfer fallen. Nicht wegen eines Witzes, aber aufgrund einer ähnlich absurden Mitgliedschaft in einem frei erfundenen »trotzkistisch-sinowjewschen Block«.

Der zweite affektive Zustand, der die kurze Sequenz prägt,

ist zugleich offenkundiger und rätselhafter. Anders als bei Schatzkys Angst ist es bei seiner Traurigkeit nicht nötig, körperliche Zeichen zu interpretieren. Er sprach dieses Gefühl wie dessen Grund offen aus: Der Revolutionär war traurig, weil er die Revolution verpasst hatte. Was allerdings einer Interpretation bedarf, ist diese Traurigkeit selbst. Es ist die Traurigkeit des Revolutionärs *nach* der Revolution, nach der passierten und verpassten Revolution. Warum sollte jemand – und der Vorsitzende der Kommunistischen Jugend Russlands ist nicht *irgend*jemand – darüber traurig sein, darüber traurig sein können, die Revolution verpasst zu haben? Schließlich handelte es sich bei derjenigen von 1917 nicht um ein folgenloses oder abgeschlossenes Ereignis wie so viele Revolutionsversuche davor und danach, sondern um einen folgenreichen und fortgesetzten Prozess. Die Russische Revolution war, unbestreitbar, siegreich, sie war, nach den niedergeschlagenen proletarischen Revolutionen von Haiti (bzw. Saint-Domingue, vgl. James 1984) und Paris (Jakobiner, vor allem Pariser Commune, vgl. Ross 2015), die erste dauerhaft siegreiche sozialistische Revolution. Anders als ihre Vorgängerinnen und die meisten ihrer Nachfolgerinnen wurde die Russische Revolution nicht von äußeren Feinden geschlagen. Bereits 1921 waren alle Angriffe imperialistischer Staaten wie konterrevolutionärer Truppen abgewehrt worden. Nachdem die monarchistischen oder bürgerlichen »Weißen« besiegt und die ehemals verbündeten anarchistischen »Schwarzen« verraten waren, konnten die bäuerlichen »Grünen« befriedet werden, womit die bolschewistischen »Roten« als unbestrittene Sieger aus dem Bürgerkrieg hervorgingen. Warum also sollte jemand, der wie der Vorsitzende der Kommunistischen Jugend Russlands den »Roten« angehörte, einen Kampf wiederholen wollen, nachdem er gewonnen wurde? Einen Kampf zumal, dessen (bürger)kriegerischer Verlauf über eine Million Tote gefordert hatte (Figes 2008, 17)? Was heißt es, die Revolution herbeizusehnen, sie zu vermissen und zu begehren – *nach* der Revolution? Und was bedeutet es, angesichts der Unmöglichkeit, diesen Wunsch zu erfüllen, traurig und niedergeschlagen zu sein, vielleicht sogar resigniert und antriebslos? Warum also litt Lazar Schatzky unter einer postrevolutionären Depression?[1]

Notwendige ökonomische und freie kriegerische Politik

In seiner Traurigkeit war Lazar Schatzky nicht allein. Unter ihr litten in den zwanziger Jahren in Russland viele Menschen, insbesondere Kommunistinnen. Die scheinbar naheliegende Erklärung für die postrevolutionäre Depression (PRD) bestand in der Unzufriedenheit der Beteiligten mit den Ergebnissen der Revolution, mit dem Fortschritt des Sozialismus. Insbesondere die Einführung der Neuen Ökonomischen Politik galt als Zugeständnis an die kapitalistische Ökonomie, an alte wie neue Bourgeoisie. Lenin bezeichnete sie als eine »Niederlage«, die »ernster war als irgendeine Niederlage«, die den

1 Zum Glück des Unglücks von Lazar Schatzky und Genossinnen war der Diskurs der Depression zu ihrer Zeit weder bereits erfunden noch mit Hilfe der Pharmaindustrie popularisiert worden (vgl. Teuber 2011). Auch nachträglich sollen die traurigen Kommunisten von der Zumutung dieser Diagnose verschont bleiben dürfen. Depression wird hier deswegen nicht im Sinne einer klinischen Pathologisierung verwendet, sondern im Sinne des Alltagsgebrauchs, der hierunter ein Set verschiedener Affekte und Affektlosigkeiten fasst, das von schlechter Laune über Antriebslosigkeit hin zu Hoffnungslosigkeit und Leere reicht, vor allem aber ein Gefühl der Traurigkeit bezeichnet, wo für dieses kein gesellschaftlicher Raum bleibt (vgl. Leader 2009).

Bolschewiki jemals von konterrevolutionären Generälen beigebracht worden war und angesichts derer es »natürlich unvermeidlich« sei, »dass manche Leute in einen recht deprimierten, fast panikartigen Zustand« verfielen (Lenin, LW 33 [1921], 43 f.). Der Vorsitzende der Kommunistischen Internationalen, Grigori Sinowjew, schlug vor, die NÖP nicht als Neue, sondern als Notwendige Ökonomische Politik auszuschreiben (Naiman 1997, 10). Und Karl Radek formulierte 1922 knapp: »Wir gehen vorsätzlich mit der Bourgeoisie ins Bett« (zitiert nach Naiman 1997, 81).

Tatsächlich brachte die Warenwirtschaft der Neuen Ökonomischen Politik gegenüber dem Bezugscheinesystem des Kriegskommunismus wirtschaftliche Entspannung (Mats 2012, 66), vergrößerte aber auch erneut die soziale Ungleichheit (Benjamin 1980 [1927], 103 f., Ostrowski 2004 [1932], 282 ff.). Auch wenn manch führender Parteikader das Entstehen der Neukapitalistinnen mit einer gewissen Entspanntheit betrachtete und plante, sie »wie junge Hühner fett werden zu lassen«, um ihnen »sobald sie lästig würden [...] höflichst den Hals umzudrehen« (Kopelew 1979, 219), war die allgemeine Stimmung gedämpfter. »War es wirklich nötig«, fragte ein Komsomolze in seinem Brief an Trotzki, »die Oktoberrevolution zu machen, bei der so viele junge Menschen getötet wurden, nur um zur Vergangenheit zurückzukehren?« (Zitiert nach Gorsuch 1997, 567.)[2]

2 In den späten zwanziger Jahren würde die Frage, wie schnell die Industrialisierung vorangetrieben werden sollte, zu einem Strömungsstreit in der Kommunistischen Partei Russlands führen, in dem – als sollte es die historische Kontingenz von Signifikanten demonstrieren – der »rechte« Flügel für einen glimpflichen Umgang mit den Bäuerinnen plädierte, der »linke« Flügel für eine schnelle und also brutale Lösung optierte. Aber so politisch folgenreich dieser Richtungsstreit – aus dem die Stalinfraktion siegreich hervorging – auch sein sollte, die verhandel-

Das Unbehagen in der Ordnung der Neuen Ökonomischen Politik erklärt allerdings noch nicht, warum sich die Sehnsucht der Revolutionäre nicht auf die kommunistische Zukunft richtete, sondern auf die kriegskommunistische Vergangenheit. Auch das war keine individuelle Eigenart Lazar Schatzkys, sondern eine kollektive Erfahrung, »verbreitet unter denjenigen Kommunisten in Russland, die sich von der Neuen Ökonomischen Poltik verraten fühlten« (Borenstein 2000, 40, vgl. auch Werth 1998, 108). Obwohl diese Tendenz insbesondere von alten Bolschewiki, die bereits vor 1917 Mitglieder der Partei gewesen waren und in dieser jetzt eine Minderheit bildeten, kritisiert wurde, stellte der Kriegskommunismus ein Reservoir an idealisierten Bildern zur Verfügung, an denen sich »Verhalten, Sprache und sogar Aussehen von Kommunistinnen in den zwanziger Jahren des 20. Jahrhunderts« orientierten (Fitzpatrick 1985, 58). Er erhielt seine Anziehungskraft nicht trotz, sondern gerade wegen seines martialischen Namens, der nur im Deutschen die Form einer Alliteration, aber in jeder Sprache die eines Oxymorons hat. Auf den ersten Blick war es gerade das Primat des Kampfes, das den Kriegskommunismus von der Neuen Ökonomischen Politik unterschied. Während die Aufgabe zuvor im Ausschalten der Konterrevolution bestanden hatte, ging es nun um den Aufbau einer postrevolutionären Ordnung; während die Situation zuvor Mut und Entschlossenheit gefordert hatte, verlangte sie jetzt Geduld und Disziplin. Der Übergang war konfliktreich. Am deutlichsten zeigte sich das in der Jugendorganisation der Kommunistischen Partei, dessen Vorsitz Lazar Schatzky Mitte der zwanziger Jahre innehatte. Für die hier organisierten jugendlichen Arbeiterinnen bedeutete

---

ten Differenzen waren lediglich graduelle, bezogen auf die prinzipielle Ablehnung der NEP.

das Ende des Bürgerkriegs einen sozialökonomischen Abstieg. Ebenso wie weibliche Arbeiterinnen wurden sie von den erwachsenen und männlichen Facharbeiterinnen, die aus dem Krieg zurückkehrten, von ihren Arbeitsplätzen verdrängt. Nachdem sie bereits gleichberechtigt mit älteren Genossinnen zusammen gekämpft hatten, fühlten sie sich nun auf den Status von Schülern zurückgestuft. Auf dem dritten Komsomol-Kongress im Herbst 1920 übernahm es Lenin persönlich, der »erfolgs- und siegestrunkenen Jugend« (Mehnert 1973 [1932], 151) ihre neue Aufgabe zu vermitteln. Es sei klar, »dass die in der kapitalistischen Gesellschaft erzogene Generation der Arbeitenden bestenfalls die Aufgabe lösen« können werde, »die Grundlagen der alten, kapitalistischen [...] Lebensweise zu zerstören«. Im Gegensatz dazu stehe »gerade vor der Jugend die eigentliche Aufgabe [...], die kommunistische Gesellschaft zu schaffen« (Lenin, LW 31 [1920a], 272). So groß die Aufgabe war, die Lenin der Jugend antrug, so wenig glich sie doch den Vorstellungen der Komsomolzen. Tatsächlich fiel sie wesentlich nüchterner aus, als Lenins einleitende Worte hatten erwarten lassen. Die Aufgaben »der Jugend im Allgemeinen und der kommunistischen Jugendverbände [...] im Besonderen« wollte der Parteivorsitzende »durch ein einziges Wort ausdrücken: Die Aufgabe besteht darin, zu lernen.« (Ebd.)

Lenins zutreffende Analyse, dass eine kommunistische Gesellschaft sich nicht allein mit auswendig gelernten kommunistischen Losungen aufbauen lässt, sondern nur mit Hilfe des gesammelten Wissens der alten Gesellschaft, stieß bei der kommunistischen Jugend auf begrenzte Begeisterung. »Sehr viele«, berichtet ein Beobachter, »wurden durch den schulmeisterlich erscheinenden Aufruf zum ›Lernen‹ aus ihren romantischen Illusionen gerissen. Schade, sagten sie, Lenin ist also auch alt geworden« (Mehnert 1973 [1932], 152).

Nikolai Bucharin, das jüngste Mitglied des Zentralkomitees, konnte die Komsomolzinnen hierin verstehen. Während der Bürgerkrieg der Jugend »eine kolossale Aufgabe von beispielloser Schönheit« gegeben habe, nämlich, den gemeinsamen Feind Weltkapitalismus zu töten, konnte die NEP mit keiner »schillernden, scharf definierten, militanten, heroischen Aufgabe« aufwarten (Bucharin, zitiert nach Fisher 1959, 79f.). Mit dieser Mangelbestimmung – Abwesenheit einer heroischen Aufgabe – traf Bucharin recht genau die Atmosphäre, die im Komsomol gegenüber der »Teufels-NEP« (Mehnert 1973, 152) vorherrschte. Die kommunistische Jugend, »diejenigen, die die Oktoberrevolution im Alter von zehn Jahren oder weniger erlebten«, klagten, dass »der Geist der Revolution vergangen war«, dass »die harten, aber romantischen Jahre des Bürgerkriegs nicht mehr wiederkehren würden« und dass »die ältere Generation [ihnen] ein langweiliges, prosaisches Leben ohne Kampf oder Aufregung hinterlassen hatte« (zitiert nach Figes 2008, 862). Dabei wurde der Wechsel des Subjektideals von der gnadenlosen, harten und militarisierten Barrikadenkämpferin zur politisch gebildeten, disziplinierten und moralischen Komsomolzin auch als eine Bewegung der Verweiblichung interpretiert (Wood 1997, 49ff., Gorsuch 1996, 645). Entsprechend rigoros wurde der Vorschlag, das Rauchen und Trinken aufzugeben, um nichtkommunistischen Jugendlichen ein Vorbild zu sein, im Komsomol zurückgewiesen (vgl. Gorsuch 1997, 575). Klaus Mehnert, ein deutscher Nationalist, der in den späten zwanziger Jahren sowohl die USA als auch die Sowjetunion bereiste, beschrieb die Atmosphäre, die 1921 und 1922 im Komsomol vorherrschte, als »Depression«. Aufgrund zu schnellen Wachstums habe sich der Verband durch »innere Leere und Leblosigkeit« ausgezeichnet – typische Charakteristika einer depressiven Stimmung: »Die heroische Zeit schien endgültig vorüber zu sein.

Die Begeisterung brannte aus. Eine allgemeine Entspannung trat ein. Cafés und Restaurants wurden wieder geöffnet, Kitschfilme aufgeführt, Schundliteratur gelesen.« (Mehnert 1973 [1932], 152) Deutlichstes Anzeichen der hier mit Kitschfilmen und Schundliteratur als weiblich gekennzeichneten Depression war, dass die Zahl der Mitglieder des Komsomol im Jahr 1922 von einer halben Million auf 235 000 zusammenschmolz (ebd.). Diese Entwicklung ließ sich nicht im rationalistischen Vokabular des bolschewistischen Marxismus fassen, dessen zentrale Kategorien für den affektiven Charakter politischer Prozesse blind sind. Bucharin, einer der wichtigsten Theoretiker des frühen Bolschewismus, erkannte das. Die Vorschläge für Gegenmaßnahmen, die er dem Verband unterbreitete, waren deswegen auf emotionaler Ebene angesiedelt. »Wir dürfen«, deklarierte er, »uns nicht nur ans Hirn wenden. Denn ehe der Mensch etwas versteht, muss er es fühlen« (zitiert nach Mehnert 1973 [1932], 153). Wie aber sollte diese emotionale Mobilisierung aussehen und welche Affekte sollten durch sie aktiviert werden, um die PRD zu überwinden? Der historisch folgenreiche Beschluss des fünften Komsomol-Kongress 1922 lautete:

> »Alles romantisch-revolutionäre Material muss ausgenutzt werden für die Erziehung der Jugend – die ›unterirdische Arbeit‹ vor der Revolution, der Bürgerkrieg, die Tscheka, die Kämpfe und revolutionären Taten der Arbeiter und der Roten Armee, technische Erfindungen und Expeditionen.« Vor allem, paraphrasiert Mehnert, »müsse eine Literatur geschaffen werden, in der in hinreißender Form das sozialistische Ideal, der Kampf des Menschen mit der Natur, das Heldentum des Proletariats und die bedingungslose Hingabe an den Kommunismus verherrlicht werde.« (Ebd., vgl. Lenin, LW 33 [1921], 48.)

Der Begriff der Verherrlichung, den der deutsche Nationalist Mehnert wählt, beschreibt die Komsomol-Politik ebenso genau wie der für den bolschewistischen Diskurs so ungewöhnliche Begriff des Romantischen. »Man war«, wie Walter Benjamin fünf Jahre später beobachtete, »in die Restauration eingetreten«, wollte »aber dem ungeachtet revolutionäre Energie in der Jugend wie elektrische Kraft in einer Batterie aufspeichern.« (Benjamin 1980 [1927], 80) Wo die Erfahrungen von Untergrundarbeit, Revolution, Bürgerkrieg nicht mehr real erlebt werden konnten, sollten sie virtuell reproduziert werden, zum einen, indem die Propaganda sie in Erinnerung hielt, zum anderen, indem sie auf Erfindungen, Expeditionen, Geheimpolizei übertragen wurden. Selbst der »Kampf mit der Natur« fand seinen Platz in dieser kriegerischen Dramaturgie. Die »Erziehung der Jugend« folgte dem Narrativ der Abenteuererzählung, blieb allerdings weder auf die Jugend begrenzt noch auf bloße Fiktion. Gregori Sinowjew proklamierte 1925, dass »die Kämpfe, die über das Schicksal der Revolution« entschieden, andauerten, auch wenn sie »ohne Blut und Kanondonner« vor sich gingen (zitiert nach Naiman 1997, 11). In dieser Interpretation wurde die Neue Ökonomische Politik als Fortsetzung des Bürgerkrieges mit anderen Mitteln verstanden. Die alten Mittel blieben dabei als Option bestehen. Sie mussten nicht lange darauf warten, wieder aufgegriffen zu werden.

Ende der zwanziger Jahre sollte der kollektive Wunsch nach einem Ende der langweiligen Neuen Ökonomischen Politik und einer Wiederkehr von Kampf und Aufregung der Revolution in Erfüllung gehen. Die stalinistische Politik der Industrialisierung und Kollektivierung geriet zur Wiederaufführung der harten, aber romantischen Jahre des Bürgerkriegs. Der Krieg gegen Saboteure, Spione und Verräter, gegen die inneren wie äußeren Feinde der Partei, gegen neue Bourgeois und angebliche Großbäuerinnen (Behrens 2012, 51 f.) erschien als Ausweg. Revolutionärinnen, die sich nach der im Rückblick glorifizierten Zeit zurücksehnten, konnten den Kriegskommunismus wiederholen; Revolutionärinnen, die von der Trauer bedrückt waren, die Revolution verpasst zu haben, konnten ihn nachholen. »Der Kriegskommunismus war der Bezugspunkt, wenn nicht gar das Modell für viele der Politiken, die sich mit Industrialisierung und Kollektivierung verbanden.« (Fitzpatrick 1985, 58)

Das Begehren nach Revolution, das sich so lange negativ in der postrevolutionären Depression reproduziert und virtuell in der kulturellen und politischen Propaganda des Kampfes reaktualisiert hatte, fand nun eine historisch spezifische Realisierung. Die stalinistische Konterrevolution »versprach eine Wiederaufnahme des Klassenkampfes gegen die ›Kulaken‹ und die ›bürgerlichen Spezialisten‹, vor denen die NEP zurückgewichen war« (Figes 2008, 862). Mit dem ersten Fünfjahresplan 1928 wurde die Neue Ökonomische Politik politisch wie ökonomisch beendet. Damit wurde auch die affektive Struktur der PRD überwunden. Genau diesen Eindruck erhielt Klaus Mehnert, als er 1929 zum ersten Mal die Sowjetunion besuchte:

> »Gleichsam als wäre der Anschluss an den Bürgerkrieg aufs Neue gefunden, so verschwand auch die unheroische Bürgerlichkeit der NEP-Zeit. Die Traditionen des Bürgerkriegs, Kampflust und kriegerische Stimmung flammten wieder auf. Das Graue, Alltägliche, Unheldische, das […][3] in Russland in unzähligen Komsomolzen den Eindruck er-

---

3 Ausgelassen ist hier die folgende Passage, die deutlich macht, aus welcher Perspektive der deutsche Nationalist schreibt: Das Graue, Alltägliche, Unheldische, das »bei uns [gemeint ist Deutschland, BA] so vielen der jungen deutschen Kriegsteilnehmer die Rückkehr in das bürgerliche Leben unendlich erschwerte, das sie in die Freikorps, zu abenteuerlichem Auswanderertum, in staatsfeindliche Organisationen trieb«. Michael Wildt spricht von einer deutschen »Generation des Unbedingten«, die mit der sowjetischen die Gemeinsamkeit teilt, von den Bedingungen des Ersten Weltkrieges sozialisiert worden, zugleich aber zu

weckt hatte, man habe im NEP die Ideale der Revolution verraten, das war mit dem Beginn des Fünfjahresplans endgültig überwunden.« (Mehnert 1973 [1932], 156)

Die stalinistische Politik schien die Beschlüsse des Komsomol-Kongresses umzusetzen, wenngleich in radikalisierter, brutalisierter Weise. Das gesamte politische Leben wurde in den »revolutionären« Begriffen eines Klassenkampfes restrukturiert, der deutlicher als zuvor den Charakter eines Klassenkrieges annahm, in dem es recht wenig um Klassen, sehr viel jedoch um den entfesselten inneren Krieg ging. Soziale Ereignisse wurden in der Logik des antagonistischen Kampfes politisiert und im Sinne der Feindbestimmung personalisiert. Jede ausgebliebene Ernte, jeder verspätete Zug, jeder Unfall im Tagebau konnte so als Ausdruck von Sabotage, als Wirken des Klassenfeindes interpretiert werden. Die Wissenschaft wurde zu einer »›Festung‹, die von der Jugend ›erobert‹ werden« musste, die Wirtschaft zum Schauplatz von »Brigaden«, die »Engpässe« zu stürmen oder »Gefechtsabschnitte« einzunehmen hatten (Mehnert 1973 [1932], 157, Stalin 1954 [1928], 46). Dabei umschloss die Reinszenierung des gesellschaftlichen Lebens als revolutionärer Kampf in militarisierter Form die klassische Sphäre der Politik ebenso wie die von Ökonomie, Kultur und Wissenschaft, Sexualität und Familie sowie die alltäglichen Praktiken des Wohnens, Einkaufens und Essens (Buchli 2000, 23f.). Die stalinistische Konterrevolution verband den Aufbau der Neuen Welt, verstanden als industrielle Produktivkraftentwicklung, mit dem Angriff auf die alte

jung für eine unmittelbar soldatische Teilnahme gewesen zu sein. Aus dieser Generation rekrutierte sich zu einem großen Teil das Führungspersonal des Reichssicherheitshauptamtes, somit eine besonders radikale Elite des Nationalsozialismus (Wildt 2003). Ob sich eine Generationenthese auch für die sowjetische Gesellschaft aufstellen lässt, müsste in einer Einzeluntersuchung geprüft werden.

Welt, verstanden als Kampf gegen immer neu zu konstruierende Feindgruppen. So trug die forcierte nachholende Entwicklung die Form einer nachholenden Revolution. Damit war der postrevolutionäre Revolutionarismus im Dienste des Staates auch eine Antwort auf jene affektive Atmosphäre, die während der zwanziger Jahre viele Kommunistinnen umgab: Die nostalgische Sehnsucht nach einer siegreichen, aber verlorenen, weil vergangenen Revolution.

Revolutionäres Begehren und der Fetisch des Begehrens nach Revolution[4]

Wenn die PRD ein Motiv für die stalinistische Konterrevolution war, die kollektive Depression der NEP ein Grund für die kollektive Aggression des Stalinismus, dann bekommt die

4 Der Begriff des Begehrens fasst hier eine affektive Dimension des Politischen, die als motivierende, handlungsleitende, geschichtsmachende nicht zuletzt für revolutionäre Prozesse zentral ist: Wünsche, Träume, Sehnsüchte, Hoffnungen, Verlangen. Er steht in einer losen Beziehung zum Begriff des Interesses, insofern objektive soziale Bedingungen relevant sind sowohl für machbare Erfahrungen von Leid als auch für das Bedürfnis nach dessen Überwindung. Das Begehren lässt sich nicht gänzlich vom Mangel lösen, als revolutionäres speist es sich nicht zuletzt aus der Erfahrung, dass »etwas fehlt« (Bloch 1978). Es kann zugleich nicht aus dem Mangel deduziert werden, da dieser auf mannigfaltige Weise behoben werden kann. Wie das Bedürfnis, vom dem es sich durch größere Offenheit unterscheidet, zielt das Begehren auf Befriedigung. Es ist so weder eine tragisch-anthropologische Kraft, die nur Ersatzbefriedigungen finden kann, noch ein ontologischer Strom, der nie versiegen darf. Die Erfüllung eines revolutionären Begehrens bedeutet nicht das Verschwinden jeglichen Begehrens, keinen Zustand von Stillstand und vollkommener Harmonie, aber das Verschwinden dieses spezifischen Begehrens samt der leidvollen Bedingungen, denen es entstammt.

Kritik ihrer hegemonialen Deutung eine Dringlichkeit, die sich noch nicht absehen ließ, als Lazar Schatzky und Ignazio Silone Mitte der zwanziger Jahre über den Roten Platz spazierten. Rückblickend lässt sich das Begehren nach Revolution als Ausdruck eines Fetischs erkennen, des Revolutionsfetischs. Wie jeder Fetisch besteht auch dieser in einer Verkehrung, hier in einer Verkehrung von Mittel und Zweck. Von einem notwendigen Mittel zur Erreichung eines postrevolutionären Zustands, der sozialistischen oder kommunistischen Gesellschaft, verwandelt sich die Revolution in einen Selbstzweck. Sie dient nicht länger der Befriedigung des Begehrens nach einer anderen Welt, sondern wird selbst zu dem, worauf sich das Begehren richtet: Aufstand, Aufruhr, Action.

Noch lange vor der Russischen Revolution war dieses Begehren nach Revolution von Sergej Gennadiewitsch Netschajew beschrieben worden, einem Vertreter der revolutionären Diktatur und Anhänger Bakunins, dessen 1869 verfasster »Revolutionärer Katechismus« viele bolschewistische Motive vorwegnahm. Netschajew proklamierte, der Revolutionär müsse »all die sanften, schwächenden Gefühle der Verwandtschaft, Liebe, Freundschaft, Dankbarkeit und sogar der Ehre« in sich unterdrücken und »der eiskalten, zielstrebigen Leidenschaft für die Revolution Raum geben«. Für ihn gäbe es »nur eine Freude, einen Trost, einen Lohn und eine Befriedigung – den Erfolg der Revolution«. Schließlich werde der Revolutionär »von dem einzigen Gedanken an die Revolution und von der einzigen Leidenschaft für sie völlig in Anspruch genommen« (Netschajew 1870, 17f.). Das Begehren nach Revolution lässt keinen Raum für ein Begehren nach einer revolutionierten Welt. Erst mit dem Sieg der Revolution dürfte die Revolutionärin ihr Interesse für deren Zweck wiederentdecken. Allerdings war zum Zeitpunkt des Sieges der bolschewistischen Revolution der Zweck bereits hinter dem Mittel verschwunden.[5]

Die Fetischisierung der Revolution bildet ein konstitutives Merkmal der Sowjetideologie (vgl. Luxemburg 1918b, 335). Von den großen kulturellen Produktionen der Filme und Theater, Literatur, Fotografie und Malerei über die bombastischen Paraden und Aufmärsche an den Feiertagen bis zu den alltäglichen Ritualen der Betriebsorganisationen und Jugendverbände wird immer wieder das Bild der Revolution als heroisches Ereignis reinszeniert und zugleich die Figur der Revolutionärin als diszipliniertes, aufopferungsbereites und maskulines Subjekt idealisiert. Der berühmte »Held der Arbeit«, der weit über die Stachanow-Arbeiterin der stalinistischen Epoche hinausweist, ist ein Prototyp der Konservierung von Kampf und Heldentum unter nichtrevolutionären Bedingungen. So reproduziert sich der »Revolutionarismus« (Herfurth 2005 und 2008) über die Revolution hinaus. Unter der Universalität dieser Inszenierung reduziert sich die »psy-

5 Schon im November 1917 zeigte sich der Zusammenhang von Revolutionsfetisch und antidemokratischer Konterrevolution, als die Bolschewiki versuchten, die alten Beamten in ihren neuen Staatsapparat zu übernehmen, weil sie selbst »dem Alltag einer kommunalen Verwaltung wenig Reiz abgewinnen konnten«. »Nachdem sie ihr Leben lang die Revolution geschürt hatten, betrachteten sie die Sowjets von Anfang an nicht als Selbstverwaltungsorgane des Volks, sondern als politische Institutionen, deren Aufgabe weiterhin in der Verteidigung der Revolution bestand.« (Rabinowitch 2010, 76) Dieses Problem des Revolutionsfetischs zeigt sich auch bei Anarchistinnen im spanischen Bürgerkrieg: »Es dauerte nicht lang, und Durruti begriff, dass das Zentralkomitee ein Verwaltungsorgan war. Es wurde dort diskutiert, verhandelt, abgestimmt, es gab Akten, bürokratische Arbeit. Durutti aber hatte kein Sitzfleisch. Draußen wurde geschossen. Das hielt er nicht lange aus. Er stellte also eine eigene Division auf, die Kolonne Durruti, und zog mit ihr an die Aragon-Front.« (Jaume Miravitlles, zitiert nach Enzensberger 1977, 139.)

chosoziale Spaltung der sowjetischen Gesellschaft zwischen denen, die den ›Oktober‹ durchlebt hatten und denen, die ihn nicht durchlebt hatten« (Stites 1989, 214, vgl. Konecny 1999). Beide Generationen teilen denselben Diskurs des Begehrens, greifen auf dasselbe Set an kulturellen Affekten zurück, in dem es der Kampf ist, der Aufregung verschafft und der Krieg, der soziale Anerkennung vergibt, weil er Helden erschafft. Es ist die Revolution als Aufstand, als Angriff, als Ausnahmezustand, auf die sich die Begierde richtet und die in staatlicher Propaganda kultureller Ikonographie immer wieder hervorgebracht und aufrechterhalten wird.

Hierin scheint eine universelle Struktur solcher Regime zu bestehen, die durch Revolutionen an die Macht gekommen sind und in der Revolution ihren immer wieder anzurufenden Gründungsmythos finden. Über die Geschichte des Globus verteilt sammeln sich Revolutionsführerinnen, die auch zwanzig, dreißig, fünfzig Jahre nach der Revolution nicht ihre Uniform ablegen. Von Mao in China, Tito in Jugoslawien und Fidel Castro in Kuba, über Thomas Sankara in Burkina Faso, Samora Machel in Mosambik hin zu Daniel Ortega in Nicaragua oder Muammar al-Gaddafi in Libyen. Und es sammeln sich Parteien, die in ihrem Namen – und meistens nur darin – noch den Verweis auf die Revolution tragen, vor allem die Partei der institutionalisierten Revolution in Mexiko, aber auch der Frente Sandinista de Liberación Nacional (FSLN) in Nicaragua, der Frente de Libertação de Moçambique (FRELIMO) oder das Movimento Popular de Libertação de Angola (MPLA). Was als symbolische Versicherung gegen Verbürgerlichung intendiert gewesen sein könnte, fungiert zugleich als ideologische Verschleierung genau dieses Prozesses. Die Reinszenierung der Revolution dient dem Regime zur Legitimation. Schließlich ist die Revolution ein Ereignis der Massen, ein populäres Ereignis, die Diktatur der Partei ist es nicht.

Die Institutionalisierung der Revolution und die Reklamation ihres Erbes ist somit eine Form der Rechtfertigung der Regierung, ebenso wie das Konservieren der Leichen von Revolutionsführern. Sei es diejenige des vietnamesischen Revolutionärs Ho Chi Minh oder des Staatsoberhaupts der Volksrepublik Angola, Agostinho Neto, diejenige des Vorsitzenden der Kommunistischen Internationale Georgi Dimitroff, des mongolischen Diktators Chorloogiin Tschoibalsan, oder diejenige des Nordkoreaners Kim Il Sung – sie alle profitierten von den an Lenins Leiche geschulten sowjetischen Konservierungskünsten. Lediglich Maos Leichnam erhielt wegen politischer Verwerfungen keine Unterstützung – und verweste (Zbarski 1999 [1997], 43). Aber selbst wenn es sich hierbei lediglich um eine rationale Strategie der Herrschaftserhaltung handelte, könnte diese doch nur deshalb erfolgreich sein, weil sie auf ein weitverbreitetes Begehren bauen kann. Ein Begehren, das sich, weil die Revolution nicht nachhaltig defetischisiert wurde, in den meisten radikalen, revolutionären Bewegungen finden lassen dürfte.

Das Begehren nach Revolution aber ist ein paradoxes Begehren. Es muss mit Notwendigkeit enttäuscht werden in dem Moment, in dem die Revolution erfolgreich ist. Und kann andersherum nur befriedigt bleiben, wenn die Revolution nicht erfolgreich ist. Es steht damit in der Gefahr, ein konterrevolutionäres Begehren zu werden, mindestens aber ein Hindernis für das Gelingen der Revolution. Damit entfaltet sich eine paradoxe Lehre: Die Fixierung auf die Revolution lässt die Revolution siegen – und scheitern. Auch die unausgesetzte Fortführung der Revolution, die permanente Revolution[6] bie-

6 Mit der »permanenten Revolution« hatten Marx und Engels zunächst einen länger andauernden Prozess mit mehreren Umwälzungen bezeichnet (vgl. MEW 1a, 357), dann das qualitative Fortschreiten von

tet hier keine Lösung, sondern eröffnet nur einen Zirkel, der beständig das Problem verlängert, auf das er eine Antwort zu geben sucht.

Das Begehren nach Revolution stellt somit die fetischistische Verkehrung eines revolutionären Begehrens dar. Letzteres zielt, seinem primären Selbstverständnis nach, nämlich nicht auf die Revolution selbst, sondern auf die Überwindung einer schlechten und die Errichtung einer besseren Welt. Hierzu steht das Begehren nach Revolution in einem antipodischen Verhältnis.[7] Es beruht auf einer Konzeption von Revolution und Postrevolution, in der beide Terme durch Eigenschaften charakterisiert sind, die sich wechselseitig ausschließen. Einerseits wird der Kommunismus als eine »gran-

---

der bürgerlichen zur proletarischen Revolution (vgl. MEW 4, 493). Trotzki entwickelte 1905 die Theorie, dass das Proletariat in Russland auch die revolutionären Aufgaben der Bourgeoisie übernehmen müsse, um dann zu den sozialistischen Aufgaben fortzuschreiten (Münster 1973 und Tetsch 1973). Es sollte nicht verwundern, dass Trotzki, der als faktischer Räteführer von 1917 die Arbeiterinnenrevolution und als Gründer der Roten Armee den erbarmungslosen militärischen Kampf verkörperte, Anfang der zwanziger Jahre über große Popularität verfügte. Laut Lew Kopelew faszinierte seine Anhängerinnen vor allem »die Versuchung des *Untergrunds*, der revolutionären Konspiration. Genau genommen war es derselbe Impuls, der wenige Jahre vorher bei den Jungen Pionieren unsere leidenschaftlichen Kriegsspiele oder das Kosaken- und Räuberspiel inspiriert hatte.« (Kopelew 1979, 233, auch 183)

7 Das Fortleben dieser Figur lässt sich an der DDR-Guerillera Tamara Bunke zeigen, die eine nostalgische Begeisterung für den »bewaffneten Freiheitskampf« Kubas an den Tag legte. Nach einem langen Ausbildungsmarsch in Kuba bei vierzig Grad Hitze sagte sie laut ihres Biographen bei einem Kaffee unter Zeltplanen: »Könnt ihr euch jetzt vorstellen, wie es damals in der Sierra war? Herrlich!« (Panitz 1977, 9) Die Anstrengungen sind die gleichen, die Landschaft auch. Aber der revolutionäre Kampf ist »herrlicher« als das Leben in der Gesellschaft »nach« der Revolution.

diose Gesellschaft allmenschlicher Harmonie« (Machno 1926, 11) vorgestellt, die durch Subsumption des Besonderen unter das Allgemeine, also durch Zwangsharmonisierung realisiert wird (vgl. Lenin, LW 25). Andererseits ist das – vor allem bolschewistische – Bild von Revolution in einem Maße von kompromisslosem Streit, unüberwindbaren Gegensätzen, kurz: Feindschaft geprägt, dass kein Raum für Vermittlung, Kompromiss, Integration bleibt (vgl. Steinberg 1981 [1923], 318). Als wäre es darum gegangen, die philosophische Figur der Nichtidentität von Identität und Nichtidentität geschichtlich zu realisieren, trennt die dünne und politisch schwer zu diagnostizierende Linie, die zwischen Revolution und Postrevolution gezogen ist, die Trennung von der Einheit. Schon Netschajew verwies als Vorläufer der bolschewistischen Revolutionskonzeption die Aufgabe einer zukünftigen Organisation, die sich »durch die Regsamkeit und das Leben des Volkes« durchzusetzen habe, an »künftige Generationen«, während er die Aufgabe der Revolutionäre in der »furchtbaren, totalen, universalen und erbarmungslosen Zerstörung« sah (Netschajew 1870, 20). Streit, Spaltung, Kampf, aber auch Aufregung, Abenteuer, Spontaneität befinden sich so auf der Seite der Revolution. Harmonie, Frieden, Sicherheit, aber auch Langeweile, Stillstand, Symbiose finden sich auf der Seite des Kommunismus. Dabei bleiben die Pole nicht nur als zeitlich aufeinander folgende, sondern auch als konditional vermittelte logisch verknüpft. Dies ist ein allgemeines Charakteristikum chiliastischer, messianischer und millenarischer Revolutionsvorstellungen, die erwarten, dass das Reich der Harmonie und Erlösung durch einen Zustand der Katastrophe oder Apokalypse herbeigeführt werde (Rendtorff/Tödt 1968). Die Vorstellung, durch die »krasseste Spaltung« hindurch die »Menschheit wieder zu sammeln«, da im Moment der höchsten Konzentration von Zwang und Gewalt die

»Wachstumskurve der proletarischen Staatlichkeit jäh zu sinken« (Bucharin 1970 [1920], 158 und 167) anfange, findet sich bei Bucharin ebenso wie bei Trotzki, der die staatliche Gewalt in der Revolution mit einer Lampe verglich, die kurz bevor sie erlöscht, noch einmal am hellsten aufflackert (Trotzki 1990b [1920], 156). Auch Georg Lukács meinte, dass gerade die »radikale Ausmerzung der Klassenunterschiede« zu einer »Gesellschaft der Liebe« führe, in der »jeglicher Zorn und Hass, jeglicher Neid und Hochmut« (Lukács 1975 [1918-1920], 86f.) der Vergangenheit angehörten (vgl. Wallat 2012, 113). Die Spaltung erfolgt im Interesse der Einheit, der Krieg im Namen des Friedens. Daraus lässt sich folgern, dass der Kampf zwischen entgegengesetzten Interessen umso kompromissloser geführt werden muss, je mehr er auf einen Zustand zielt, in dem es keine Kompromisse mehr braucht, weil es keine Interessengegensätze mehr gibt. Folgerichtig brach der stalinistische Terror von 1937 genau in dem Moment los, in dem mit einer neuen Verfassung auch freie Wahlen gestattet und abgehalten werden sollten und die Periode des Klassenkampfes für beendet erklärt wurde, in dem also die Grenze zwischen Revolution und Postrevolution offiziell gezogen und überschritten wurde (vgl. Schlögel 2008). Sobald die klassenlose Gesellschaft offiziell als erreicht galt, lag es nahe, politische Differenz nicht mehr im Sinne sozialer Gegnerschaft, sondern biopolitischer Feindschaft zu interpretieren. Wer jetzt noch abwich, konnte kein Teil des endlich konstituierten Volkes, der neu vereinigten Menschheit mehr sein (vgl. Foucault 1999, Žižek 2007).

Sind Revolution und Kommunismus so einander gegenübergestellt, konstituieren sie einen Widerspruch. Durch ihn ließe sich die PRD lesen als eine implizite Kritik des Verhältnisses von Kommunismus und Revolution. Wenn die Revolution der Errichtung einer postrevolutionären Gesellschaft dient, dann wird das Begehren nach Revolution in dem Moment verschwinden, in dem diese Gesellschaft errichtet ist. Verschwindet es nicht, muss ein Moment der Revolution in der postrevolutionären Gesellschaft nicht aufgehoben worden sein. Die Kritik, die in diesem Widerspruch impliziert ist, ist wechselseitig, sie lässt sich nach zwei Seiten hin auflösen. Entweder wird das Begehren nach Revolution, nach Abenteuer, Kampf, Freiheit, aus der Perspektive des Kommunismus als eines identifiziert, dessen Befriedigung von seinem eigenen Zweck verunmöglicht wird, das also nach kommunistischen Maßstäben ein falsches Begehren ist. Das führte zu der bekannten subjektkonstitutionstheoretischen Figur, dass die aus der Vergangenheit stammenden Revolutionärinnen notwendig unfähig seien, die Revolution in die Zukunft zu führen. Oder aber der Kommunismus wird aus der Perspektive der Revolution als eine Gesellschaft beschrieben, deren harmonische Langeweile nicht das Begehren der Kommunistinnen nach Revolution befriedigen kann. Seine Bestimmung als Harmonie würde die gegebene Definition einer nach den Bedürfnissen der Lebenden eingerichteten Gesellschaft verfehlen. Die Befriedigung der Bedürfnisse aller ließe das Bedürfnis, die Bedürfnisse anderer kämpferisch zu übergehen, unbefriedigt. Diese Position kann in konservativer Fassung eine anthropologische Form annehmen. Dann würde eine kommunistische Gesellschaft von dem universell-menschlichen Bedürfnis nach Konkurrenz, Macht und Krieg notwendig verunmöglicht. Sie kann auch eine progressive Fassung annehmen. Dann würden diese Bedürfnisse als Ausdruck einer spezifisch historischen Subjektivität verstanden, die von den gewaltsamen Bedingungen der Revolution – zaristischer Untergrund, imperialistischer Krieg, konterrevolutionärer Bürgerkrieg – hervorgebracht werden. Für die PRD hat diese Differenz allerdings kaum Relevanz. Zumindest Zarismus und Krieg sind als ihre Bedingungen vorgefunden und somit nicht wählbar. Handelt es sich bei dem Begehren der Kommunistinnen folglich um ein Begehren, das nicht befriedigt werden kann, handelt es sich bei ihrer Traurigkeit um eine tragische Traurigkeit, für die sich kein Trost finden lässt?

Beziehungsweise Revolution

Weswegen waren die Kommunistinnen so traurig? Von der Beantwortung dieser Frage hängt ab, ob sich ihnen nachträglich noch ein anderer Trost anbieten lässt als jener der massenmörderischen Mobilisierung von Industrialisierung, Entkulakisierung und Großem Terror, der zuallererst neuen Anlass für Trauer schuf. Diesmal nicht um ein Ereignis, sondern um Menschen – etwa um Lazar Schatzky, der sich aus Furcht vor seiner bevorstehenden Verhaftung zu Tode stürzte.[8]

Ob die Traurigkeit der Kommunistinnen eine tragische war, ihre Lage trostlos und ohne Ausweg, ist abhängig von ihrer Interpretation. Die zeitgenössisch hegemoniale Interpretation, diejenige von Komsomol-Führung und Parteileitung, führte in die Falle des stalinistischen Terrors. Was aber, wenn

8 In der Hochphase des Stalinismus wird es auf dem Terrain der Sowjetunion keinen Bekanntenkreis mehr geben, der kein Opfer von Inhaftierung, Internierung, Exekutierung zu beklagen hätte. Dabei handelte es sich zudem um »nicht betrauerbare Verluste« (Freud 1917, Butler 1995 und Butler 2010), insofern das Bekenntnis zur Trauer um »Konterrevolutionäre«, »Spione«, »Saboteure« den Verdacht einer Komplizinnenschaft erweckt hätte. Die Trauer wurde stattdessen kollektiv kanalisiert im Rahmen öffentlicher Staatsbegräbnisse (Schlögel 2008, 219). Darüber hinaus stand angesichts eines durch die Staatspropaganda verordneten Zwangsoptimismus selbst eine »depressive Verstimmung« in der Gefahr, als Kritik des Systems gelesen zu werden (Müller 1991, 97 und 117). Eine Gefahr, die der Kapitalismus durch die Privatisierung der Affekte erfolgreich gebannt hat.

das Begehren nach Revolution nicht ausschließlich die Revolution selbst meinte, wenn die Revolution hierin auch Trägerin eines anderen, noch versteckten Begehrens wäre? Was, wenn die Revolutionärinnen an der Revolution nicht hauptsächlich den Kampf begehrten, sondern etwas, das sich lediglich mit dem Kampf verband und sich aus noch zu ergründenden Gründen nur in dieser Verbindung ersehnen ließ? Wenn also die von der Partei verschriebene Verherrlichung des revolutionären Helden und die Wiederaufführung des Bürgerkriegs nicht die einzige Kur gegen die PRD gewesen wäre?

Um diese Fragen zu vertiefen, lohnt ein Blick auf jene Regionen der sowjetischen Realität, in denen das Begehren der PRD am deutlichsten konserviert und kultiviert wurde: Subkulturen trauriger Kommunistinnen, deren – vor allem satirische – Beschreibung in der Literatur der NEP-Zeit ein wiederkehrendes Thema bildet (Borenstein 2000, 32f. sowie Maguire 1968, 330f.). Vladimir Slepkov nannte sie »kleine Brüder« (»Bratuschki«) und beschrieb sie als junge und dogmatische Kommunistinnen, die gegen die »friedlichen Bedingungen des kleinkarierten Pragmatismus« protestierten und nicht einmal »elementare Gesetze« und Beschränkungen akzeptierten. Die Kriegsversehrten unter ihnen etwa hätten es verweigert, sich an die Krankenhausroutine zu halten, da ihnen jedes »Regime« als despotisch erschien und sie »in jeder Ecke die Konterrevolution« erblickten (zitiert nach Gorsuch 1997, 565). Die vermutlich bekannteste Darstellung dieser Subkultur des »Baracken-Kommunismus« (Borenstein 2000, 30) findet sich bei dem Schriftsteller Boris Pilnjak, der ihr einen zentralen Platz in seiner Novelle »Mahagoni« einräumte. Der Platz befindet sich in der Ziegelfabrik einer russischen Kleinstadt, wo sich eine Gruppe »zerlumpte[r] Vagabunden, bewachsen mit verfilzten Haaren« in einem Erdloch neben dem Ziegelofen eingerichtet hat. Hier »lümmelten« »Wahnsinnige und Säufer«

herum, Kommunisten, »für die die Uhr in der Epoche des Militärkommunismus stehen geblieben war«. Sie waren »von der Revolution hinausgeworfen [...], aber durch die Revolution erschaffen« worden und hausten in unterirdischen Gewölben, als wollten sie sich mit dem Wechsel von Tag und Nacht auch von der unnachgiebig fortschreitenden Zeit zurückziehen, die für sie 1921 geendet war (Pilnjak 1961 [1929], 29ff.). Ein Mitglied der Gruppe, ihr »Vorsitzender«, fand neben dem Ausladen von Schleppkähnen Zeit für eine bemerkenswerte politische Tätigkeit. Iwan Oshogonow

> »ging durch die Stadt, suchte seine Bekannten auf und auch Fremde, er bat sie, zu weinen – er hielt feurige und irrsinnige Reden über den Kommunismus, und auf den Basarplätzen weinten viele bei seinen Reden. Er klapperte die Behörden ab, und in der Stadt gingen die Gerüchte, dass einige von der Obrigkeit ihre Augen mit Zwiebeln einrieben, um sich durch die abtrünnigen Glaubensnarren die notwendige Popularität in der Stadt zu erwerben.« (Ebd., 50)

Es ist eine ungewöhnliche Form der Politik, von der diese Geschichte erzählt. Politische Reden, zumal die revolutionären dieser Zeit, zielen für gewöhnlich auf andere Affekte als jenen der Trauer. In ihrer illokutionären Dimension, seltener als unmittelbar perlokutionäre Sprechakte, als direkte Aufforderungen also, wollen sie aufklären, aufrütteln, aktivieren – Wut mobilisieren: Empört Euch! Trauer hingegen gilt im Allgemeinen als deaktivierender Affekt, der sich mit Regression, Resignation, Rückzug ins Private verknüpft. Eine Tendenz, die noch verstärkt wird, wenn die Trauer in depressive Entleerung, in Antriebslosigkeit übergeht. Die Aufforderung, die Bitte, zu weinen, die explizite Politik der Trauer, durchbricht diese Tradition.[9] Sie verlangt das Eingedenken, sie ruft den

9 In den frühen achtziger Jahren wird die AIDS-Bewegung mit »Die-ins« eine ganz ähnliche Politik in der Öffentlichkeit bringen und damit auch

Schmerz über einen Verlust hervor – oder in Erinnerung, denn eine Vielzahl der Zuhörerinnen wird nicht nur die verlorene Zeit, sondern auch die sich mit ihr verbindende Hoffnung geteilt haben. Anders wäre die immense Ansteckungskraft des Affekts schwer zu erklären, mit dessen Hilfe sich die »Obrigkeit« Legitimität zu erschleichen versucht. Worum genau aber bittet Iwan Oshgonow die Genossinnen zu trauern, wem oder was gilt dieses Trauerperfomativ? Der traurige Kommunist könnte nicht deutlicher sein: »Weine, Akim!«, fordert er seinen trotzkistischen Neffen auf: »Weine auf der Stelle um den verlorenen Kommunismus!«

Dieser betrauerbare, weil verlorene Kommunismus ist nicht ein unbekannt zukünftiger, sondern ein bereits annähernd erfahrener, vergangener Kommunismus, der Kriegskommunismus. Die entscheidende Frage lautet, welchen Momenten dieses paradoxalen Begriffsungetüms die Zentralität des Begehrens gilt, den kriegerischen oder den kommunistischen? Eine genauere Lektüre muss das ans Licht bringen.

Abends, wenn genug Wodka organisiert worden ist, rücken »die Abtrünnigen« näher zusammen, kramen ihre Becher hervor und setzen sich in einen Kreis. Dann erzählen sie sich, von immer neuen Wodkarunden gewärmt, Geschichten. Geschichten von den Brüdern Wright beispielsweise, die den Menschen das Fliegen beibrachten, dabei aber selbst umkamen, ebenso vergessen wie jetzt die »wirklichen Kommunisten in der Stadt«. Geschichten vor allem aber von Kämpfen, von Partisanengruppen, von durchmarschierten Nächten, Maschinengewehrsal-

---

einen wichtigen Baustein für das setzen, was später als *queere* Bewegung bekannt werden wird. Für eine theoretische Auseinandersetzung mit dieser *politics of mourning* vergleiche Crimp 1989 und Butler 2002 sowie Maak/Klingenberg 2006.

ven im Morgengrauen. Es wird geprahlt mit den vollbrachten Taten und gestritten darüber, wie der Säbel richtig zu halten ist. Dann aber unterbricht der Vorsitzende seine Genossen, als wollte er darauf hinweisen, dass die Anekdoten von Kämpfen, die Prahlerei mit Waffen, nur ein kontingentes Vehikel seien, das die wesentliche Geschichte in den diskursiven Raum trage: »›Genossen‹, sagte Oshogonow leise, und sein Gesicht verzog sich durch eine Zuckung wie bei einem Irren, ›wir müssen heute von Ideen reden, von großen Ideen, und nicht davon, wie man mit einem Säbel haut!‹« (Pilnjak 1961 [1929], 31)

Vor dem Hintergrund gewesener Gemetzel erhebt sich eine Erfahrung, die gerettet werden will und die ganz anders wärmt als die Kriegsgeschichten kriegsgestählter Großväter. Während draußen die NEP-Leute im Bündnis mit den alten Adligen Geschäfte machen, alte Kacheln oder auch Sex kaufen,

> »bejahten [die Abtrünnigen in dem unterirdischen Gewölbe] zu dieser Stunde, am Ofen sitzend, mit Augen und Stimmen von Wahnsinnigen, das Jahr 1919, in dem alles gemeinsam war, das Brot und die Arbeit, in dem es keine Vergangenheit und keine Zukunft gab, die Ideen genügten, und es kein Geld gab, weil dieses nicht notwendig war.« (Ebd., 43)

Eine ideelle, der Zeit entrückte, eine geldlose Gemeinschaft. Boris Pilnjak, Autor dieser Beschreibungen, war kein Kommunist, er verweigerte es, sich so zu bezeichnen, geschweige denn der Partei beizutreten, obwohl ihm dies deutliche Nachteile brachte – auch der Abdruck dieser Erzählung, *Mahagoni*, wurde 1929 abgelehnt. Er blieb gegenüber den Anfeindungen der parteilichen Kritik nur so lange geschützt, wie Gorki seine schützende Hand über ihn hielt, und wurde kurz nach dessen Tod umgebracht (Lebedew 1961, 6f.). Pilnjak hatte keinerlei Grund, die traurigen Kommunisten in beschönigendem Licht darzustellen. Im Gegenteil: *Mahagoni* gilt im Allgemeinen als Satire, die die Nostalgikerinnen, die Alkoholiker, die depressiven Revolutionärinnen der Lächerlichkeit preisgibt, indem sie ihre hilflosen Träume mit dem Erfolg jener konfrontiert, die sich der Zeit hatten anpassen können. Zugleich und gerade weil diese Geschichte nicht in beschönernder Absicht geschrieben ist, steigt eine eigene, traurige Schönheit aus ihr auf.

> »Iwan Karpowitsch [Oshogonow] sprach im Delirium weiter. Er erzählte von seiner Kommune und davon, wie er seinerzeit der Erste Vorsitzende des Komitees war, von den damaligen Zeiten und wie diese untergegangen seien, von den ereignisreichen Jahren und wie er jetzt unter den Menschen herumgehe, um sie an die damaligen Zeiten zu erinnern, um sie zum Weinen zu bringen und sie zu lieben. Wieder erzählte er von seiner Kommune, von der Gleichheit und Brüderlichkeit – er behauptete, dass der Kommunismus sich auf Nächstenliebe gründe, auf ein lebendiges, gegenseitiges Interesse, auf Freundschaft, Zusammenwirken, Zusammenarbeit. Kommunismus bedeute den Verzicht auf Dinge, und bei einer echten kommunistischen Liebe stehe die Achtung vor dem Menschen und der Mensch selbst über allen anderen Dingen. Der pedantische Greis zitterte im Wind, während er mit seinen abgemagerten, knöchernen Händen den Kragen seines Rockes abtastete.« (Pilnjak 1961 [1929], 49)

Zumindest diese Kommunistinnen sehnen nicht zuallererst den Kampf zurück, sondern die Gemeinschaft der Gleichen. Allerdings verfügt ihr kommunistisches Begehren in dem historischen Raum, in dem es seine Klagelieder anstimmt, über keinerlei kulturelle Intelligibilität. Die drastischen Begriffe, mit denen Pilnjak seine Figuren überzieht, lassen daran keinen Zweifel. Es sind Wahnsinnige, Alkoholiker, Trottel, arme Gestalten, die im günstigsten Fall einen »Vogel« haben, aber eher schon eine Psychose (ebd. 50). Ihr kommunistisches Begehren wird von den Realpolitikerinnen der Revolution als rein affektiv, irrational, sentimental denunziert.[10] Es kann

10 In jüngerer Zeit plädierte Dietmar Dath für einen »unsentimentalen Sozialismus«, der diese Abspaltung politischer Affekte als nichtintelligibel wiederholt (vgl. Dath 2008).

sich artikulieren nur mit einem starken Drall ins Religiöse, in die christliche Metaphorik alter russischer Traditionen und – als nostalgische Sehnsucht nach einer vergangenen Epoche von Revolution und Bürgerkrieg. Das ist der gesellschaftliche Grund der postrevolutionären Depression.

Diese abtrünnigen Kommunistinnen sind somit keine oppositionellen Kommunistinnen, sie organisieren sich nicht, stellen keine Programme auf, fordern keine Aktionen. Stattdessen trauern sie und träumen. Dennoch liest sich der »wahre Kommunismus« (ebd., 50), den sie in diesen Träumen entwerfen, zunächst wie eine Verkehrung des bolschewistischen Kommunismus. In diesem ist die Solidarität als notwendige Voraussetzung und automatischer Effekt des Kampfes konzipiert. Sie wird benötigt, um eine starke Bewegung zu bilden, die die Massen mobilisiert, und soll sich zugleich im Fortgang des Kampfes von selbst einstellen. In der dissidenten Formulierung der postrevolutionären Depression jedoch ist es genau die Solidarität, die begehrt wird. Der vortheoretische Traum der wahnsinnigen Kommunistinnen kreist immer wieder darum: »Gleichheit und Brüderlichkeit«, »Gemeinschaft«, »Kameradschaft«, »Nächstenliebe«. Die Vielzahl der Begriffe verweist auf die Schwierigkeit, etwas zu fassen, das der politischen – und womöglich sogar rationalen – Ordnung der Sprache mindestens im bolschewistischen Diskurs nur begrenzt angehört. Umso verdienstvoller sind die vielzähligen Formulierungen, die Pilnjak anbietet: »lebendiges, gegenseitiges Interesse«, »Freundschaft, Zusammenwirken, Zusammenarbeit« (Pilnjak, 50 und 49). Die Begriffe führen zum Titelthema dieses Buches. Was hier unübersehbar begehrt wird, ist eine bestimmte, nämlich solidarisch-kooperative *Beziehungsweise*.

Das Begehren nach einer befriedigenden Beziehungsweise verknüpft sich mit dem Begehren nach einer kämpferischen Revolution, dessen heimliche Unterströmung es bildet. Es ist ein Begehren, das sich nicht auf die Beziehung zu den Feinden richtet, sondern auf die Beziehung zu den Genossinnen. Nicht um eine Beziehung der Spaltung, der Trennung, des Kampfes und des Sieges also geht es, sondern um eine Beziehung der solidarischen Gleichheit. Noch weniger allerdings als die Utopie rein ist, ist es ihre Antizipation, die gelebte Praxis, die »strenge Gemeinschaft«, in der die Erdhöhlenkommunistinnen leben, und die als eine Gemeinschaft sogenannter Männer beschrieben wird. Der Ausschluss sogenannter Frauen wird von Pilnjak zunächst in der Logik patriarchal-christlicher Askese, als Verzicht auf »Besitz« eingeführt. »Sie lebten«, schreibt er, »ohne den notdürftigsten persönlichen Besitz, ohne Geld, ohne Gegenstände, ohne Frauen.« Dann aber hängt er an: »nebenbei gesagt, die Frauen hatten sie verlassen wegen ihrer Phantastereien, ihres Irrsinns und des Alkohols« (Pilnjak 1961 [1929], 32). Da zumindest Phantastereien und Irrsinn Eigenschaften sind, die innerhalb heterosexistischer Diskurse eher mit Weiblichkeit verbunden werden, liegt der Verdacht nahe, die Anekdote verfolge vor allem den Zweck, die Gemeinschaft der verfilzten Irren weiter zu diskreditieren. Damit spricht sie diese zugleich von dem Vorwurf frei, den Ausschluss von Frauen aus ideologischen Gründen zu betreiben. Militärische Männlichkeit stellte somit kein Wesensmerkmal der in der PRD begehrten Beziehungsweise dar. Nadine Teuber hat in ihrer Untersuchung des Verhältnisses von Geschlecht und Depression (Teuber 2011) an Sidney Blatt anknüpfend (Blatt 2004) zwei Formen der Depression unterschieden, eine eher instrumentell-männliche, die auf das Scheitern an einer Leistungsnorm verweist, und eine eher expressiv-weibliche, die um soziale Beziehungen zentriert ist. Wenn, wie hier argumentiert, die PRD weniger dem nichtvollendeten Sieg in Revolution und Bürgerkrieg gilt, als vielmehr der in dieser Zeit etablierten Beziehungsweise, dann fördert ihre Analyse ein Begehren zu Tage, das nur sehr wenig mit maskulinen Autonomiephantasien zu tun hat. Ein Begehren, das in seiner körperlichen Zärtlichkeit zugleich auch die heteronormative Ordnung übersteigt, die für sogenannte Männerkörper nur bestimmte, distanzierte, und selbst im Falle von Berührung ausschließlich harte Verkehrsformen vorsieht. »Sie schliefen«, erzählt uns Boris Pilnjak, mit welcher Absicht auch immer, »zusammengekrochen auf einem Haufen. Der Kopf des einen lag auf den Knien des anderen, zugedeckt mit ihren Lumpen.« (Pilnjak 1961 [1929], 31)

Was für eine ungewöhnliche Zärtlichkeit. Gerade für den internationalen Rahmen männlicher Kriegskameradschaft, in dem die kriegskommunistische Sehnsucht häufig verortet wird (Borenstein 2000, 40).[11] Weder das Begehren nach einer Gemeinschaft der Gleichen noch seine bevorzugte Politik der Trauer ist intrinsisch maskulinistisch. Tatsächlich überschreitet, wie im Laufe dieses Buches argumentiert werden wird, das Begehren nach einer solidarischen Beziehungsweise not-

11 Der Kult um Männlichkeit und Kameradschaft ist ein allgemeines Phänomen der Zeit. Er ist nicht auf Sozialismus (oder Faschismus) beschränkt, sondern stark verbunden mit dem Krieg und seiner entindividualisierenden Kollektivität (Borenstein 2000, 33). Einige ehemalige deutsche Soldaten wollten nach dem Krieg eine Religion der Männerbünde begründen, mit dem deutschen Wald als Kirche. Sie scheiterten, drückten aber die Sehnsucht vieler aus (ebd., 40). Abgesehen davon, dass sich bereits die Erfahrungen in einer revolutionären Armee fundamental von denen in einer regulären unterscheiden, ist das Entscheidende die kulturelle Interpretation, die politische Übersetzung der auf diese Erfahrung gerichteten Sehnsucht.

wendig die Aufteilung der Welt in ausschließende Männlichkeit und Weiblichkeit. Der maskulinistische Rahmen der Russischen Revolution ist jedoch andersherum ein Grund dafür, dass sich das subkutane Begehren nicht in die rationale Sprache politischer Proklamationen übersetzen ließ. Auf die Forderung, zu weinen, folgt keine Forderung zur Organisation. Nachdem 1921, wie es bei Pilnjak heißt, »alles vorbei gewesen ist«, und zwar, wie es bei Pilnjak nicht heißt, weil mit der Niederschlagung der ukrainischen Machnowschtschina sowie des Kronstädter Matrosenaufstands auch die Hoffnung niedergeschlagen wurde, die Revolution könnte noch einmal als solidarische wiederauferstehen, zog sich dieses Begehren nach befriedigenden Beziehungsweisen auf lange Zeit in den Bereich des Phantastischen zurück. Aus diesem müsste es gerettet werden.

Noch bevor alles vorbei gewesen ist, im Jahr 1920, traf Alexander Berkman auf seiner Reise durch die Sowjetunion einen Anarchisten, der sich anders als die bisher zu Wort gekommenen Kommunistinnen in offener politischer Opposition zu den Bolschewiki befand, aus dem aber die gleiche traurige Sehnsucht nach einer lebendigen Revolution sprach. In den Oktobertagen, teilte er seinem Interviewer mit, sei eine »Welle der Begeisterung« durchs Land gegangen:

> »Damals gab es Freiheit, jawohl, und Brüderlichkeit. Die Freude der Leute war so groß, dass sich Wildfremde auf der Straße küssten.« Noch während des Bürgerkriegs habe sich jeder »als freier Mensch [gefühlt], der *seine* Revolution verteidigte. Aber als wir von der Front zurückkamen, hatten sich die Bolschewiki zu Diktatoren über uns aufgeworfen – im Namen ihrer Partei. Unsere Revolution ist tot« (Berkman 2004 [1925], 133).

Dass sich Wildfremde auf der Straße küssen; dass diese freiheitliche Geschwisterlichkeit, die Erfahrung einer solidarischen Beziehungsweise begehrt und vermisst wird, ist das Geheimnis der PRD. Dort, wo die lebendige Erfahrung der Solidarität versiegt, stirbt die Revolution. Doch kann die verlorene Erfahrung nicht durch Verstetigung oder Wiederaufführung der Revolution wiederbelebt werden. Insbesondere wenn die Revolution rein negativ, als Zerstörung der alten Welt verstanden wird. Die maskulinistische Fetischisierung des Kampfes verhindert dessen Erfolg.[12] So verweist die nachrevolutionäre Traurigkeit auf die Notwendigkeit, das Verhältnis von Revolution und Postrevolution, von Übergang und Utopie zu rekonzeptualisieren. In ein Verhältnis wechselseitiger Kritik gebracht, geben beide Pole – jener der Einheit (der Zwangsharmonie) und jener der Zweiheit (des revolutionären Krieges) – zu erkennen, dass in ihnen etwas fehlt. Will eine emanzipatorische Revolution jenes Scheitern vermeiden, das sich in der PRD symptomatisch artikuliert, muss sie den Widerspruch zwischen diesen beiden Konzeptionen auflösen – in beide Richtungen.

In die eine Richtung ist das von der anarchistischen Kritik am marxistischen Revolutionsmodell geleistet worden, die verlangt, dass Momente der Utopie bereits in der Revolution aufgehoben werden, dass die Bewegung zu einer besseren Gesellschaft bereits Werbung für diese ist (vgl. Landauer 1924,

12 Das Problem ist weit davon entfernt, historisch zu sein. Badiou: »Man kann nicht erwarten, dass die Politik weichherzig, progressiv und friedlich ist, wenn sie auf die radikale Subversion jener ewigen Ordnung zielt, die die Gesellschaft der Herrschaft des Kapitals und ihrer Diener unterwirft [...] Extreme Gewalt ist also das reziproke Korrelat von extremem Enthusiasmus, denn was auf dem Spiel steht, ist in der Tat [...] die Umwertung aller Werte« (Badiou 2007, 13f.). Eva von Redecker kommentiert präzise: »Hier wird das, was die etablierte Ordnung am meisten provoziert, mit dem kurzgeschlossen, was tatsächlich Transformationspotential besitzt« (Redecker 2012, 2).

92). Die Erfahrung des Stalinismus hat diese Kritik unabweisbar gemacht: Der gute Zweck legitimiert nicht die schlechten Mittel, die schlechten Mittel delegitimieren den guten Zweck.

In die andere Richtung bedeutet das, dass Momente dessen, was an der Revolution begehrt wird, in die Utopie aufgenommen werden müssen, die dann nicht mehr als finale Harmonie erscheint, sondern Möglichkeiten zu Differenz, zu Widerspruch und Konflikt und als radikale Demokratie auch zu Offenheit und Neuanfängen bereithält. Wenn mit der Hierarchisierung der Partei, der Bürokratisierung der Politik und der Militarisierung der Ökonomie der Aufbau des Sozialismus nur noch im Befolgen des zentralistischen Plans und der Parteilinie bestand, dann befand sich der einzige Ort für revolutionäre Freiheit genau auf der Grenze der Ausdehnung dieses Plans. Wenn Sozialismus gleichbedeutend mit der Statik des Plans geworden war, dann bestand die einzige Möglichkeit, wirkliche Veränderung zu erfahren und zu bewirken, im Kampf gegen das, was noch nicht geplant war. Solange der Kommunismus als ein reines Ideal sozialer Harmonie konzipiert ist, werden sich diejenigen Anteile utopischen Denkens, die darin nicht aufgehen, ein anderes Objekt des Begehrens suchen. Das Paradox des Begehrens nach Revolution, des Revolutionsfetischs, setzt sich im Begehren nach Utopie, im Utopiefetisch, fort, wie im nächsten Kapitel gezeigt werden wird. Für das vielstimmige Begehren nach Revolution war es aber möglich zu zeigen, dass ihm zumindest ein Begehren beigemischt ist, dem dieses Buch gewidmet ist und das noch immer darauf wartet, interpretiert, verstanden und theoretisiert zu werden: das Begehren nach befriedigenden Beziehungsweisen auf gesellschaftlichem Terrain.

Postrevolution als Utopie

> Sehen Sie, […] eine Revolution – das ist etwas Großes, Erhabenes, gewiss! Es ist in der Praxis derer, die sie machen – eine Summe von Intrigen, von mühseligen Kleinarbeiten. Eine Revolution, das ist die zur Gewalt gewordene Idee, gewiss. Sie ist nicht weniger die Konjunktur der Karrieristen, der Sadisten, Hysteriker. Sie ist das Todesurteil über das Unrecht, gewiss. Sie ist nicht weniger und gerade in ihren Anfängen, in ihrem großen Augenblick, der Quell vieler sinnloser Ungerechtigkeiten. Und wenn die sich sehr hoch türmen, dann mögen ihre Opfer die Stufen werden, über die ein ehrgeiziger General zum Kaiserthron schreitet. So erhaben ist die Revolution, dass es lohnt, für sie zu leben, dass alle Gegenwart blass, schal wird, wenn sie nicht der Vorbereitung der großen Umwälzung dient. Doch damit sie gelinge, muss ihre Erhabenheit auch den Mitteln zu ihrer Herbeiführung verliehen werden. Und da beginnt die Verabsolutierung. Die sich anschicken, der barbarischen Vorgeschichte der Menschheit ein Ende zu bereiten, sind selbst Menschen dieser Vorgeschichte. Sie gehen in den Kampf gegen die Götzen mit der Seele von Götzendienern.
>
> *Manès Sperber*

Diese Sätze entstammen Manès Sperbers literarischer Aufarbeitung des Stalinismus als enttäuschter kommunistischer Hoffnung, der Romantrilogie *Wie eine Träne im Ozean*. In ihr lässt er einen erfahrenen kommunistischen Revolutionär die Revolution als Ensemble von Widersprüchen beschreiben, die um den Gegensatz von Zweck und Mittel, Ideal und Realisierung, Erhabenheit und Kleinarbeit gruppiert sind. Die Revolution will mit ungerechten Mitteln das Unrecht abschaffen, mit terroristischen Methoden den Terror ausmerzen. Mit aller Gewalt will sie der Gewalt ein Ende bereiten.

Diesen Widerspruch, der sich spätestens im Jakobinismus findet und der im Stalinismus seine paradigmatische Form erhält, lässt Sperber in ein zeittheoretisches Paradox münden, das sich als eines der Subjektkonstitution präsentiert: Die Zukunft muss aus der Vergangenheit entstehen, die neue Welt muss aus der alten geboren werden. Das Leben ohne Herrschaft soll von jenen Menschen begonnen werden, die nur innerhalb von Herrschaft haben leben können. Das Paradoxon stellt sich in der Revolution, bei der Wahl der Mittel, als praktisches. Es stellt sich bereits davor, in der Formulierung der Utopie, bei der Wahl des Zwecks, als theoretisches. Schon die Praxis des Denkens, des Vorstellens, des Begehrens wird mit der Schwierigkeit konfrontiert, über ihre eigene Bedingtheit hinauszugehen. Die Utopie soll eine Zukunft beschreiben, die sich von der Gegenwart radikal unterscheidet, sie kann diese Zukunft aber zugleich nur aus der Perspektive eben jener Gegenwart betrachten, der sie entstammt. Sie steht damit, vor allem wenn ihr Entwurf handlungsleitend wird, in der Gefahr, Bedingungen der Gegenwart in die Zukunft zu verlängern und das Eintreten der anderen Welt zu behindern. In der Geschichte der Utopie ist dieses Paradox immer wieder diskutiert worden und mündete nicht selten im Abschied von der Utopie. Am einflussreichsten im Begriff des »wissenschaftlichen Sozialismus« (Engels, MEW 19), mit dem sich der Marxismus vom utopischen Sozialismus trennte. Das Paradox entschärft sich, je mehr die herrschende Gegenwart als widersprüchliche analysiert wird, während es sich verschärft, je totaler der Vergesellschaftungszusammenhang, der das Denken und Vorstellen in dieser Gegenwart ermöglicht und begrenzt, konzipiert wird. Deswegen sollte es nicht verwundern, dass das Problem besonders deutlich in der frühen Kritischen Theorie von totaler Vergesellschaftung und Verblendungszusammenhang, im Begriff des »Bilderverbots« formuliert wurde. Eine der radikalsten Formulierungen des Bilderverbots aber stammt von dem anarchistischen Revolutionär und Theoretiker Michail Bakunin, der das utopische Denken als verbrecherisch brandmarkte:

> »Da die jetzige Generation selbst unter dem Einfluss jener verabscheuungswürdigen Lebensbedingungen stand, welche sie jetzt zu zerstören hat, so darf der Aufbau nicht ihre Sache sein [...] Die Abscheulichkeiten der zeitgenössischen Zivilisation, in der wir aufgewachsen, haben uns der Fähigkeit beraubt, das Paradiesgebäude des zukünftigen Lebens aufzurichten, von dem wir nur eine nebelhafte Vorstellung haben können, indem wir uns das dem bestehenden ekelhafte Zeug Entgegengesetzte denken! [...] Für Leute der bereits begonnenen praktischen Revolutionssache halten wir jegliche Betrachtungen über diese nebelhafte Zukunft für verbrecherisch, da sie nur der Sache der Zerstörung als solcher hinderlich sind, den Gang des Anfanges der Revolution aufhalten, dadurch also ihr Ende in die Ferne rücken.« (Bakunin 1977 [1895], 360)

Radikaler als in dieser Verpflichtung auf die zerstörende Negation lässt sich das Bilderverbot kaum formulieren. In Bakunins Beschwörung fungiert nicht die Revolution als Fetisch, der das Eintreten der Utopie verhindert, sondern andersherum die Utopie als Verbrechen, das die Revolution behindert. Revolutionärinnen müssen sich darauf beschränken, die alte Welt zu zerstören, während sie den Aufbau der neuen Welt einer nachfolgenden Generation zu übertragen haben. Utopie ist unmöglich. Gerade diese Unmöglichkeit ist es jedoch, die nach Frederic Jameson das eigentliche Potenzial des Utopischen ausmacht, dessen Charakter in dieser Perspektive weniger imaginativ als kritisch, weniger positiv als negativ ist. Die Funktion von Utopien liegt ihm zufolge nicht darin, eine bessere Zukunft zu imaginieren, sondern darin, die Unmöglichkeit dieser Imagination zu demonstrieren: »Unser Gefangensein in einer nichtutopischen Gegenwart« (Jameson 2004, 46).

Tatsächlich erschöpfen sich die Funktionen von Utopien hierin nicht. Sie dienen der Konstruktion temporärer Objekte eines revolutionären Begehrens (Adamczak 2004, 59) oder fungieren im politischen Prozess als normativer Maßstab. Sie dienen der demokratischen Verständigung einer Bewegung über ihre Ziele und sind notwendige Konsequenz aus dem Scheitern vorhergegangener Realisierungsversuche von Utopien (Adamczak 2007, 141). Jamesons Perpektive führt jedoch tiefer in das revolutionstheoretische Paradox, mit dem auch Sperber und Bakunin kämpfen. Er präsentiert es in einer kognitions- oder imaginationstheoretischen Fassung: Die im herrschenden System gefangenen Subjekte sind nicht in der Lage, eine andere, herrschaftsfreie Welt auch nur zu denken oder zu imaginieren. Aber lässt sich diese Diagnose in Anbetracht der Fülle utopischer, spekulativer und wissenschaftsfiktionaler Literatur wirklich aufrechterhalten? Demonstriert die lange Tradition des utopischen Diskurses nicht deutlich die Möglichkeit, eine harmonische Welt vorzustellen – auch wenn diese Welt immer Spuren der Zeit trägt, der sie entstammt? Ist es deswegen nicht möglicherweise sinnvoller, das Problem nicht kognitionstheoretisch, sondern begehrenstheoretisch zu fassen? Besteht die eigentliche Schwierigkeit nicht darin, die erdachte Welt auch zu begehren? Verbindet sich Utopie nicht eher mit dem Gegenteil von Begehren – mit Langeweile? Und würde dies auch erklären, warum die Revolutionsforschung den Resultaten von Revolutionen so wenig Aufmerksamkeit schenkt (Foran 2007, 3912; Schieder 1973, 11)? Als wollte sie die Wirkmacht des Revolutionsfetischs demonstrieren. Als hielte sie die Ergebnisse, um derentwillen Revolutionen gemacht werden, für vernachlässigbar. Würde das erklären, warum die Menge utopischer Erzählungen immer noch überboten wird von der Masse an Revolutionserzählungen? Warum es also wesentlich mehr Darstellungen vom Kampf *um* eine bessere Welt gibt als *von* dieser besseren Welt? Die Lust, die hier aufgerufen wird, ist zugleich die Lust der Heilung. Um das Glück zu spüren, das sich einstellt, »wenn der Schmerz nachlässt«, braucht es den Schmerz. Das Begehren nach Revolution bliebe, wenn es denn authentisch im Sinne seiner Nichtsubstituierbarkeit wäre, konstitutiv auf das Zu-Revolutionierende verwiesen.

Diese begehrenstheoretische Überlegung wurde bereits von Erhard Weinholz im Rahmen der DDR-Opposition der Vereinigten Linken formuliert. Anschließend an einige kursorische Bemerkungen Rosa Luxemburgs zu den organisatorischen Rahmenbedingungen der sozialistischen Gesellschaft, stellte Weinholz prinzipielle Überlegungen zum affektiven Gehalt von Utopien an. Alle ihm bekannten utopischen Entwürfe, von Edward Bellamy, William Morris, Robert Havemann oder Rosa Luxemburg erschienen ihm, egal wie hedonistisch sie angelegt waren, vor allem als »gepflegt und äußerst langweilig« (Weinholz 1995, 17). Weinholz gestand zu, dass die literarische Darstellung von Glücksmomenten prinzipiell schwierig sei, vermutete den Grund für die utopische Langeweile aber nicht in fehlenden literarischen Fähigkeiten, sondern in den Mängeln der Utopie selbst:

> »Ich glaube nicht, dass all unsere Schwächen, Macken, Schattenseiten allesamt nur die Folge verkrüppelnder Verhältnisse sind, sie gehören vielmehr zum Leben dazu. Und zugleich stelle ich mir eine Gesellschaft ganz harmonisch gebildeter, solidarischer Idealmenschen bei allem Harmoniebedürfnis, das ich habe, auch etwas langweilig vor, eben so, wie Havemann sie geschildert hat.« (Ebd.)

In diesen Formulierungen wird eine innerhalb des utopischen Diskurses existierende Spannung ans Licht gebracht: Die zukünftige Harmonie steht im disharmonischen Verhältnis zur gegenwärtigen Disharmonie. Weinholz versucht diese Spannung einseitig aufzulösen, indem er sich eines ontologischen

Tricks bedient. Das subjektive Moment, das sich als Langeweile und somit als Widerspruch gegenüber der Utopie artikuliert, entstamme nicht der Herrschaft über das Leben, sondern dem Leben selbst. Erkenntnistheoretisch begibt er sich damit auf unsicheres Terrain. Welche Eigenschaften zum Leben ohne Herrschaft gehören, lässt sich außerhalb eines Lebens ohne Herrschaft schlecht bestimmen. Möglich wäre, dass die Harmonie nur deswegen als langweilig erscheint, weil unser Begehren von jenen herrschaftlichen Spannungen und ihrer medialen Bearbeitung strukturiert wird. Aber unabhängig von der Begründung fördert Weinholz einen inneren Widerspruch des Utopischen zu Tage: Sind die Menschen, die Utopien schreiben und lesen, vielleicht nicht diejenigen, die sie bewohnen sollen? Besteht das Problem also nicht darin, dass die Menschen von Heute die Welt von Morgen nicht vorstellen können, sondern dass sie dort nicht, zumindest nicht glücklich, leben könnten?[1] Dann aber machten die Revolutionäre die Revolution nicht für sich, sondern für ihre Nachkommen. Sie selbst wären zu sehr nach den Verhältnissen geschaffen, die sie abzuschaffen haben. In den neu geschaffenen Verhältnissen bliebe für sie kein Platz. Der Verlauf der Russischen Revolution demonstrierte die Anwendung dieser Lehre. Obwohl ihre Ergebnisse wenig utopisch waren und den Revolutionärinnen der ersten Generation, der sogenannten Alten Garde, weniger ihr vorrevolutionäres als ihr revolutionäres Verhaftetsein zum Verhängnis wurde, waren sie es, die in der nach-

1 Diese Figur findet sich bereits bei Marx. Hier ist es der Auszug der Israeliten aus Ägypten, der als Metapher für den Übergang zum Kommunismus herhalten muss. »Das jetzige Geschlecht gleicht den Juden, die Moses durch die Wüste führt. Es hat nicht nur eine neue Welt zu erobern, es muss untergehen, um den Menschen Platz zu machen, die einer solchen Welt gewachsen sind« (Marx MEW 7a, 11). Vgl. Schmidt 2012, Walzer 1988.

revolutionären Ordnung fast vollständig liquidiert wurden. Der stalinistische Terror fraß seine Eltern.

Auch wenn die Figur des Neuen Menschen weniger buchstäblich, generationalistisch, liquidatorisch verstanden wird und stärker metaphorisch, psychologisch, transformativ, ist das Paradox ein prinzipielles. Die Utopie dient nicht den realen Bedürfnissen derer, die sie entwerfen, sondern den utopischen Bedürfnissen derer, die mit ihr entworfen werden. Sie verlangt nicht nur die Veränderung der gegenwärtigen Welt im Sinne der heute Lebenden, sondern zugleich die Veränderung der heute Lebenden im Sinne der zukünftigen Welt. Das Erreichen der Utopie erfordert das Verschwinden der Utopistinnen. Nach Frederic Jameson ist das die Angst, mit der uns die Utopie konfrontiert:

> »Könnte es nicht sein, dass die Erfüllung der Utopie alle zuvor existierenden utopischen Impulse auslöscht? Schließlich sind jene, wie gesehen, sämtlich durch die Eigenschaften und Ideologien formiert wie determiniert, die uns die Bedingungen der Gegenwart auferlegen und die dann spurlos verschwunden sein werden. Aber das, was wir unsere Persönlichkeit nennen, besteht genau aus diesen Momenten, aus dem Elend und den Entstellungen, ebenso wie aus den Freuden und Erfüllungen.« (Jameson 2004, 51 f.)

Ähnlich wie Weinholz formuliert auch Jameson ein Plädoyer für Imperfektion und Deformation, für Mängel und Macken, die dort das Leben, hier die Persönlichkeit ausmachen und die als Spuren von Leiden die Grundlage eines utopischen Impulses bilden, der mit der Realisierung der Utopie verschwände. Daran ist nichts Mysteriöses: Auch das Bedürfnis nach Schmerzmitteln verschwindet, wenn der Schmerz nachlässt. Ein Leben ohne Schmerz erfordert weder die Erinnerung an Schmerz noch die Sehnsucht nach Schmerzlosigkeit. Die Abwesenheit reicht. Der Aspekt des Selbst aber, der sich im leidenschaftlichen Verhaftetsein mit den schmerzhaften Bedingungen unserer Existenz gebildet hat, verschwände mit der Realisierung der Utopie. Damit steht die Utopie in einem Widerspruch zu den Utopisten, die Revolution zu den Revolutionärinnen. Zur Lösung dieses Widerspruchs zwischen dem »jetzigen Geschlecht«, das »eine neue Welt zu erobern« hat, und »den Menschen«, die »einer solchen Welt gewachsen sind« (Marx), gibt es keine dritte Instanz, etwa einer chaotischen oder harmonischen Natur des Lebens. Da es sich um einen Selbstwiderspruch handelt, sind es die utopischen Revolutionärinnen selbst, die ihn auszutragen haben. Erhard Weinholz löste den Widerspruch in Richtung der Gegenwart auf, Georg Glaser andersherum in Richtung der Zukunft:

> Ich zögerte lange zwischen Anarchisten und Kommunisten, und das hieß seinerzeit für mich: Ich gehörte beiden Jugendgruppen gleichzeitig an. [...] Nach wochenlangem Suchen fand ich den Mut, eine gewichtige Frage an die Anarchisten zu richten: »Was werden wir tun, wir, die Vorhut der Ausgebeuteten, wenn es uns gelungen sein wird, die bestehende Gesellschaft zu stürzen?« Zunächst schwiegen alle betroffen, bis mich der eine oder andere achselzuckend, als ob er die Mühe bedauere, auf eine solch müßige Frage eingehen zu müssen, belehrte: »Dann werden wir endlich ein menschenwürdiges Dasein führen können.« Das war genau, was ich erwartet hatte, und zitternd vor Erregung teilte ich meine Entdeckung mit: »Eben davor habe ich Angst – denn damit werden wir zu ›Bürgern‹ werden«, und ich kündigte finster und entschlossen an: »Ich sehe nur einen Weg.« [...] Was blieb uns anderes übrig, uns, deren einziges Wissen und alleiniger Beruf es war, eine Umwälzung herbeizuführen, sobald wir das Ziel erreicht haben würden? Wir, die Fürsten in Lumpen und Loden? Altersheime für ehemalige Freiheitskämpfer? [...] Flugblätter ohne Gefahr verteilen, um den Kindern zu zeigen, wie es früher gewesen war? Unser würdig war nur: In Schönheit sterben! (Glaser 1990 [1951], 41)

Revolution und Postrevolution stehen hier in einem Gegensatz, der keinen Übergang zulässt. Entweder weil die Postrevolution einem spießigen Altersheim gleicht oder weil die

Revolution die Menschenwürde ihrer Teilnehmerinnen korrumpiert. Diejenigen, die für eine andere Gesellschaft kämpfen, können kein Teil dieser Gesellschaft werden. Wenn die Revolution radikal in diesem Sinne ist, wenn sie wirklich alles ändert, dann ist die einzige Möglichkeit, sie zu wollen, selbstmörderisch.[2] Damit wird die Revolution zum Martyrium. Ihre Anhängerinnen kämpfen für einen Zustand der Reinheit, den sie als Unreine nicht betreten dürfen. Diese Konzeption des Neuen Menschen wäre nicht emanzipatorisch, sondern subvertierte den Sinn der Revolution, sofern diese auf universelle Befreiung zielt. Von Befreiung schlösse sie diejenigen aus, die als Unfreie auf Befreiung angewiesen sind. Niemand könnte befreit werden, der nicht bereits frei ist. Frei werden könnte nur, wer frei geboren ist. Die Utopie wäre somit nicht kommunistisch, sie wäre feudalistisch.

Offenkundig sind die Revolutionärinnen in einem Widerspruch gefangen. Erst ändern sie die Gesellschaft, um sie ihren Bedürfnissen anzupassen, dann ändern sie sich selbst, um sich der Gesellschaft anzupassen. Auf dem Terrain der Utopie gibt es so eine vergleichbare Bewegung der fetischistischen Verselbstständigung wie auf dem Terrain der Revolution. Die

---

2 So fragt auch Oliver Marchart, »ob Revolution, wird sie ernst genommen, nicht gerade der Name für einen [...] suizidalen Bruch wäre« (Marchart 2004, 10). Im Gegensatz zu Glaser oder Bakunin affirmiert Marchart diesen suizidalen Gehalt der Revolution nicht, sondern nimmt ihn zum Anlass, das Konzept der Revolution zu verwerfen, um es durch das Konzept der radikalen Demokratie zu ersetzen. Doch ist dieser Schritt, wie das nächste Kapitel zeigen wird, voreilig, weil er einen spezifischen Begriff der Revolution mit der Revolution identifiziert. Die Revolution ist eben nur in einer spezifischen Theorie ein »radikaler Bruch«, ein »existenzieller Sprung« (ebd. 11) und gleicht in ihrer Praxis vielmehr einem Ensemble dessen, was Marchart an anderer Stelle Mikrorevolution genannt hat (Marchart 2005, 135).

Entleerung der Utopie findet nicht nur in Beziehung zu und in Trennung von der Revolution statt, sondern bereits in einer spezifischen Konzeption des Utopischen selbst. Wo die Utopie als Negation der Topie, die Zukunft als Auslöschung der Gegenwart verstanden wird, bringt sie die Gefahr einer (Selbst-)Reinigung mit sich. Hierin besteht der Utopiefetisch. Nicht die Menschen brauchen zu ihrem Glück einen bestimmten Sozialismus, sondern der Sozialismus zu seinem Funktionieren bestimmte Menschen. In dem von Erhard Weinholz diskutierten Text sprach Luxemburg diesen Gedanken in aller Deutlichkeit aus:

> »Zu all diesen großen Reformen gehört aber ein *entsprechendes Menschenmaterial*. [...] Mit faulen, leichtsinnigen, egoistischen, gedankenlosen und gleichgültigen Menschen kann man keinen Sozialismus verwirklichen. Sozialistische Gesellschaft braucht Menschen, von denen jeder an seinem Platz voller Glut und Begeisterung für das allgemeine Wohl ist, voller Opferfreudigkeit und Mitgefühl für seine Mitmenschen, voller Mut und Zähigkeit, um sich an das Schwerste zu wagen.« (Luxemburg 1918a, 435f.)

Das sozialistische Subsumtionsverhältnis von Allgemeinem und Besonderen, in dem »jeder an seinem Platz« zu funktionieren hat, wiederholt sich im Verhältnis von Utopie und Subjekt: Erst kommt der Sozialismus, dann die Menschen, die zu ihm passen. Die Utopie gleicht dann einem Haus, das nach Menschenmaß gebaut wurde, bei dem aber nicht tatsächliche, sondern idealisierte Menschen Modell standen. Die zukünftigen Bewohnerinnen können nur hoffen, nach Jahren anstrengender Workouts und Diäten zu seinem Genuss fähig zu sein – falls sie die Aufgabe nicht direkt der nächsten Generation übertragen (vgl. Steinberg 1981 [1923], 317f.). Es gibt einfachere, nominalistischere Wege, den Widerspruch zwischen Subjekt und Objekt, zwischen Bedürfnis und Welt zu lösen, wie Louis C. K. demonstriert:

> »Ich habe endlich den Körper, den ich will, und das ist ja etwas, das alle immer wollen [...] Ich werde euch verraten, wie ihr genau den Körper bekommt, den ihr wollt. Ihr müsst einfach nur einen beschissenen Körper wollen. Das ist alles. Ihr müsst euren eigenen beschissenen, hässlichen, widerlichen Körper wollen.« (C. K. 2010, 1:01)

Vielleicht, das ist die hier angestellte Vermutung, sollten die revolutionären Bauarbeiterinnen das ideale Haus nicht zu bauen versuchen. Statt sich so weit zu ändern, dass sie zum perfekten Heim passen, sollten sie dessen Baupläne so weit ändern, dass es zu ihnen passt – genau auf Kosten der Perfektion (vgl. Kaindl 2012, 74 und Markard 2008). Dieser Vorsatz lässt sich allerdings nur realisieren, wenn die Metaphorik des Utopischen von Mensch und Haus verlassen wird. Sie bringt ein Dilemma zum Ausdruck, in dem sich die revolutionären Bewegungen von 1917 wie 1968 verfangen haben, wenn sie soziale Transformation entweder über das Subjekt oder über den Staat, über die Einzelne oder die Totalität konzipierten. Was stattdessen in den Fokus rücken muss, ist das *Verhältnis* von Mensch zu Haus wie von Mensch zu Mensch. Als Ensemble von Beziehungsweisen sollte sich das Utopische so rekonzeptualisieren lassen, dass es zugleich Stabilität wie Beweglichkeit transportiert und die utopische Gesellschaft ebensowenig zum Maßstab der Subjekte macht wie andersrum die gegenwärtigen Subjekte zur absoluten Begrenzung der utopischen Gesellschaft. Statt ein reines Ideal zu verfolgen, das sich nur grausam und also scheiternd erreichen lässt, müssen revolutionäre Politiken mit denVerletzungen und Beschädigungen rechnen und sorgsam Beziehungen flechten. »Es ist vor allem zu vermeiden«, forderte der junge Marx, »die ›Gesellschaft‹ wieder als Abstraktion dem Individuum gegenüber zu fixieren« (Marx, MEW 40, 538). Die Aufspaltung von Revolution und Postrevolution führt in eine doppelte Sackgasse. Entweder zu einem paradoxen Begehren nach Revolution, das die Traurigkeit der Kommunistinnen zur Tragödie verdammt, zur zwanghaften Wiederaufführung der Revolution, die immer neue Anlässe für Trauer schafft. Oder zu einem Begehren nach Utopie, das strukturell suizidal und damit feudal ist, das die Abschaffung der Utopistinnen verlangt, die für die Utopie kämpfen. Vielleicht muss die Utopie in einem bestimmten Sinn konservativ werden. Vielleicht muss das Begehren, *alles* anders werden zu lassen, an etwas festhalten, das nicht verändert werden soll – und sei es auch nur jenes Moment, das nach dieser Veränderung begehrt. Solange Kommunismus eine Welt ist, in der Kommunistinnen nicht leben können, sollte es jedenfalls nicht verwundern, wenn sie wenig Anstalten machen, ihn zu erreichen.

Das Missverständnis der Revolution

Revolution –
Dieses Wort enthält die Lösung aller
unlösbaren Probleme.
Simone Weil

Nur einen Monat vor Ausbruch der Februarrevolution 1917 hatte Wladimir Iljitsch Lenin prophezeit: »Wir, die Alten, werden vielleicht die entscheidenden Kämpfe dieser kommenden Revolution nicht erleben« (zitiert nach Figes 2008, 349). Und Alexander Gawrilowitsch Schljapnikow, der zu dieser Zeit führende Bolschewik in Petrograd, sagte noch nach der Ankunft dieser »kommenden Revolution« am 27. Februar 1917: »Wir haben keine Revolution und werden auch so bald keine bekommen. Wir müssen uns auf eine lange Phase der Reaktion einstellen« (ebd., 350). Dieser Auffassung war auch der Menschewik Nikolai Suchanov. Er hatte zwar Gespräche zwischen Büroarbeiterinnen mitgehört, in denen von einer bevorstehenden Revolution die Rede war – hatte diese Gerüchte aber aufgrund des weiblichen Geschlechts derjenigen, die sie verbreiteten, als Tratsch abgetan (McDermid/Hillyar 1999, 155). »Ihr ganzes bisheriges Leben«, kommentiert der Historiker Orlando Figes, »hatten sie mit Warten auf die Revolution verbracht, und jetzt, wo sie kam, erkannten sie sie nicht.« (Figes 2008, 349) Woran lässt sich eine Revolution erkennen, wenn selbst erfahrene Revolutionäre sie verkennen? Wie lässt sich ihre zukünftige Ankunft vorhersagen und ihre bereits eingetretene bestätigen? Was hier in Frage steht, ist nicht nur die politische Identität der Revolution – war die Oktoberrevolution eine Revolution im Sinne der marxistischen Theorie, eine demokratische oder eine sozialistische, eine bürgerliche, eine proletarische, eine bäuerliche Revolution? –, sondern auch die, zugegebenermaßen wenig fundamentale, Frage danach, was eine Revolution überhaupt ist.

Möglicherweise brach die Russische Revolution auch wegen des guten Wetters aus. Die freundlichen Temperaturen lockten viele Menschen auf die Straßen. Schließlich waren es am Tag, an dem die Revolution ihren Anfang nahm, in Petrograd frühlingshafte fünf Grad unter null (ebd., 334). Es war der 23. Februar 1917, nach westlichem Kalender der 8. März – der Internationale Frauentag. Während der Frauentag zuvor an unterschiedlichen Tagen begangen worden war, würde er vier Jahre später endgültig auf das Datum des 8. März festgelegt werden, und zwar – auch wenn diese Tradition immer wieder unsichtbar gemacht werden sollte – genau aufgrund des Ereignisses der Russischen Revolution. Es war eine größere Anzahl jener Menschen, deren Geschlecht dieser Tag gewidmet ist, die zunächst für Gleichberechtigung demonstrierten, dann für Brot streikten, schließlich zum Stadtzentrum marschierten und »Weg mit dem Zaren« skandierten. Sie trugen Hosen, kurze Haare und häufig auch Gewehre (Figes 2008, 345). Die Demonstrantinnen verhielten sich zunächst genau auf die »irrationale« Weise, die traditionellerweise von »Frauen« erwartet wurde: Sie randalierten, zerstörten Straßenbahnen, plünderten Geschäfte. Nicht zuletzt aufgrund dieser erwarteten »Disziplinlosigkeit« und »Spontanität« hatte die bolschewistische Führung die Demonstrierenden aufgefordert, den Protest nicht zu weit zu treiben (McDermid/Hillyar 1999, 148ff.). Doch der Protest ging noch weiter, sämtliche Revolutionäre schlossen sich ihm an. Einige Tage und Kämpfe später dankte der Zar ab. Wiederum einige Wochen oder Monate darauf traf die Nachricht davon in den Dörfern ein, in denen die absolute Mehrheit der russischen Bevölkerung lebte (Altrichter 1997, 348ff.). Manchmal brauchte sie auch noch länger. In manche ländlichen Regionen war noch fünf Jahre nach dem Beginn der Revolution kaum mehr als »die Kunde gelangt, dass in Moskau ein neuer Zar sich eingesetzt hatte« (Jung 2000 [1961], 217). In den Reaktionen der Landbevölkerung spiegelt sich die Vieldeutigkeit jenes revolutionären Ereignisses, von dem seither so viele und gegensätzliche Bilder angefertigt wurden. Zunächst füllten sich die Kirchen mit weinenden Bauern, die nicht wussten, was nun aus ihnen werden sollte, nachdem ihnen ihr geliebter Zar, immerhin ein Gott auf Erden, genommen worden war. Kurz darauf, als auch die Landeshauptleute und die regionale Polizei entmachtet waren, dankten sie Gott für den Volkssieg und beteten für die neue Regierung. Dann enteigneten sie das Kirchenland, setzten die Priester ab und weigerten sich, weiter für den Gottesdienst zu zahlen. Auch außerhalb der Dörfer herrschte keine Einigkeit. Manche Russinnen hielten die Revolution für eine »nationale Erhebung« gegen den zaristischen Hof, von dem es seit einiger Zeit hieß, er sei in Wirklichkeit von Deutschen dominiert worden, andere begrüßten einander mit »Russland ist auferstanden!«, einem abgewandelten Ostergruß, oder zeigten sich fest davon überzeugt, dass Lügen, Spielen, Stehlen, Fluchen, vor allem aber Trunkenheit nun auf einen Schlag verschwinden würden.

Die Missverständnisse lassen sich nicht ausräumen, noch lassen sie sich zeitlich oder nach unterschiedlichen politischen Richtungen ordnen (Altrichter 1997, 259ff.). Denn es wollen nicht nur Gleiche Verschiedenes zu verschiedener Zeit oder Verschiedene Verschiedenes zu gleicher Zeit, sondern auch Gleiche zur gleichen Zeit Verschiedenes. Das durfte ein menschewistischer Agitator erfahren, der zu den bäuerlichen Soldaten eines Regimentstreffens so überzeugend von der Notwendigkeit der Demokratie sprach, dass diese begeistert vorschlugen, ihn, den Sozialisten, zum Zaren der neuen demokratischen Republik zu wählen. Das war kein Einzelfall. Allein zwischen März und Oktober 1917 wurden mehr als ein Dutzend Wörterbücher mit einer Auflage von mehr als einer halben Million Exemplaren gedruckt, die die seltsame Sprache der Revolution vor allem der ländlichen Bevölkerung erklären sollten (Figes/Kolonitskii 1999, 131 ff.). Die Revolution ist ein Ensemble vielfältiger Missverständnisse, die aber überlagert werden von dem einen Missverständnis – dass alle einander verstehen. Im Augenblick der Erkenntnis ihrer Freiheit zogen die Menschen auf dem Land ihre besten Kleider an, küssten einander und feierten drei Tage lang durch (Figes 2008, 373-378).

Die Revolution ist das Erleben eines Ereignisses des Einverständnisses und zugleich millionenfaches Missverständnis. Die provisorische Regierung in Petrograd, die Russland zwischen Februar und Oktober 1917 zu regieren versuchte, wollte die vielleicht entscheidendste Frage der Revolution, die Frage der Landverteilung nämlich, einer Konstituierenden Versammlung überlassen, für die sie die ersten allgemeinen russlandweiten Wahlen vorbereitete. Bis dahin, so vertrat es die Regierung gegenüber den ungeduldigen Bäuerinnen, wären Inbesitznahmen von adligem Land ungesetzlich. Die Bäuerinnen, bildungshungrig in Sachen Demokratie, verstanden und erließen kurzerhand auf den lokalen Bauernversammlungen eigene Gesetze, die die Enteignungen legitimierten (Figes 2008, 391). Ähnliche Missverständnisse entfalteten sich am Volksbegriff. Während die bürgerlichen Offiziere, wenn sie vom Volk redeten, die Nation meinten, zählten für die bäuerlichen Soldatinnen die Offiziere selbst nicht zum Volk. Deswegen dürften sie es nicht als einen Widerspruch zur Volksdemokratie begriffen haben, den Herren Offizieren zu drohen, sie umzubringen für den Fall, dass sie den Vormarsch befehlen sollten (ebd. 403 f.). Der nationale Volksbegriff, auf den sich die

Offiziere bezogen, war in Westeuropa von den nationalen, meist bürgerlichen Eliten in einem aufwändigen ideologischen Konstruktionsprozess durchgesetzt worden. In Russland, das gegenüber der westeuropäischen Bourgeoisie bekanntlich etwas »Verspätung« hatte, war dieser Prozess zu Beginn des 20. Jahrhunderts noch lange nicht abgeschlossen. Ein englischer Diplomat schrieb 1918:

> Wenn man einen durchschnittlichen Bauern in der Ukraine nach seiner Nationalität fragt, wird er antworten, er sei griechisch-orthodox; wenn man ihn drängt zu sagen, ob er ein Großrusse, ein Pole oder ein Ukrainer sei, wird er wohl antworten, er sei Bauer; und wenn man darauf besteht zu erfahren, welche Sprache er spricht, wird er sagen, dass er »die Sprache von hier« spricht. ... Wenn man also herausfinden will, welchem Staat er gerne angehören möchte – ob er von einer allrussischen oder einer besonderen ukrainischen Regierung regiert werden möchte –, wird man erfahren, dass seiner Meinung nach alle Regierungen eine Landplage seien und dass es das Beste wäre, wenn das »christliche Bauernvolk« sich selbst überlassen bliebe. (Zitiert nach Figes 2008, 92.)

Diese Renitenz gegenüber der Ideologie nationaler Gemeinschaft drückte sich auch in den Aussprüchen bäuerlicher Soldaten während des Krieges aus, die bündig feststellten: »Wir haben es untereinander besprochen [...] Ist es nicht vollkommen egal, unter welchem Zaren wir leben? Unter dem deutschen kann es nicht schlimmer sein.« (Ebd., 280) Dementsprechend hielt die mit Generälen und Politikerinnen geteilte antideutsche Haltung russischer Soldatinnen nicht davon ab, mit deutschen Soldatinnen zu fraternisieren und eigenständig Waffenstillstandsabkommen zu schließen – denn im Allgemeinen diente ihnen der Begriff »deutsch« als generelles Symbol für alles, was sie politisch hassten. Neben »Kaiserin«, »zaristische Regierung« und »Krieg« fielen darunter auch »alle Ausländer« sowie »Burschui« (*Bourgeois*), »Spekulant« oder »Jude« (Figes 2008, 439, 442 und 554).

Von der Missverständlichkeit blieben auch die kommunistischen Parolen nicht verschont. Der bolschewistische Versuch, den Klassenkampf aufs Land zu tragen, indem durch »Komitees der Dorfarmut« arme Landarbeiterinnen gegen reiche Großbauern, die »Kulaken«, mobilisiert wurden, basierte auf einer groben Fehleinschätzung der ländlichen Ökonomie der Dorfkommune, in der das gemeinsame Land immer wieder neu verteilt wurde, während Agrarkapitalistinnen, die Lohnarbeiterinnen beschäftigten, überhaupt nur in wenigen Regionen existierten (Lorenz 1976, 21, Dahlmann 1986, 58, selbstkritisch auch Trotzki 1973 [1930], 702). Meistens stellten sich Dorfgemeinden daher geschlossen hinter die lokalen Sowjets. Manchmal aber zeigte die bolschewistische Propaganda auch Wirkung: Eine Minderheit der Allerärmsten erklärte sich selbst zum Proletariat und beschimpfte alle anderen Bäuerinnen als Bourgeoisie (Figes/Kolonitskii 1999, 149f.). Auch die Konzeption des sogenannten »Schützengraben-Bolschewismus«, der während des Krieges rasant an Zuspruch gewonnen hatte, unterschied sich von der offiziellen Linie des Zentralkomitees der Partei. Ein hoher Offizier beschrieb ihn wie folgt:

> »Sie wollten nur das eine: Frieden, damit sie nach Hause gehen, die Gutsbesitzer ausrauben und frei leben konnten, ohne Steuern [...] zu zahlen oder irgendeine Autorität anzuerkennen. Sie hatten nicht die leiseste Ahnung von den Parteien noch von irgendeinem Kommunismus oder der Unterteilung in Arbeiter und Bauern, aber sie träumten davon, zu Hause ohne Gesetz oder Gutsbesitzer zu leben. Diese anarchistische Freiheit nannten sie Bolschewismus.« (Brussilow, zitiert nach Figes 2008, 404.)

Es dürften Beobachtungen wie diese gewesen sein, die Emma Goldman zu der Einschätzung brachten, dass es »in Russland tatsächlich eine Revolution ›à la Bakunin‹ gegeben hatte, aber man aus ihr eine Revolution ›à la Karl Marx‹ gemacht hatte«

(Goldman 2010 [1934], 754). Allerdings entfalteten sich die Missverständnisse nicht ausschließlich entlang solcher eindeutig politischer Linien. Viele Soldatinnen schienen der Meinung zu sein, dass es sich bei »Annexionen« und »Kontributionen«, von denen in der Parole »Frieden ohne Annexionen und Kontributionen« die Rede war, um Städte in der Türkei oder Länder auf dem Balkan handelte (Ströhm 1967, Abb. 46f.), andere meinten, »Annexion« bezeichne ein »böses Weib, deretwegen nun wieder Krieg geführt werden muss« (Miller 2001, 77) oder hielten die »Internationale«, die die bolschewistischen Arbeiterinnen ansangen, für eine Gottheit. Während der frühen zwanziger Jahre kam auch der antisemitische Antikommunist Henry Ford aufgrund der in der Sowjetunion durchgesetzten Rationalisierung und Taylorisierung zu einem ähnlichen Ruhm: Viele Menschen schrieben ihm magische Fähigkeiten zu, trugen auf sozialistischen Demonstrationen Banner mit seinem Namen neben dem von Lenin und Trotzki oder benannten ihre Traktoren oder Kinder nach ihm (Figes 2008, 404, 441 und 786, Stites 1989, 146ff.).

Doch entgegen dem Hochmut von bürgerlichen Historikerinnen und ihren gebildeten Zeitzeuginnen, die sich über diese Missverständnisse lustig machen wollen, ist hieran viel Wahres: Ein nationaler Volksbegriff war immer schon wenig revolutionär, geschweige denn emanzipatorisch, Ford fungierte als Götze des bolschewistischen Produktivkraftfetischs und das »Deutsche« hatte schon vor dem Ersten Weltkrieg begonnen, sich mindestens europaweit als Inbegriff des Hassenswerten zu qualifizieren. Vor allem aber waren Land-durch-»wilde«-Enteignung und Frieden-durch-Desertion faktisch die Quintessenz der Revolution von 1917.

Entscheidend ist jedoch weniger, die Missverständnisse der Revolution im Nachhinein durch Parteinahme auszuräumen, sondern dass sie sich nicht ausräumen lassen.

Das trifft auch auf jenes Ereignis zu, das der Marxismus-Leninismus ins Zentrum der proletarischen Revolution rückte: die Ergreifung der Staatsmacht im Oktober 1917. Auch sie wird von den Bedingungen der Uneindeutigkeit heimgesucht, von denen die Bolschewiki sie mit militärischer Organisation und durch eine kanonisierte Heldenerzählung abzuheben suchten. Angesetzt hatte Lenin die Eroberung des Winterpalais auf die Mittagszeit des 25. Oktober, da an diesem Tag der allgemeine Rätekongress tagte. Dieser hätte mit hoher Wahrscheinlichkeit die bereits lange erhobene Forderung »Alle Macht den Räten« angenommen und die Entmachtung der provisorischen Regierung beschlossen. Lenin kam derRäteversammlung und damit zugleich dem Parteitag der Bolschewiki zuvor, der sich mit hoher Wahrscheinlichkeit der Machtübernahme widersetzt hätte (Rabinowitch 2010, 9, Hildermeier 1989, 229ff.). Für das Ereignis, das später Oktoberrevolution genannt werden sollte, waren einhundertausend Teilnehmerinnen eingeplant. Es erschienen, vermutlich auch wegen des regnerischen Wetters, nur etwa dreißigtausend. Nicht allzu viel für eine »Revolution« (Bibikova/Cook/Tolstoy 1990). Die vorgedruckten Flugblätter, mit denen die Petrograder Bevölkerung vom Sturz der Provisorischen Regierung unterrichtet werden sollte, trugen das Datum »25. Oktober 1917, 10 Uhr morgens« (King 2010, 13), aber die Erstürmung des Winterpalais durch die bolschewistische Militärorganisation musste mehrfach verschoben werden – zunächst auf 15 Uhr, dann auf 18 Uhr, dann wurde auf eine feste Zeit gleich ganz verzichtet. Die Kanonen, mit denen der Sturm auf das Winterpalais eröffnet werden sollte, stellten sich als verrostete Museumsstücke heraus, für die eigens organisierten Ersatzkanonen war keine Munition auffindbar. Im entscheidenden Moment wurde klar, dass es keine rote Lampe gab, die das vereinbarte Startsignal hätte geben sollen. Der Kommissar, der die rote Lampe holen sollte, verlief sich im Dunkeln, fiel in eine Schlammgrube und kehrte mit einer Lampe zurück, die sich weder am Fahnenmast befestigen ließ noch überhaupt rot war (Figes 2008, 512 ff.). Schließlich behauptete Lenin, um die historische Chance auf die Diktatur seiner Partei nicht verstreichen zu lassen, die Regierung sei gestürzt – obwohl noch nichts dergleichen geschehen war. Als die Menschewiki und die Rechten Sozialrevolutionäre am späten Abend aus Protest gegen die gewaltsame Entmachtung der provisorischen Regierung den Rätekongress verließen und damit das Feld der Macht räumten, war der Angriff auf das Winterpalais noch in vollem Gange. Aber kaum waren die Minister verhaftet, entdeckten die bolschewistischen Arbeiterinnen den riesigen Weinkeller des Winterpalais und begannen ein mehr als zehn Tage anhaltendes Saufgelage, das sich durch keine Disziplin stoppen ließ. Die zur Bewachung des Schatzes abgestellten Kommissare waren nach kürzester Zeit betrunken, und der auf die Straße gepumpte Wein wurde aus den Rinnsteinen genossen. Rückblickend mag die glorreiche Stürmung des Winterpalais, die in die Geschichtsbücher als »Oktoberrevolution« eingegangen ist, somit als Missverständnis erscheinen, als konspirativer Putsch in Form einer Kette von Missgeschicken und Missverständnissen oder genauer als die Eroberung eines schlecht bewachten Weinkellers (Figes 2008, 514).[1]

1 Der vermutlich präziseste Historiker der Frühphase der Russischen Revolution, Alexander Rabinowitch, widerspricht der bürgerlichen These, die Oktoberrevolution sei ein Putsch gewesen, zum einen weil die bolschewistische Partei gerade aufgrund ihrer Offenheit und Verbundenheit mit der Bevölkerung zur Massenpartei angewachsen war, die die Unterstützung breitester Teile der Bevölkerung gewonnen hatte, zum anderen weil diese Partei 1917 keine monolithische, sondern eine plurale Bewegung darstellte (Rabinowitch 2010, 3 ff.). Die Missgeschicke des Oktoberputsches inmitten der Oktoberrevolution lassen

In der Propaganda der revolutionären Regierung wie in der hegemonialen Geschichtsschreibung schiebt sich das Theater der Repräsentation – Abdankung des Zaren, Erstürmung des Winterpalais – immer wieder vor den molekularen sozialen Prozess. Gleichzeitig bleibt dieser auch immer wieder auf das große Ereignis verwiesen. Die Enteignungen von feudalem Land, die bereits seit Monaten »wild« stattgefunden hatten, nahmen in großem Umfang zu, nachdem die Sozialrevolutionärin Marija Alexandrowna Spiridonowa Agrarministerin geworden war und noch stärker, nachdem die bolschewistische Regierung die Enteignungen »legalisierte« (Figes 2008, 389). Nach den Erfahrungen der brutalen Rache, die das zaristische Regime für den Revolutionsversuch von 1905 an den Bäuerinnen genommen hatte, wussten diese um die Schwierigkeit, lokale Mikrorevolutionen gegen eine organisierte Konterrevolution zu verteidigen. Eine Revolution, die – was wünschenswert wäre – das Machtzentrum unbesetzt lassen will, muss so zugleich Vorsorge treffen, dass es nicht von anderer Seite besetzt wird. Zu viele Niederlagen in Revolutionen – von Frankreich 1848 über Spanien 1936 bis nach Ägypten 2011 – warnen davor, die Bedeutung des fortgesetzten Kampfes um und gegen die Staatsmacht (Hirsch 2012, 125) zu unterschätzen. Es ist jedoch nötig, den Begriff der Revolution zu dezentrieren und von der Fixierung auf die Staatsmacht zu lösen, der er immer noch und immer wieder verfällt (vgl. Holloway 2010).

Tatsächlich besteht der komplexe und breite Prozess der Revolution, in dessen Gefolge die Bolschewiki ermächtigt wurden, in viel mehr als der Übernahme des Staates: in Streik-

sich unter anderem auch dadurch erklären, dass er aufgrund des Widerstands in Teilen der Partei nicht gut vorbereitet werden konnte (ebd., 10).

bewegungen, Rätebildungen, Straßendiskussionen, Wohnungsaneignungen, Bandengründungen, vor allem aber in Desertionen und wilden Landenteignungen. Der hartnäckige Glaube, eine revolutionäre Bewegung existiere nur dann, wenn sie sich in gemeinsamen, präzisen und einheitlichen Forderungen oder Parolen artikuliere, wird von der großen Russischen Revolution nicht gedeckt. Sie ist in Wirklichkeit ein weites Ensemble von Mikrorevolutionen (Marchart 2005), die häufig unkoordiniert und nicht selten widersprüchlich in- und zueinander verlaufen, von verschiedenen und gegensätzlichen Träumen motiviert werden und diese zugleich motivieren.[2] In der Revolution überlagerten sich diverse Affekte, Hass auf alle Autoritäten, Sehnsucht nach Freiheit wie nach Rache und viele andere mehr, und motivierten im Laufe des Jahres 1917 die Konstruktion utopischer Potenzialitäten und neuer mikropolitischer Realitäten. Bäuerinnen verhafteten ihre Priester, Hausangestellte zogen in die großen Wohnzimmer und verbannten ihre vorherigen Herrinnen in die kleinen Kammern, sogenannte Frauen rasierten sich die Haare und forderten gleichen Lohn, Kellner demonstrierten gegen Trinkgelder, Prostituierte traten in den Streik und Soldatinnen forderten in Solidarität mit streikenden Arbeiterinnen den Achstundentag für Kriegseinsätze (Reed 1977 [1922], 50 und 317; Figes 2008,

2 Bereits in der Revolutionstheorie von Mao wird diese als relativ komplexer Prozess gedacht: umfassendes Klassenbündnis von bäuerlichen, proletarischen Klassen, städtischem Kleinbürgertum, nationale, antikoloniale Befreiung, demokratische Revolution, die mit der Zeit weitergetrieben werden soll. Besonders stark hat auch Chalmers Johnson dagegen argumentiert, die Revolution als diskretes, isolierbares, rein politisches Phänomen zu verstehen. Die Faktoren der Revolution gelten ihm demgegenüber als so mannigfaltig wie die Elemente, die die Gesellschaft selbst konstituieren. Eine Revolutionstheorie habe dieser extremen Komplexität Rechnung zu tragen (Johnson 1966).

392, 403 und 560). Hierin, wie auch in den brutalen Ermordungen und Vergewaltigungen Adliger, in der Lynchjustiz gegenüber Dieben, in den Ressentiments gegen alles Fremd- und Reichaussehende, und nicht in der Einsetzung einer provisorischen demokratischen Regierung – das ist in Kürze der Februar – oder in der Absetzung dieser Regierung – das ist der Oktober – besteht das Ereignis der Revolution.

In der Mobilisierung ihrer Polyvalenz, ihrer Indetermination liegt zugleich ein Unterschied zwischen bürokratischer Reform und offener Revolution: Eine Novelle der Düngemittelverordnung weckt selten die Hoffnung auf das Ungeschehenmachen kindlicher Verletzungen. Eine gewisse Leere wie Größe der zentralen Signifikanten der Revolution erlaubt es, sie mit den in unterschiedlichen (Kollektiv-)Biographien situierten Erfahrungen zu besetzen: »Die Revolution eines Menschen [ist] nicht immer auch die des Nachbarn« (Weil 1975a, 252f.).[3]

3 Ähnlich schreiben auch Jörg Baberowski, Robert Kindler und Christian Teichmann: »Man müsste, um die Revolution von 1917 auf präzise Begriffe zu bringen, von mehreren Revolutionen sprechen, die sich in verschiedenen Lebenskontexten ereigneten. Es gab eine Revolte der Gebildeten gegen die politische Ordnung des zaristischen Regimes, eine Erhebung von Bauern und Arbeitern gegen die Gutsherren und Eliten, die das Land beherrschten [...]. Man könnte die Zahl der Revolten noch vermehren: von Arbeitslosen, Flüchtlingen, Hooligans und vielen anderen. Aber diese Revolten ergaben sich aus spezifischen Situationen. Oftmals waren sie nicht miteinander verbunden. Manchmal standen sie auch im Gegensatz zueinander.« Die Schlussfolgerung der Autorinnen sind den hier entwickelten entgegengesetzt: »Das ist der Grund für die unkontrollierte Elementargewalt, mit der das revolutionäre Geschehen in den Alltag einbrach. Die Untertanen des Zaren sprachen nicht mit einer Sprache. Sie lebten nicht einmal in einer Gesellschaft. Deshalb gab es 1917, als die alte Ordnung zusammenbrach, niemanden, der die Gewalt von einem Ort aus unter Kontrolle bringen konnte.« (2007, 5f.) Zur »Kontrolle« der revolutionären Gewalt wird

Das Missverständnis der Revolution lässt sich nicht ausräumen oder es lässt sich ausräumen nur auf Kosten der Revolution. Genau so aber wird das Politikmodell Lenins lesbar: als Versuch, die aufgerufene Vielstimmigkeit der Revolution zugunsten einer Logik der Einheit wieder zum Verstummen zu bringen und in der Stimme der Partei, der Parteilinie, des Zentralkomitees, des Vorsitzenden zu vereinigen. Der Leninismus entfaltet sich in einer Bewegung, die, kaum dass sie die Macht der Räte gefordert hat, erst die bürgerlichen Parteien verbietet, dann die sozialdemokratischen, sozialrevolutionären und anarchistischen Organisationen und Zeitungen zerschlägt, um bald darauf die innerparteiliche Opposition auszuschalten, die Strömungen und Plattformen zu unterdrücken und schließlich abweichende Gedanken unter Strafe zu stellen (Adamczak 2007, 60 und 75). Rückblickend lässt sich der Eindruck schwer vermeiden, es handele sich hier um eine historische Logik, die in Form einer Spirale immer engere Kreise zieht und dabei auch ihre eigenen Akteurinnen verschlingt: Beinahe sämtliche Delegierte, die auf dem X. Parteitag der Kommunistischen Partei Russlands 1921 für das Verbot der Parteiopposition stimmten, fielen ihm bzw. dessen Verschärfungen später selbst zum Opfer (Gietinger 2002, 25). Das Bemühen, die Polyphonie der Revolution auf Linie zu bringen – auf die Parteilinie der ZK-Diktatur oder auf die des kommunistischen Fabrikdirektors –, hatte Lenin bereits im April 1918 ohne jeden Versuch der Tarnung preisgegeben.

---

ein Ort monopolisierter Gewalt angerufen. Damit befinden sich die Autorinnen in einer argumentativen Komplizinnenschaft mit der Logik des Bolschewismus, dem es genau um diese zentralisierte Kontrolle ging. Die Dialektik des Terrors kann so nicht verstanden werden. Dieser war nicht anarchisch, multipolar, sondern staatlich institutionalisiert. Vergleiche zum Missverständnis, die Staatsgewalt würde die Gewalt verkleinern statt vergrößern, Loick 2012b.

Seine taktisch-programmatische Schrift *Die nächsten Aufgaben der Sowjetmacht*, die Gehorsam gegenüber den »Diktatoren«, Einsatz »bürgerlicher Spezialistinnen«, Leistungslöhne, sozialistischen Wettbewerb und Ähnliches vorsah und dies offen als »Staatskapitalismus« nach deutschem Vorbild bezeichnete, muss als zentrales Dokument der Lenin'schen Konterrevolution angesehen werden:

> Jede maschinelle Großindustrie – das heißt gerade die materielle Produktionsquelle und das Fundament des Sozialismus – erfordert die bedingungslose und strengste Einheit des Willens. [...] Aber wie kann die strengste Einheit des Willens gesichert werden? Durch die Unterordnung des Willens von Tausenden unter den Willen eines einzigen. [...] Die Revolution hat soeben die ältesten, die stärksten und schwersten Fesseln, denen sich die Massen unter der Knute unterworfen hatten, zerschlagen. *Das war gestern. Heute aber* fordert dieselbe Revolution, und zwar im Interesse des Sozialismus, *die widerspruchslose Unterordnung der Massen* unter den einheitlichen Willen *der Leiter des Arbeitsprozesses*. (Zitiert nach Kautsky 1990a [1919], 311 f.)

Das war gestern. Heute aber. Von solchen Äußerungen – sie bilden keine Ausnahmen im Aggressionsvokabular der Bolschewiki – wird sich nicht nur Lenins alter Lehrer, der Sozialdemokrat Karl Kautsky missverstanden gefühlt haben, der analysierte, hier solle die Stellung der Arbeiterinnen noch unter das Niveau des Kapitalismus gedrückt werden (ebd.). Von diesem Autoritarismus dürften sich auch alle Arbeiterinnen missverstanden gefühlt haben, die mit der Forderung der »Arbeiterkontrolle« in die Revolution gezogen waren.[4] Die Links-

4 Die Diskrepanz zwischen (unklarer) Utopie und (unschöner) Realität beschrieb Victor Serge eindringlich: »Die Mehrzahl der Führenden und Aktiven in der Partei [...] hofften, dass, wenn erst der Zustand der Befreiung erreicht sei, der Belagerungszustand von selbst aufhören und man zu einer gewissen Sowjetdemokratie kommen werde, von der aber niemand eine klare Vorstellung hatte. [...] Hatte nicht Lenin eine sowjetische Pressefreiheit vorgeschlagen, unter der jede Gruppe, die von min-

kommunisten, eine Fraktion der Bolschewistischen Partei, kritisierten, die Einführung von Arbeitsdisziplin und kapitalistischer Betriebsführung steigere nicht die Produktivität der Arbeiterinnen, sondern vermindere »die Klasseninitiative, die Aktivität und das Organisationsvermögen des Proletariats« (zitiert nach Cohn-Bendit 1968, 247). Die Arbeiteropposition, eine weitere Fraktion der Bolschewiki, verspottete den »lächerlich naiven Glauben [...], der Kommunismus könne auf bürokratische Weise eingeführt werden. Dort, wo man suchen und ›schöpferisch tätig sein‹ muss, sind sie schon dabei ›vorzuschreiben‹« (Kollontai 1972, 195). Ähnlich hatte Rosa Luxemburg bereits 1904 die im Bolschewismus deutlich werdende Tendenz, eine demokratische und chaotische Pluralität zugunsten einer autoritär durchgesetzten Einheitlichkeit zurückzudrängen, kritisiert. Lenin übersehe, »dass das einzige Subjekt, dem jetzt diese Rolle des Lenkers zugefallen, das Massen-Ich der Arbeiterklasse ist, das sich partout darauf versteift, eigene Fehler machen und selbst historische Dialektik lernen zu dürfen« (Luxemburg 1968 [1904], 105). Und schon dreißig Jahre zuvor, in den Auseinandersetzungen um die Erste Internationale 1871/72, war die Norm einer politischen Einheitlichkeit als sowohl illusionär wie repressiv kritisiert

---

destens zehntausend Stimmen gestützt wurde, ihr eigenes Organ auf Kosten der Gemeinschaft herausgeben sollte? (1917) Er hatte geschrieben, im Schoße der Sowjets könnten die Verlagerungen der Macht von Partei zu Partei ohne akute Konflikte vor sich gehen. Seine Doktrin des Sowjetischen Staates versprach ein Staatswesen, das sich gänzlich von den alten bürgerlichen Staaten unterscheiden sollte, einen Staat ›ohne Beamte oder Polizei, die vom Volk verschieden‹ seien, in dem die Arbeiter durch ihre gewählten Räte unmittelbar die Macht ausüben und mit Hilfe eines Milizsystems selbst die Ordnung aufrechterhalten würden. Das Machtmonopol, die Tscheka, die rote Armee ließen von der erträumten ›Staatskommune‹ nicht mehr übrig als einen theoretischen Mythos.« (Serge 1991 [1951], 152)

worden. In den Argumenten beispielsweise Bakunins gegen den Versuch des von Marx und Engels geführten Generalrats und der deutschen Sektion der Internationale,[5] die Pluralität der Organisation zugunsten ihrer einheitlicheren Zentralität zu reduzieren, erscheint rückblickend die deutsche oder »marxistische« Struktur der Ersten Internationale als Vorläufer des bolschewistischen Organisationsmodells. »Wie sollen«, fragte Bakunin, »Millionen Arbeiter, die in verschiedenen Ländern und Klimaten geboren und den unterschiedlichsten wirtschaftlichen und politischen Bedingungen unterworfen sind«, eine Einheit verwirklichen außer durch autoritären Zwang von oben? (Bakunin, zitiert nach Eckhardt 2011, 21.)

Diese »ungeheure Menge« (ebd., 29) und »allergrößte Vielfalt«, die hier an der Figur des Missverständnisses, also dem camouflierten Scheitern des Einverständnisses, für den Prozess der Russischen Revolution nachgezeichnet wurde, fand in diesem Prozess nicht zu jener emphatischen Einheit, von der Bakunin träumte. Stattdessen wurde sie von einer autoritären Organisation bekämpft, die sich im Prozess dieser Bekämpfung weiter autorisierte und zwangshomogenisierte, bis sie in der stalinistischen Partei jene terroristische und (auto-)destruktive Form fand, die jede Differenz – »und sei sie nur in Gedanken« (Stalin, zitiert nach Montefiore 2006, 280) – nur

5 Der Gründungskongress der italienischen Landesföderation der Internationale formulierte 1872, dass die der Internationale aufgezwungene »autoritäre Doktrin« eigentlich die Doktrin der »deutschen kommunistischen Partei« sei. Dazu passt, dass die Fraktion von Marx und Engels sich außer mit Blankovollmachten bei Abstimmungen auch dadurch durchsetzte, dass sie die Konferenzen der Internationale in der Nähe Deutschlands ausrichten ließ. Es war nicht das letzte Mal, dass eine spezifisch autoritäre Tradition aus Deutschland sich negativ auf die Geschichte der Emanzipation auswirken sollte.

noch als Abweichung von der eindimensionalen Parteilinie denken konnte, als schädliche Abweichung, die polizeilich bekämpft werden musste. Statt an einem Modell der Verknüpfung, der Beziehung orientierten sich die Bolschewiki an einem Modell der Repräsentation, der Subordination. Sie meinten, das Gemeinsame in seinen Teilen repräsentieren zu können: die Bevölkerung in der Arbeiterinnenklasse, die Klasse in der Partei, die Partei im Zentralkomitee, das Zentralkomitee im Generalsekretär.

Die bolschewistische Politik lässt sich in so häufig verwendeten Begriffen sammeln wie Dogmatismus, Autoritarismus, Disziplinarismus, Wahrheitsfanatismus. In der Konzeption der Partei verfügte sie über eine Wahrheit, die in der Autorität des ZK und dessen Befehle erteilenden Vorsitzenden geborgen war und gegen ein feindliches Außen verteidigt werden musste. Wer eine andere Position einnahm, lag falsch und musste bekämpft werden, wobei sich die Waffen dieses Kampfes im gleichen Maße historisch verschärften, wie der Grad der erlaubten Abweichung abnahm. Die Kommunistinnen waren – und zwar in zunehmendem Maße – intolerant. Allerdings schließt der Begriff der Toleranz in seiner herrschenden Verwendung erstens ein hierarchisches Verhältnis ein und zweitens eine liberale Distanz, das heißt eine eigentliche Indifferenz (vgl. Brown 2008). Er ließe sich zur Kritik der bolschewistischen Intoleranz nur retten, wenn mit ihm nicht eine höfliche Haltung, sondern eine spezifische Verantwortung für das Allgemeine gemeint wäre, das sich meist als Vielfältiges offenbart. Tatsächlich lässt sich das intolerante Beharren auf der eigenen Partikularität auf drei Weisen aufrechterhalten. Erstens indem jeder Bezug auf ein Universelles geleugnet bzw. Partikularität selbst zum Universellen erklärt wird. Diese Position wird erst im Neoliberalismus eine gesellschaftliche Relevanz erhalten, etwa in der Formulierung Margaret Thatchers, sie kenne keine Gesellschaft, sondern nur Individuen und Familien. Es handelt sich um eine Position, die nur so lange funktioniert, wie sie ihren eigenen Universalismus, etwa den Totalitarismus der Warenform verschleiert (vgl. Postone 2003). Zweitens indem zwar ein universeller Herrschaftsanspruch, nicht aber ein Anspruch auf universelle Rechtfertigung erhoben wird, weil die Anderen – als Unterlegene, als Untermenschen – nicht als Gleiche zählen. Damit ist die Frage, ob sie die hegemoniale partikulare Wahrheit affirmieren, nur von strategischem Interesse – sie entscheidet über das Ausmaß des Terrors. Dies ist die klassische Position von Kolonialismus oder Faschismus. Die dritte Möglichkeit ist egalitär, jedoch paternalistisch, indem sie unterstellt, die Differenz der Anderen zur hegemonialen partikularen Wahrheit sei eine *uneigentliche*, sie hätten bloß *noch nicht* verstanden, dass sie wesentlich mit ihr übereinstimmen. Das ist die Position der autoritären Kommunistinnen. Ihre Politik ist gerechtfertigt durch eine Zukunft, in der alle Menschen erkannt haben werden, dass die kommunistischen Pädagoginnen immer schon ihr Bestes wollten. Tatsächlich kann diese Spannung in einer Politik, die für Veränderung kämpft, nie gänzlich aufgehoben werden. Der Kampf um zukünftige Mehrheiten kann sich nicht durch gegenwärtige Mehrheitsverhältnisse rechtfertigen. Wo aber diese Zukunft als erzwungene Einheitlichkeit konzipiert wird, ist genau das Kommunistische des Kommunismus verschwunden (vgl. Nancy 1988).

Die Geschichte der Revolution ist, wie der Theoretiker Lenin gegen den Praktiker Lenin wusste, viel »inhaltsreicher, mannigfaltiger, vielseitiger, lebendiger, ›vertrackter‹, als die besten Parteien, die klassenbewusstesten Avantgarden« und ihre Führer »es sich vorstellen«, da sie »das Bewusstsein, den Willen, die Leidenschaft, die Phantasie von vielen Millionen« (Lenin, LW 31 [1920b], 83) verwirklicht. Missverständlichkeit ist kein alleinstellendes Merkmal der Revolution, das sie von allen anderen sozialen Situationen unterschiede, die als soziale ebenfalls beständig Anlass für Missverständnisse liefern (vgl. Geuss 2011, 12f.). Dennoch sind Revolutionen in besonderem Maße anfällig für sowohl Vervielfältigung als auch Vertiefung von Missverständnissen, weil in ihnen jene Konventionen außer Kraft gesetzt sind, die in anderen sozialen Situationen das Verstehen erleichtern. Die Freiheit der Revolution ist somit auch eine Freiheit, sich misszuverstehen. Dabei umfassen die Differenzen, die sich innerhalb dieses Missverständnisses auftun, die gesamte differenzielle Bandbreite, von der peripheren Differenz bis zur fundamentalen, dem Antagonismus. Entscheidend ist aber, dass sie ihren Ausgangspunkt in der Annahme eines Einverständnisses nimmt – und deren Scheitern vorführt. Im glücklichen Fall wird dieses Scheitern gemeinsam erfahren, im unglücklichen Fall erkennt eine Partei, dass sie sich getäuscht hat, während die andere fortfährt, von einer geteilten Grundlage auszugehen. Unklar, für welche Seite das schmerzhafter ist. Worum es geht, ist, dass die Differenz des Missverständnisses über den Modus von Indifferenz und Toleranz hinausweist. Der Begriff des Missverständnisses ist keine Wiederholung des Begriffs der Differenz. Vielmehr ist das Missverständnis eine spezifische Differenz, Differenz in einer geteilten Semantik. Wir meinen das Gleiche zu meinen, während wir zugleich Verschiedenes meinen. Wer sich missversteht, steht nicht in der beziehungslosen Beziehung des bloßen Nebeneinanders. Im Missverständnis sind die Differenzen immer schon in Beziehung. Das Verständnis des Missverständnisses bringt so die Aufmerksamkeits- und Pflegebedürftigkeit des Verstehens selbst ans Licht.

Die marxistisch inspirierte Revolution von 1917 stellte hier folgende Fragen: Lässt sich der unversöhnliche Streit, von dem Klassengesellschaften geprägt sind und der sich als innere Gewalt wie äußerer Krieg äußert, schlichten ohne Egalisierung der Lebensverhältnisse, ohne Aufhebung der Klassenspaltungen? Lässt sich das fundamentale Unverständnis voneinander getrennter »Parallelgesellschaften« dauerhaft reduzieren ohne soziale Gleichheit (vgl. Adamczak 2016)? Und wäre diese Gleichheit nicht Grundlage einer gesellschaftlichen Vereinigung, einer Einheit, die sich nicht länger im Kampf gegen ein Außen konstituieren müsste? Damit ist zugleich die Frage gestellt, was an der Einheit wünschenswert ist, was abzulehnen. Bakunin beantwortet sie an anderer Stelle, indem er eine Differenz zwischen Einheit und Einheitlichkeit einführt: »Einheitlichkeit ist keineswegs Einheit, sondern nur deren lebloses Abbild, [...] der Tod. In Wahrheit ist die Einheit nur wirklich und lebendig in der allergrößten Vielfalt« (Bakunin, zitiert nach Eckhardt 2011, 23). Paradoxerweise ist es gerade das Bürgertum, das Kommunistinnen bezüglich der Idee der Einheitlichkeit eine materialistische Lektion zu erteilen vermag. Laut Jörn Schütrumpf lernten dessen verfeindete Fraktionen mit der erfolgreichen Niederschlagung der Pariser Commune 1871, dass der Versuch, einen ideellen Konsens, eine geistige Einheitlichkeit zu errichten, nur blutig enden konnte – und nahmen zukünftig davon Abstand (Schütrumpf 2013, 110). Die Demokratie des Bürgertums gründet sich nämlich nicht auf Verfassungsideale, geteilte Werte, religiöse Überzeugungen oder ethische Richtlinien. Vielmehr darf jede Position als private Meinung vertreten werden, die ebenso frei wie ohne großen Belang ist – so lange die Geschäftsgrundlage des Privateigentums nicht angetastet wird. Diese praktische Beziehungsweise erweist sich als soziale Grundlage, die wesentlich stabiler ist, als es die Übereinstimmung mit einer Idee je sein könnte. Es handelt sich um die Beziehungsweise des Wertes, die Allgemeinheit durch Vereinzelung herstellt, die verbindet, indem sie trennt. Sie realisiert eine allgemeine Privatheit und damit eine privatisierte Allgemeinheit. Die Frage, die Kritikerinnen der bürgerlichen Gesellschaft zu beantworten hätten, ist folglich die danach, was auf der Seite des Kommunismus die Position übernehmen kann, die das Privateigentum für das Bürgertum einnimmt. Das wäre die Frage nach der Beziehungsweise. Seltsamerweise haben die sozialistischen Materialistinnen, nicht zuletzt die Marxistinnen, obwohl sie von der objektiven materiellen Stellung des Proletariats ausgingen, die Basis ihrer Zusammenkunft häufiger in der Welt der Ideen, Theorien, Manifeste und Programme, im besten Falle in einer strengen Organisation, der Partei gesucht als in der Beziehungsweise von Rat, Kommune, Commons oder Assoziation, als im geteilten Grund einer gemeinsamen Praxis.

Die Revolution als Missverständnis lässt sich nicht verstehen, wenn ihr als normativer und organisatorischer Bezugspunkt entweder die Einheitlichkeit oder die Differenz untergeschoben wird. Letzteres wird, wie noch zu zeigen sein wird, erst mit der Revolutionswelle von 1968 versucht werden, während Ersteres das Verfallsmodell von 1917 bezeichnet. In der Vereinzelung jedoch lebt das Gemeinsame so wenig wie in der erzwungenen Einheit. Weder in einer Vielheit, die sich in ihren Teilen verliert, noch in einer Union, die sich durch Unterordnung konstituiert. In der Affirmation des Zentralismus wie der Pluralität verschwinden die Beziehungen der Teile zueinander und damit die eigentliche Aufgabe sozialer Transformation: das Knüpfen anderer Verbindungen, die Konstruktion befriedigender Beziehungsweisen.

Revolution als synaptische Konstruktion

> Die Ersetzung der kapitalistischen durch sozialistische Produktion umfasst zwei Momente, sie ist einmal eine Eigentums- und dann eine Organisationsfrage. Sie erheischt die Aufhebung des Privateigentums an den Produktionsmitteln und deren Übergang in gesellschaftliches Eigentum in der Form von staatlichem, kommunalem oder genossenschaftlichem Eigentum. Sie erheischt aber auch die Ersetzung der kapitalistischen durch eine gesellschaftliche Organisation des Betriebes und seiner Funktionen im ökonomischen Gesamtzusammenhang. Von diesen beiden Umwandlungen ist die des Eigentums die einfachste. Nichts leichter, als einen Kapitalisten zu expropriieren.
> *Karl Kautsky*

Das rechte Licht

Die Revolution, die eine gute Zukunft realisieren will, entstammt einer schlechten Gegenwart, die sie überwinden will. Ohne die gefrorene Gewalt dieser vorrevolutionären Strukturen lässt sich die entfesselte der revolutionären Bewegung nicht verstehen. Wer das stille Leid der Unterdrückten nicht sehen will, wird in ihrem schließlichen Schrei nichts Anderes hören können als das Brüllen einer Barbarei, gegen die dieser eigentlich gerichtet ist.[1] Denn zunächst ist die Aufgabe der

1 Aus einer Situation relativen Friedens heraus betrachtet, erscheint die von der Roten Armee vollzogene Erschießung von Offizieren als brutale Gewalt, die sie auch ist, angesichts der umgebenden Brutalität des Krieges und der Gewalt der konterrevolutionären Weißen Armeen, er-

Revolution negativ bestimmt, sie hat einen unerträglichen Zustand zu beenden. »Der Zweck der Revolution«, schrieb Theodor W. Adorno in einem Brief an Walter Benjamin bündig, »ist die Abschaffung der Angst« (Adorno 1994, 173, vgl. Marcuse 1968, 130). Insofern aber die Angst, die sich auf eine ungewisse Zukunft richtet, der Vergangenheit entstammt, ist das kommunistische Morgen nicht ohne kapitalistisches Gestern verstehbar. Die Revolution lässt sich nicht ohne Kenntnis der Welt erschließen, aus deren Zusammenbruch sie hervorgeht und aus deren Trümmern sie eine neue zu erschaffen hat.[2] Die-

---

scheint sie als politisch motivierte Milde: Während die Weiße Armee alle Gefangenen exekutieren ließ, verschonte die Rote Armee niedrigrangige Soldatinnen in aller Regel. Der Begriff allgemeiner Gewalt ist hier zwar notwendig, aber zugleich zu abstrakt, um sie zu verstehen. Nicolas Werth, Autor des antikommunistischen *Schwarzbuch Kommunismus* weiß das. Er zitiert einen Hauptmann, der bezeugt, wer die Gewalt zu verantworten hat: »Die Kluft zwischen uns und den Soldaten ist unergründlich tief. Für sie sind und bleiben wir die *barines* [Herren]. Für sie ist das, was sich jetzt ereignet hat, [...] eine soziale Revolution, in der sie die Sieger und wir die Besiegten sind. [...] Sie glauben, sich endlich für die jahrhundertelange Knechtschaft revanchieren zu können.« (Werth 1998, 75) *Diese* Gewalt ist moralisch so falsch wie gerechtfertigt.

2 »Die russische Revolution war die Geburtsstunde des totalitären Zeitalters, sie war die Erbsünde, aus der sich die modernen Diktaturen und Ideologien hervorbrachten. Sie verknüpfte das Menschenglück mit der physischen Vernichtung von Menschen. Die Bolschewiki führten die staatlich organisierte Tötung stigmatisierter Kollektive, wie sie den Stalinismus und den Nationalsozialismus auszeichnete, als Möglichkeit überhaupt erst in die Praxis der modernen Politik ein. [...] So löste sich die Gewalt, die Menschen anderen Menschen seit jeher zugefügt haben, vom Kampfgeschehen. Sie verlor ihre Unschuld.« (Baberowski 2003, 38) Das schreibt Jörg Baberowski in *Der rote Terror* – als wäre die Gewalt des Krieges, in der die Herrschenden die Massen aufeinanderhetzen, auf dass sie sich gegenseitig ermorden und verkrüppeln, »unschuldig«. Als wäre die Gewalt, mit der russische Adlige ihre Leibeigenen auspeitschten und zu Tode trieben, an ein Kampfgeschehen gebunden

se Erkenntnis traf den anarchistischen Revolutionär Victor Serge, der sich als marginalisierter Kriegsgegner im französischen Gefängnis befand, wie ein Lichtstrahl. Wie viele andere hatte auch er »in den trübsten und lichtlosesten Tagen der Reaktion [...] zuversichtlich das Nahen der neuen Revolution erwartet« (Trotzki 1990a [1929], 201) und war von ihrem Erscheinen gänzlich überrascht. Die Revolution war der Ausweg aus einer Situation der Ausweglosigkeit. Sie war damit zugleich die Vernunft in einer Welt des Irrsinns:

> »So sehr erwartet, dass man schließlich kaum mehr daran glauben wollte, erschien endlich die Revolution. Das Unwahrscheinliche wurde Wirklichkeit. Wir lasen die Telegramme aus Russland und fühlten uns verwandelt. Die Bilder, die sie uns übermittelten, waren einfach, konkret. Jetzt fiel das rechte Licht auf die Dinge, die Welt wurde nicht mehr von unheilbarem Wahnsinn mitgerissen.« (Serge 1991 [1951], 64)

Jetzt fiel das rechte Licht auf die Welt. Ihr Wahnsinn, der immer schon im kapitalistischen Alltag, im Nebeneinander von größtem Reichtum und bitterster Armut, in der Möglichkeit eines geteilten Lebens für alle und der Wirklichkeit verallgemeinerter Konkurrenz erfahrbar gewesen war, hatte sich im Weltkrieg in drastischer Scham- und Schuldlosigkeit entblößt. Er war jedoch, weil er die Massen und selbst erfahrene Linke mitriss, nicht als solcher erfahrbar, sondern nur als Normalität. Maria Spiridonowa, die gewalterprobte Sozialrevolutionärin, deren Kritik sich die bolschewistischen Machthaber fünf Jahre später traditionsbildend durch Psychiatrisierung

---

gewesen. Als hätte es keinen vierhundertjährigen Kolonialrassismus gegeben, in dem »stigmatisierte Kollektive« durch Arbeit oder Krankheitserreger, durch Massenmord vernichtet wurden. All das entstehe erst in der Erbsünde der russischen Revolution, die also erste Wurzel des deutschen Nationalsozialismus sei. Solche an Ernst Nolte erinnernden Fehlleistungen lassen sich, zumal wenn sie von einem deutschen Professor stammen, nur Geschichtsrevisionismus nennen.

zu entledigen suchen würden, fasste diese irrsinnige Verkehrung in prägnante Worte:

> »Man stelle sich vor, die überwiegende Mehrheit der Menschen sei erfasst von der Krankheit der durch das ununterbrochene, unmittelbare Morden hervorgerufenen Gewissensqualen: Der Krieg und die Revolution in ihrer gegenwärtigen Form würden dann aufhören. Das Unglück liegt darin, dass die Urheber des Krieges nicht erkranken wollen und nicht erkranken *können*, während der andere Teil der Menschheit schon seit langem krank ist« (Spiridonowa, zitiert nach Steinberg 1981 [1923], 5).

Das Über-Ich, so lautet die feministische Pointe dieser Erkenntnis, ist keine gesellschaftliche Instanz der Gerechtigkeit. Es sind nicht die Folterer, die nachts nicht schlafen können, sondern die Gefolterten. Die wenigen Kriegsgegnerinnen, die darauf beharrten, dass die Welt kopfstand, während alle Welt behauptete, dass sie genau richtigherum stehe, musste so der Zweifel beschleichen, sie selbst seien vielleicht diejenigen, die verrückt geworden waren. Die Macht der herrschaftlichen Gewohnheit trübte die Sinne. Es ist dieser Schleier, den die Revolution zerreißt. Die wörtliche Umdrehung, die sie bedeutet, fördert das Unterste, weil Unterdrückte nach oben, ans Licht, sie erzwingt einer marginalen Wahrheit den Zugang zur Wirklichkeit. Selbst die reaktionärste Regierung musste nun mit Revolutionären verhandeln, und aus einem Haufen inhaftierter Kriegsgegnerinnen inmitten eines europaweiten nationalistischen Taumels wurden Anhängerinnen einer werdenden Weltmacht: Zusammen mit anderen Gefangenen wurde der Anarchist Serge von der französischen Regierung zum Bolschewiken ernannt, um ihn gegen Kriegsgefangene auszutauschen (vgl. Serge 1991 [1951], 74ff.).

Die Revolution verschafft einem historisch Unintelligiblen soziale Intelligibilität. Ihre unumgehbare Realität, materieller als jedes Argument, erlaubt es, die herrschende Normalität als Wahnsinn der Herrschaft zu erkennen. Für ihr Verständnis ist die Erinnerung Victor Serges deshalb so wichtig, weil sie eine historische Erfahrung bewahrt, zu der sich außerhalb revolutionärer Zeiten nur schwer Zugang finden lässt. Es ist die Erfahrung, dass Kritik von Leid nicht nur innerhalb der systemischen Bedingungen der Möglichkeit seiner Aufhebung intelligibel ist, sondern auch in der Transformation der Bedingungen dieser Möglichkeit. Auch gegen das, was nun mal »so ist, wie es ist«, lässt sich aufbegehren. Auch der Schmerz, der von einem Sachzwang herrührt, lässt sich lindern. Das, was ist, kann geändert werden.

Genau hierin besteht die zentrale Funktion, die die Revolution (als Möglichkeit) für kritische Theorien einnimmt, deren Radikalität nicht am Horizont des Gegebenen, des im Gegebenen machbar Erscheinenden, endet. Als theoretische Figur garantiert sie die Möglichkeit einer radikalen Gesellschaftskritik, die sich nicht von Sachzwängen einhegen lässt (vgl. Demirović 2003, 266). Unter Bedingungen der Abwesenheit realer Revolutionen kann die Theorie deren Idee konservieren. So betrachtete es Marcuse bereits 1919 als Aufgabe der Philosophie, die Frage zu beantworten: »Was geschieht nach dem Scheitern der Revolution?« (Zitiert nach Voigts 2010, 95.). Und 1966, noch bevor eine neue Revolutionswelle Westeuropa erreichte, ließ Adorno diesen Gedanken programmatisch werden: »Philosophie, die einmal überholt schien«, formulierte er in der Einleitung zur *Negativen Dialektik*, »erhält sich am Leben, weil der Augenblick ihrer Verwirklichung versäumt ward« (Adorno 1966, 15). In Zeiten der Entwirklichung einer praktischen Alternative wird die kontrafaktische Anrufung der Revolution zur theoretischen Bedingung, nicht vor der Macht des Faktischen zu kapitulieren (vgl. Nachtmann 1997). Die Revolution wird zum Garanten einer historisch aufgeschobenen kulturellen Intelligibilität, die eine in ihrer Radikalität von gegenwärtiger Praxis ungedeckte Kritik der Gesellschaft davor bewahrt, das zu werden, was ihr der reaktionäre Realismus (oder der realpolitische Revolutionarismus Lenins) vorwirft: kindliche Träumerei, Utopismus, Irrsinn. Es lohnt, danach zu fragen, welche historischen Erfahrungen in einer Sprache zugleich reflektiert und konserviert werden, die Kommunismus zur »Heimat« oder dem »ganz Anderen«, zur »Erlösung« oder »Versöhnung« macht (Bloch 1974, Adorno 1970, Benjamin 1992 [1940], auch Agamben 2006, kritisch hierzu Liska 2008). Während die Leere des Kommunismus als Utopie aber in seiner Funktion als indeterminierter Signifikant oder als negatives Ideal einen gewissen Halt findet, wird die Revolution, als Mittlerin zwischen Reich der Notwendigkeit und Reich der Freiheit, immer von den schmutzigen Bedingungen der Wirklichkeit heimgesucht, die sie verändern soll. In dem intellektuellen Bemühen kritischer Theoretikerinnen, den Begriff der Revolution durch nichtrevolutionäre Zeiten zu retten, ohne seine im tatsächlichen Verlauf der historischen Revolutionen zu Tage getretenen antiemanzipatorischen Momente zu reproduzieren, wird eine innere Zerrissenheit des Revolutionsbegriffs deutlich. Die zeitliche Unschärfe der Revolution, ihr Übergangscharakter, erscheint nun als ihr innerer Widerspruch: Die Revolution macht Geschichte und ist zugleich Teil von ihr. Sie will die Ordnung verändern, der sie selbst entstammt. Sie hat eine utopische Welt zu realisieren, der sie nicht angehört.

Eine theoretische Strategie, auf diesen Widerspruch der Revolution zu reagieren, besteht in ihrer Abstraktifizierung. Diese Bewegung ist derjenigen ihrer Fetischisierung direkt entgegengesetzt. Während der Revolutionsfetisch die Revolution vom Mittel zum Zweck macht, reduziert die Abstraktifizierung die Revolution so weit auf ein Mittel, dass sie ihre eigenständige historische Realität verliert. Sie wird zum

Übergangspunkt, zum »Ereignis« (der Ankunft des »Messias«), zum bloßem »Bruch« (mit dem Alten), zum »Riss« (in der Geschichte). Hierin fungiert die Revolution als das Moment, das die herrschende Logik wie die herrschende Zeit unterbricht, als radikale Kontingenz, als Entscheidung, als Sprung. Es ist ein Moment, das der Geschichte von außen zustößt, sie aus der Zukunft selbst ereilt. Diese theoretische Rettung der Revolution nach ihrem praktischen Scheitern tendiert jedoch zugleich dazu, den Begriff der Revolution mit den Bedingungen ihrer Niederlage zu affizieren. Die Abwesenheit der Revolution in der Praxis kehrt in der Theorie als deren Entleerung wieder.

Es ist dieser wiederkehrende historische Hintergrund, vor dem sich Wendy Brown im Jahr 2005 der Revolution zuwendete. Gegen eine »linke Melancholie«, die in Verleugnung der Realität an einem überkommenen Begriff wie der Revolution festhalte (Brown 1999, 21 f.), forderte sie eine intellektuelle Trauerarbeit ein (Brown 2005, 115), die es erlauben sollte, nicht aktualisierbare Momente des linken Erbes aufzugeben. Dabei löste Brown den inneren Widerspruch des Revolutionsbegriffs zu einer Seite hin auf. Sie forderte, »ein utopisches Imaginäres auch in Abwesenheit eines revolutionären Mechanismus für dessen Realisierung zu rekuperieren« (Brown 2005, 114). Einerseits, argumentierte Brown, sei es nicht möglich, »eine Form substanzieller politischer Freiheit, Selbstverwaltung und radikaler Demokratie vorzustellen« ohne »Abschaffung oder Bezwingung oder Ersetzung von Kapital und Kapitalismus«, ohne soziale und politische Revolution also. Andererseits müsste die Linke genau eine solche Vorstellung von nichtrevolutionärer Transformation entwickeln, denn in »naher Zukunft« ließe sich »weder der Sturz des Kapitals noch sein Zusammenbruch von innen heraus erwarten«. (Ebd. 29, vgl. auch Brown 2008, 28.) Tatsächlich war es die nahe Zukunft des Jahres 2007, in der das Kapital in eine Krise historischen Ausmaßes geriet. Weitere vier Jahre später betraten Revolutionen wieder die Bühne der globalen Geschichte. Die zweiseitige Antwort aber, die Brown gibt, illustriert präzise das Dilemma, in dem sich kritische Theorien gegenüber der Revolution – nach deren historischem Scheitern – befinden. Die Revolution gilt nun als theoretisch notwendig, aber praktisch unmöglich. Diese Unmöglichkeit ist jedoch in der Regel nicht Ausdruck der Erfahrungen historischer Revolutionen selbst, sondern ihrer abstrakten Interpretation vor dem Hintergrund eines moral- und geschichtsphilosophischen Schemas, das gegenüber der Diversität der revolutionären Missverständnisse zu grob und gegenüber der realen Möglichkeit anderer Entwicklungswege in der Revolution blind bleibt. Die hier unterbreiteten Überlegungen sollen dabei helfen, diese Lücke zu schließen. Gegen die Abstraktifizierung setzen sie auf Konkretisierung. Diese zeigt, dass die Vorstellung eines »Ereignisses der Revolution« – als singulärer Moment des Sturzes der alten Herrschaft – den fetischisierten Effekt einer nachträglichen Mythologisierung bildet. Weder vollzieht sich der Sturz der alten Ordnung an einem Tag, noch ist dieser Sturz überhaupt das entscheidende Moment einer Revolution. Die bebildernde Übersetzung von Revolution in »Stillstellung«, »Bruch«, »Notbremse« klingt nach Radikalität, Kompromisslosigkeit, Unbedingtheit, erschwert aber zugleich, den Moment zu erkennen, in dem sich die praktische Revolution anschickt, ihren theoretischen Statthalter abzulösen. Wirkliche Revolutionen entziehen sich als ungleichzeitige, auseinanderdriftende, mikropolitische, missverständliche den großen Bildern, zu deren Anfertigung nicht zuletzt sie selbst animiert haben. Tatsächlich besteht ihre von Erwartungen aufgeladene chaotische Praxis in einem *heilvollen Durcheinander*.

Revolutionstheorien analysieren weniger naturwüchsige

als menschengemachte, weniger unbewusste als bewusste Transformationen. Damit stellen sie eine Verknüpfung von Sozialtheorie und Ethik her. Sie unterhalten eine gewisse Ähnlichkeit zu den Gedankenspielen, die Sozialphilosophinnen anstellen, wenn sie kontrafaktische Modelle gelungener Sozialität entwerfen, welche hypothetisch die Frage beantworten, wie wir die Welt einrichten würden, wenn wir könnten (prominent Rawls 1975 oder Marx, MEW 40, 365). Revolutionen stellen praktische Versuche dar, diese Frage zu beantworten. In ihnen geht es weder um die Legitimation noch die Subversion des Bestehenden, sondern um die Gestaltbarkeit von Gesellschaft selbst. Zugleich aber ist die revolutionstheoretische Fragestellung keine bloß gedanklich-spekulative und keine technokratisch-planerische. Deutlicher als jedes Gedankenexperiment, jede utopische Übung wird die Revolution von den Bedingungen der Unreinheit heimgesucht, denen sie entstammt. Revolutionen gelingen nicht so, wie sie geplant waren. Sie sind eben keine sozialen Experimente in kontrollierbarer Umgebung. Ihre Komplexität, schreibt der Revolutionstheoretiker John Foran, »hat die Wissenschaftler ebenso herausgefordert wie die Revolutionärinnen«. So wie ihr Eintreten für die einen unvorhersagbar war, waren ihre Ergebnisse für die anderen unkontrollierbar (Foran 2007, 3906). Die realhistorische Revolution lehrt, mit dem Unberechenbaren oder zumindest Unberechneten zu rechnen, mit dem Unplanbaren oder zumindest Ungeplanten zu planen. Dadurch verändert sich auch die Konzeption von utopischem Ideal wie revolutionärer Transformation. Ohne die Missverständlichkeit der Revolution zu vergessen, geht es damit um die Frage, was sich vom Kern der Revolution noch sagen lässt, außer dass er entkernt ist. Das ist auch die Frage danach, wie sich im Revolutionsfetisch der Fetisch defetischisieren lässt, ohne die Revolution zu derevolutionieren.

Die Enttäuschung, dass die Welt auch dort, wo soziale Revolutionen stattfanden, nicht in einen »wahrhaft menschlichen Zustand« (Adorno/Horkheimer 1970 [1947], 1) eintrat, führte bei vielen Sozialistinnen (z. B. Lefort, Habermas, Castoriadis) zur Abkehr vom Konzept der Revolution. An ihre Stelle traten Modelle subversiver, evolutiver, reformistischer Transformationsstrategien. Aber dass Theoretikerinnen sich von der Revolution verabschieden, heißt noch nicht, dass sich auch die Revolution aus der Geschichte verabschiedet. Ihr fortgesetztes Auftreten verlangt ebenso danach, die Revolution zu theorisieren, wie ihr fortgesetztes Scheitern danach verlangt, sie anders zu konzipieren. Ein anderer Begriff von Revolution müsste sie aus der Fetischisierung lösen wie aus der Abstraktifizierung. Er dürfte weder deterministisch noch voluntaristisch sein, weder destruktiv noch kreationistisch, weder insurrektionalistisch noch reformativ-defensiv. Um einen solchen Begriff der Revolution zu konturieren, muss das Konzept der Revolution zu den angrenzenden Konzepten der Evolution, der Utopie, der Reform diskutiert werden, in Abgrenzung zu denen seine Bedeutung definiert wird. Dabei wird deutlich, dass sich innerhalb dieser binären Begriffsoppositionen kein sinnvoller Begriff von emanzipatorischer Revolution gewinnen lässt. Jeder der drei Dualismen ist zu unterlaufen.

Evolution. Codierte Transformation

Dem allgemeinen Verständnis nach ist der Maßstab, an dem sich die Opposition Revolution/Evolution orientiert, die Dauer des transformativen Prozesses: Vollzieht sich der Prozess eruptiv-plötzlich oder langsam (nicht unbedingt stetig, wie aus den Begriffen der Mutation oder der Dialektik bekannt)? Tatsächlich brechen Revolutionen auf einen Schlag aus. Das zeigt sich sowohl daran, dass selbst erfahrene Revolutionäre Revolutionen noch nach deren Eintreten nicht erkannten, als auch daran, dass sie wiederholt Revolutionen vorhersagten, die nie eintraten. Die Revolution, schlussfolgerte Hannah Arendt (Arendt 1968, 333), lässt sich nicht machen, sie lässt sich nur erwarten. Dass sie unvorhergesehen ist, heißt jedoch nicht, dass sie auch unvorbereitet wäre. Es gibt keine Revolution ohne Vorbereitung – aber es gibt viele Vorbereitungen ohne Revolution. Erst der Ausbruch der Revolution macht die Tätigkeit der Revolutionärinnen retroaktiv zu deren Vorbereitung. Ohne ihn bleibt ihre Tätigkeit wahlweise utopistisch oder kriminell. Die Revolution lässt sich so nicht bewirken, auf sie lässt sich nur hinwirken (Kuusinen 1921, 11). Sie lässt sich schwer beginnen, aber sie lässt sich fortsetzen. Sie lässt sich kaum erfinden, aber sie lässt sich gestalten. Isaak Steinberg, der als linker Sozialrevolutionär an der Russischen Revolution teilgenommen hatte, fand hierfür die prägnante Formulierung: »Die Revolution wird von der Geschichte gemacht, aber in der Revolution macht man Geschichte« (Steinberg 1981 [1923], 12).

Auch wenn das Auftreten der Revolution immer wieder überraschend und plötzlich ist, erledigt sie sich andersherum nicht so schnell, wie sie auftaucht, sie braucht Jahre, Jahrzehnte, mehrfache Rückschläge, gewaltsame Umgestaltungen, bis sie einigermaßen stabile Formen hervorbringt. Von der Revolution von 1917 ließe sich sagen, dass ihre Ergebnisse sich erst 1953 auf einem – allerdings recht unglücklichen – Niveau stabilisierten. Von der Revolution von 1789, dass sie »den Zeitraum bis 1870/71« umfasste (Kossok 1988, 49).[3] Offensichtlich

3 »Die Kategorie Revolutionszyklus umfasst verschiedene Ebenen, die

lässt sich die Revolution nicht sinnvoll in Abgrenzung zur Evolution bestimmen. Zugleich ist es aber auch nicht möglich, sie im Begriff der Evolution aufzulösen. Gerade in der Gleichzeitigkeit der Zeitlichkeiten hat sie ihre reale Form. Weil es zum Inbegriff der Macht gehört, am längeren Hebel zu sitzen, braucht es die revolutionäre Dynamik der Radikalisierung. Deren Geschwindigkeit muss höher sein, als die Masse der Herrschaft träge. Notwendig ist die Revolution als Aufbruch, als Auflauf, als Aufstand, weil unter jeweils herrschenden Bedingungen der herrschende Block immer über genügend Ressourcen verfügt, um seine Herrschaft zu reproduzieren; Ressourcen ökonomischer und militärischer, politischer und ideologischer, rechtlicher und ritueller Art. Aus revolutionstheoretischer Perspektive ist das Entscheidende am Ideologiebegriff deswegen, dass notwendig falsches Bewusstsein zugleich praktisch richtiges ist. Unter herrschenden Bedingungen erscheint es meist vernünftiger, nicht zu streiken, sondern zu arbeiten, nicht das Patriarchat anzuprangern, sondern die eigene Einsamkeit zu bekämpfen, nicht zu klauen, sondern einzukaufen, nicht das Plenum zu besuchen, sondern die Verwandtschaft. Weil die Oberen so innerhalb kleiner Auseinandersetzungen meist die Oberhand behalten, braucht es die Heftigkeit und Geschwindigkeit der revolutionären Bewegung,

---

es auseinanderzuhalten gilt: – zunächst ist damit der zyklische Ablauf jeder einzelnen Revolution, ihre Phasenfolge, die Bewegung in auf- und absteigender Linie gemeint; – da in der Regel ein Land bis zur Konstituierung der bürgerlichen Ordnung mehrere Revolutionen durchläuft (Beispiele: Frankreich 1789, 1830, 1848, 1870, 1871; Spanien 1808, 1820, 1834, 1854, 1868), existieren auch nationale Revolutionszyklen; – darüber hinaus sind kontinentale Revolutionszyklen, wie im Falle Lateinamerikas ab 1810 oder in Europa 1848/49, nachweisbar; – schließlich stellt die »Weltrevolution des Bürgertums« vom 16. bis 19. Jahrhundert in ihrer Summe einen universalhistorischen Revolutionszyklus dar.« (Ebd.)

um die Schwerkräfte der alten Gesellschaft als Gewohnheit außer Kraft zu setzen.

Innerhalb des marxistischen Diskurses wird die Gegenüberstellung von Evolution und Insurrektion zugleich überlagert mit jener von Determinismus und Voluntarismus, von langwieriger Verschiebung sozial-ökonomischer Strukturen und bewusster Entscheidung zu unmittelbarer Veränderung also. Laut Hartmut Tetsch konstituiert dieser Gegensatz einen dem Marxismus immanenten Widerspruch, der in dessen Geschichte prozessiert wird. Revolution wird darin entweder als »ökonomisch-soziale Umwälzung« verstanden, »die sich unabhängig als Naturgesetz realisiert«, oder als »bewusste Aktion«, die einen »Akt der menschlichen Erlösung, die Selbstverwirklichung des Menschen nach seiner Selbstentfremdung« darstellt (Tetsch 1973, 26). Die Positionierung innerhalb dieses Widerspruchs ist entscheidend für die Bestimmung des »richtigen« Zeitpunkts der Revolution. In der klassischen Perspektive sind die Pole miteinander vermittelt, insofern eine bewusste Revolution erst stattfinden kann, wenn sich in der alten Gesellschaft – in »ihrem Schoß« – die neue entwickelt hat (Marx, MEW 13, 9). Dies lässt sich im Sinne von Produktivkräften verstehen, welche »die Fesseln« (Marx/Engels, MEW 4, 467) der überkommenen Produktionsverhältnisse sprengen, oder im Sinne einer Klasse, die »zum Totengräber« (Marx/Engels, MEW 4, 474) der bisher herrschenden wird, oder im Sinne von Produktionsverhältnissen und Verkehrsformen, die sich parallel zu den dominanten entwickeln, um sie schließlich zu ersetzen. Nur diese dritte Möglichkeit kann den verschiedenen Einwänden standhalten, die in der Geschichte des Marxismus gegen sie erhoben wurden.[4] Doch

4 Für die Diskussion der Klasse als revolutionäres Subjekt ist entscheidend, welche Beziehungen sich innerhalb der Klasse herausbilden, ob

die begriffliche Form, in welcher der Widerspruch zwischen Evolution und Insurrektion in der marxistischen Tradition gestellt wird, erschwert seine Lösung. Während die Vorstellung eines bewussten Umsturzes einem Geschichtsbild von Avantgarden und »großen Männern« Vorschub leistet, codiert die Figur naturhafter Gesetzmäßigkeit den eigentlichen sozialen Konstruktionsprozess. Die hegemoniale marxistische Tradition verstand den revolutionären Prozess als eine lange Phase, in der naturwüchsig Strukturen (»materielle Existenzbedingungen«) der neuen Gesellschaft heranreifen, und eine kurze Phase, des im eigentlichen Sinne revolutionären Umsturzes, der diesen Kräften durch eine bewusste Aktion zum Durchbruch verhilft. Der dialektische Verlauf von Sieg und Scheitern der marxistisch inspirierten Revolution lässt jedoch vermuten, dass das Gegenteil der projizierten Wirklichkeit emanzipatorischer Revolutionen näherkommt: Der Umsturz selbst geschieht fast automatisch – das in der alten Gesellschaft aufgestaute Leid führt im Moment einer ökonomischen oder militärischen Krise zur politischen Krise der Legitimation, die sich in ungeplanten Massenprotesten entlädt. Das »Heranreifen« der neuen Gesellschaft aber erfordert die Gesamtheit an subjektiver Aufmerksamkeit. Es steht deswegen im Zentrum eines relationalen Revolutionsbegriffs, der auf soziale Konstruktionsprozesse fokussiert.

Diese Kritik am hegemonialen marxistischen Revolutionsbegriff wurde bereits aus der libertären Tradition heraus formuliert. Gustav Landauer etwa kritisierte die Vorstellung, der

---

diese im Sinne des Zentrums der II. Internationale mit den Institutionen der Arbeiterinnenbewegungen identifiziert (Gewerkschaften, Arbeiterinnenvereine, Partei), im Sinne des Operaismus der siebziger Jahre als autonom verstanden oder im Sinne des Spontaneismus etwa Luxemburgs als räteförmige Institutionen konzipiert werden. Für die Diskussion der Produktivkraftthese siehe Adamczak 2017.

Sozialismus könne erst beginnen, nachdem die Revolution eingetreten bzw. abgeschlossen sei, und forderte, das Bild umzukehren: »Wir warten nicht auf die Revolution, damit dann Sozialismus beginne, sondern wir fangen an, den Sozialismus zur Wirklichkeit zu machen, damit dadurch der große Umschwung komme!« (Landauer 1924, 92) *Sprachlich* verbleibt Landauer hier ähnlich wie Simone Weil oder Martin Buber innerhalb jenes marxistischen Rahmens, den er zu verlassen sucht (vgl. Weil 1975b [1934], 268; Buber 1958, 44). Nur das politische Ereignis des großen Umschwungs *nennt* er Revolution, nicht den diesem vorangehenden Transformationsprozess, in welchem der Sozialismus gemacht wird. *Inhaltlich* aber deckt sich die libertäre Kritik des dominanten marxistischen Revolutionsmodells[5] mit der hier entwickelten. Die bloße Verkehrung von Insurrektion und Konstruktion jedoch schriebe die Beschränkung des revolutionären Transformationsprozesses fort: Die Konstruktion des Sozialismus ist weder Folge noch Voraussetzung des Aufstands, sondern umschließt ihn von beiden Seiten. Die Revolution ist ein komplexer Prozess längerer Dauer, innerhalb dessen der »Umsturz«

5 Die Behauptung, im Falle des Sozialismus gehe die politische Revolution der sozialen Transformation voraus, sollte gerade das Abweichen der Russischen Revolution von der allgemeinen marxistischen Revolutionsregel erklären. Dementsprechend lässt sich fragen, ob nicht der Attentismus des sozialdemokratischen Zentrums um Kautsky herum auch Züge eines konstruktivistischen Revolutionsbegriffs trug. Er sah vor, die Zerstörung des Kapitalismus selbst der kapitalistischen Krise zu überlassen und alle Anstrengungen auf den Moment zu richten, in dem die Macht der Sozialdemokratie von selbst in die Hand fallen würde. Dann sollten die Organisationsstrukturen der sozialdemokratischen Partei, der Gewerkschaften und Verbände zu den Organisationen des neuen »Staates« werden. Dieses Modell stellt jedoch politisch eine Abkehr von der Revolution dar – das ist das Dilemma, in welches die marxistische Formulierung der Revolution geführt hatte.

nur ein Moment bildet, das nicht selten einige Male wiederholt wird (etwa im Februar und im Oktober 1917). Ein Moment, das eher in dessen Mitte steht, aber nicht an dessen Ende oder Anfang.

Der traditionelle Marxismus hatte die revolutionäre Konstruktion entweder als technologische Determination verschlüsselt und verborgen oder als Planung einer kommenden Staatsregierung ausgelagert und aufgeschoben. Der Umsturz erhielt so ein großes Gewicht gegenüber der Umwälzung, die Insurrektion gegenüber der Transformation. Damit korrespondierte bei den revolutionären Fraktionen des Marxismus eine Privilegierung des Militärischen und Taktischen gegenüber dem Sozialen und Politischen, während bei den reformistischen Fraktionen die Kritik am autoritären Putschismus einherging mit dem Verzicht auf Revolution.

Postrevolution. Von der Wissenschaft zur Utopie

Diese Schwäche der marxistischen Revolutionskonzeption dürfte Lenin gespürt haben, als er im April 1918 bemerkte, Kennzeichen der bürgerlichen Revolutionen sei es, dass die arbeitenden Massen in ihnen die Hauptaufgabe der Negation und Zerstörung übernähmen. Im Gegensatz dazu bestünde ihre Hauptaufgabe in der sozialistischen Revolution in der positiven oder aufbauenden Arbeit. Solch eine Revolution, fuhr Lenin fort, »kann nur bei selbständigem historischem Schöpfertum der Mehrheit der Bevölkerung, vor allem der Mehrheit der Werktätigen, erfolgreich verwirklicht werden« (Lenin, LW 27, 231). In der historischen Wirklichkeit reduzierte sich das »selbständige historische Schaffen der Mehrheit der Bevölkerung« auf das disziplinierte und gehorsame Ausführen zentral zugewiesener Aufgaben. Damit ließ sich der Widerspruch zwischen dem polarisierten und also partikularen Kampf der Negation – Zerstörung der bürgerlichen Macht – und der harmonisierenden und universellen Konstruktion – Aufbau des Sozialismus – scheinbar lösen. Das angestrebte Organisationsmodell bestand folglich in dem der »Verwaltung« (ebd., 6), der Bürokratie. So ließ sich aus der »Eroberung« (ebd., 7) direkt in den Aufbau übergehen – mittels des diktatorischen Plans und unter Aussparung der kommunistischen Demokratie. Die beschworene Mehrheit war somit doppelt ausgeschlossen, in der Ausführung des Plans wie in dessen Anfertigung – dem Entwerfen der Utopie. Rosa Luxemburg kritisierte diese Subtraktion der Demokratie von der Konstruktion scharf. Die Abwesenheit des Utopischen aber pries sie gerade als Vorzug des wissenschaftlichen Sozialismus. »Die stillschweigende Voraussetzung« der »Lenin-Trotzkischen Diktaturtheorie« sei, dass für die sozialistische Umwälzung »ein fertiges Rezept in der Tasche der Revolutionspartei liege, die dann nur mit Energie verwirklicht zu werden brauche. Dem ist leider – oder je nachdem: zum Glück – nicht so.« (Luxemburg 1918, 359) Gerade die Unbestimmtheit der Zukunft mache laut Luxemburg ein Experimentieren nötig, das die Partizipation der Massen erfordere. Schließlich lasse sich das Negative, der Abbau der kapitalistischen Eigentumsordnung, diktatorisch dekretieren, das Positive aber, der Aufbau einer sozialistischen Gesellschaft, nicht. Diese logisch plausible wie kommunistisch hoffnungsvolle Argumentation hatte sich schon in nichtrevolutionären Zeiten als politisch problematisch erwiesen. Im Jahr 1891 erschien ein antikommunistisches Pamphlet mit dem Titel *Sozialdemokratische Zukunftsbilder (frei nach Bebel). Wohin führt der Sozialismus?*. Mit mehr als zweihunderttausend gedruckten und von Unternehmerinnen an Belegschaften verschenkten Exemplaren fand es weite Verbreitung. Das darin gezeichnete Bild, das den Sozialismus als Zuchthausgesellschaft darstellte, zwang die führenden sozialdemokratischen Parlamentarierinnen dazu, zumindest negativ gegen das Bilderverbot zu verstoßen und darauf zu beharren, dass die von ihnen angestrebte Gesellschaft keine Ähnlichkeit mit dem Zerrbild aufweise. Die Chance jedoch, noch in nichtrevolutionären Zeiten positive Gegenbilder zu entwerfen, wurde vertan (vgl. Krätke 2011, 175). Mit dem Beginn der Revolution wurde Luxemburgs antiutopische Begründung eines demokratischen Sozialismus noch mit einer weiteren Schwäche konfrontiert:[6] der Schwierigkeit, von der Phase des Ausschlusses, des Antagonismus und der gezielten Zerstörung in eine Phase der Integration, des Aufbaus, der kollektiven Konstruktion zu treten, gerade wenn es für diese keinerlei positive Anhaltspunkte gibt. Im Fall der Russischen Revolution hätte das den Übergang von einem Stadium hoher Kontrolle (Bolschewiki) zu einem Stadium großer Offenheit (Räte) bedeutet – einen Übergang, für dessen schließliches Scheitern am Ende des Bürgerkriegs das Geschichtszeichen Kronstadt steht. Gegen Luxemburg ließe sich so fragen, ob es nicht gerade die von Utopien unbevölkerte Leere möglicher Zukünfte war, die eine Voraussetzung für die bolschewistische Politik des Misstrauens darstellte. Fühlten sich die Kommunistinnen nicht auch deswegen von

6 In abgeschwächter Form offenbarte die negative Revolutionskonzeption sich auch in der bäuerlich-anarchistischen Machnowtschina als Hindernis. Die Bewegung kämpfte während der Bürgerkriegsjahre in der Ukraine gegen die Konterrevolution, bis sie von den Bolschewiki verraten wurde. Ihr Chronist Arschinoff hielt den Verzicht auf utopische Konzeptionen wie Luxemburg für einen Vorzug (Dahlmann 1986, 140). Gleichzeitig musste er zugeben, dass der Anarchismus auch deswegen »keine starke Verbreitung« finden konnte, weil er »über eine sehr geringe Zahl an Kräften verfügte und auch kein konkretes Programm für den kommenden Tag hatte« (Arschinoff 1998, 40, vgl. auch Cohn-Bendit 1968, 244).

Abgründen umstellt, weil sie ohne die geteilten Grundlagen eines utopischen Diskurses in eine ungewisse Zukunft schritten? Fehlte es ihnen an Orientierung, weil sie es versäumt hatten, ausreichend die utopischen Praxen ihrer Gegenwart zu reflektieren, die Selbstverwaltung der russischen Dorfgemeinschaft (*mir*) oder die in der Revolution von 1905 entstandenen Räte (vgl. Adamczak 2017)? Waren sie also gerade deswegen bemüht, den Eindruck eines fertigen Plans zu erwecken, weil sie als antiutopische Marxistinnen über keinen verfügten?

Ein halbes Jahrhundert an Erfahrungen mit dem sowjetischen Marxismus reicher, spitzte ausgerechnet Theodor W. Adorno, der als philosophischer Vertreter des Bilderverbots gilt, die Kritik an der Utopiefeindlichkeit des wissenschaftlichen Sozialismus zu. In einem Gespräch, das er 1964 mit Ernst Bloch führte, analysierte er den Effekt des Bilderverbots als eine fetischförmige Verkehrung von Mittel und Zweck der Emanzipation. Das Verschwinden des Utopischen aus der Konzeption des Sozialismus habe dazu geführt, dass »die Mittel einer sozialistischen Gesellschaft gegenüber jedem möglichen Inhalt den Vorrang« gewonnen hätten. Dadurch tendiere die »konsequent utopiefeindliche Theorie des Sozialismus, [...] zu einer neuen Ideologie für die Beherrschung der Menschen zu werden« (Adorno 1978, 362). Bloch unterstützte Adornos Position, indem er den Zeitkern der Marx'schen Kritik des utopischen Sozialismus herausarbeitete, die sich in erster Linie gegen die »Überschätzung des Intellektualismus der Menschen« gerichtet habe, gegen die Annahme also, »dass man den Reichen nur ins Gewissen reden muss«. Marx' polemische Position sei jedoch vom orthodoxen Marxismus unter veränderten historischen Bedingungen transhistorisiert und somit verdinglicht worden (Bloch 1979, 364f.).

Weitere dreißig Jahre später, 1994 auf die Gesamtspanne

des sowjetischen Sozialismus rückblickend, wiederholte Michael Brie diese Kritik am marxistischen Bilderverbot. Wer wie Marx »eine Radikalnegation der gegenwärtigen Gesellschaft« denke, ohne »institutionelle Vorstellungen über die zukünftige Gesellschaft« zu entwickeln, sei, urteilte Brie, nicht frei von einer Form »intellektueller Verantwortungslosigkeit«. Der Pessimismus der Revolutionäre, die behaupten, das Gegenwärtige müsse unbedingt verschwinden, egal, was danach komme, entspreche dem Pessimismus der Resignateure, die behaupten, am besten sei es, überhaupt nichts zu ändern. Beides, schlussfolgerte Brie, sei eine verantwortungslose »Resignation vor den Möglichkeiten« (Brie 1994, 36). Während der resignative Pessimismus jedoch fortfährt, das Leben alltäglich zu verschlechtern, hat sich der revolutionäre Pessimismus historisch blamiert: »Der Stalinismus war [...] schlimmer als der ›gewöhnliche Zarismus‹, dem er folgte« (ebd.).

Wie sehr der Mangel an positiver Bestimmung die Theorie und Praxis der Revolution hemmte, ließ sich jedoch bereits vor der Russischen Revolution bemerken. Die utopische Praxis wurde zu wenig reflektiert, die utopische Phantasie zu wenig trainiert. Karl Korsch beobachtete schon 1912, dass Sozialistinnen auf die Frage, wie sie sich den Sozialismus vorstellten, mit einer »Schilderung ›des Kapitalismus‹« antworteten, den der Sozialismus »durch die Vergesellschaftung der Produktionsmittel« beseitigen werde. Aller Nachdruck, kommentierte Korsch, liege dabei »auf dem Negativen, dass der Kapitalismus beseitigt werden soll – Sozialismus bedeutet Antikapitalismus«. Selbst der Begriff »Vergesellschaftung der Produktionsmittel« bedeute nichts weiter als »die Verneinung des Privateigentums an den Produktionsmitteln«: Er hat »einen klaren negativen Sinn; nach der positiven Seite hin ist er leer und nichtssagend«. (Korsch 1912, 17ff.)

Wenn selbst noch die Bilder der Utopie eher dem Vokabular der Destruktion als jenem der Konstruktion entstammen – Zerschlagung der alten Staatsmacht! Abschaffung des Kapitalismus! –, dann liegt es nahe, das Modell der Revolution jenem des Militärischen nachzubilden (vgl. Postone 2010). Wie gezeigt stammten die Affekte und Bilder, mit denen die Bolschewiki den Aufbau der sozialistischen Gesellschaft bewarben, dem Archiv des Krieges. Sie blieben dem Modus des Kampfes auch dort verhaftet, wo die tatsächliche Konterrevolution besiegt worden war. So waren die Bolschewiki gezwungen, Feinde, wo sie real nicht mehr existierten, virtuell zu simulieren. Diese Tendenz wurde im stalinistischen Terror zu größter Deutlichkeit entwickelt, dessen Plansollvorgaben für Verhaftungen zur Erfindung von Gegnerinnen nötigten. Wer sich zur falschen Zeit am falschen Ort befand, wurde je nach politischer Anforderung zur Kulakin, Polin, Spionin gemacht und entsprechend interniert, deportiert oder exekutiert (vgl. Schlögel 2007).

Vielleicht ist die Linke zu einem großen Teil immer schon in einem bestimmten Modus dessen gefangen, was Nietzsche Sklavenmoral nannte, in einer spezifischen Fixierung auf das übermächtige Gegenüber, das nur aus der Perspektive der Unterworfenen adressiert wird: Kritik, Widerstand, Subversion, Melancholie, Dekonstruktion. Nie ist diese Linke jedoch darauf vorbereitet, zu gewinnen. Sie existenzialisiert den Schrei (Holloway), feiert die Entunterwerfung (Butler), honoriert die Entscheidung (Sartre), überhöht die Flucht (Deleuze/Derrida), lobt die Schwäche (Adorno). Selbst wo sie siegt, imaginiert sie sich noch als Unterlegene: In all seinem Autoritarismus agierte Lenin immer aus der moralischen Position des Schwächeren, nie aus der gesättigten Position der Autorität, jahrelang hielt er den Sturz der bolschewistischen Diktatur für wahrscheinlicher als deren Überleben; Stalin fühlte sich bis zu seinem Tod von der Gefahr verfolgt, die er selbst für seine Gegnerinnen wie seine Verbündeten gewesen war, die paranoide Angst vor der Verschwörung hörte nie auf, ihn heimzusuchen, nie war er sich der Macht sicher, für deren legitime Aneignung es in seiner Welt keinen Platz geben konnte. Wo Linke siegen, siegen sie in aller Regel als Verräterinnen. Fast nur als Überläuferinnen, die das Spiel ihrer Gegnerinnen mitspielen, gewinnen sie. Als Siegerinnen aber, als Mächtige hören sie auf, Linke zu sein. Das entbehrt nicht einer gewissen Folgerichtigkeit, bedeutet links zu stehen doch vor allem, auf der Seite der Leidenden zu stehen, auf der Seite der Unterdrückten, der Ausgebeuteten. Doch kann die Linke nur schwer siegen, weil sie kaum über Konzepte des Sieges verfügt. Sie analysiert die Gesetze der Unterdrückung (Marx), die Okkupierung des Bewusstseins (Althusser), das leidenschaftliche Verhaftetsein an die Macht (Deleuze / Butler) oder die existenzielle Komplizenschaft mit ihr (Foucault). Die Fragen aber, die über diese Negation hinausweisen, hat sie zu wenig gestellt: Wie wollen wir leben? Was täten wir, wären wir frei? Welche Bedürfnisse wollen wir durch welche Arbeiten befriedigen? Welche Welt wollen wir kombinierend erschaffen?

In der Geschichte des Marxismus wurde die Neuverfugung der kommunistischen Gesellschaft zu oft als ökonomischer Automatismus imaginiert oder als Zerstörung der bürgerlichen Gesellschaft konzipiert. Der hier unterbreitete Vorschlag, Revolution primär als Transformation, mehr noch als Konstruktion aufzufassen, versteht sich als emanzipatorische Konsequenz dieser historischen Erfahrung. Die Revolution als Konstruktion zu fassen, schwächt nicht deren Kraft. Gegenüber der Herrschaft bleibt sie eine gewaltige Aggression. Der Angriff ist dann aber ein *positiver* – ein Kampf nicht gegen den Kapitalismus, sondern für den Kommunismus. Die Revolution ist dann die Verwirklichung einer Möglichkeit, der sich eine spezifische Wirklichkeit als Hindernis in den Weg stellt. Deswegen muss es abgetragen werden. Aber dieses Abtragen selbst ist noch nicht die Revolution.

Reform. Revolution als Freiheit zur Bindung[7]

Der Maßstab, an dem zwischen Reform oder Subversion und Revolution unterschieden werden soll, ist derjenige des Umfangs – partielle oder totale Transformation, oberflächliche oder radikale (vgl. Loick 2007, 3ff.). Der Fokus auf totale Transformation verdeckt jedoch, dass es genau im Entscheidungsspielraum der Revolutionärinnen liegen muss, welche Momente der tradierten Geschichte sie ändern, welche sie fortführen und neu verknüpfen wollen. Die Vorstellung, dass »alles anders« werden müsse (Adamczak 2004), ist selbst eine Fetischisierung, die die Veränderung von einem Mittel zur Überwindung leidvoller Verhältnisse zum Selbstzweck macht. In einer Welt, in der die Wahlmöglichkeiten darauf begrenzt sind, zur Wahl zu gehen oder nicht, setzt die Entscheidung für oder wider eine Revolution jedoch bereits eine Revolution voraus. Die Revolution ist so nicht dadurch gekennzeichnet, dass in ihr möglichst viel geändert wird, sondern dadurch, dass in ihr möglichst viel geändert werden kann. In diesem Sinne entwickelte Hannah Arendt einen positiven Begriff von Revolution als kollektiver Freiheit des wiederholbaren

7 In den achtziger Jahren veranstaltete die autonome Bewegung in der BRD eine Serie von Großkongressen, auf denen sie auch ihr Selbstverständnis aushandelte. Zentral war dabei wiederholt die Frage, wie der Begriff der Autonomie zu füllen sei. Auf einem relativ späten Kongress wurde – vermutlich als Reaktion auf feministische Kritik – ein Transparent mit folgender Definition aufgehängt: »Autonomie heißt selbstbestimmte Abhängigkeit«.

demokratischen Neubeginnens (vgl. Arendt 1968). So verstanden, liegt die Differenz der Revolution zur Reform nicht im Umfang der Veränderung, sondern in deren Qualität. Die Revolution ist eine transzendentale Wende auf dem Terrain der Geschichte. Sie ist eine praktische Reflexion auf die systemischen Bedingungen der sozialen Möglichkeiten. *Die Revolution macht nicht Politik unter vorgefundenen Bedingungen, sondern politisiert die vorgefundenen Bedingungen der Politik*. Das heißt, sie revolutioniert sie. Nicht Veränderung im System, sondern des Systems. Wenn Strukturen Handlungen determinieren und Handlungen Strukturen reproduzieren, dann wäre die Revolution jener Prozess, in dem die Handlungen die Reproduktion der Strukturen terminieren, um sie neu zu produzieren. Sie wäre jene Phase längerer Dauer, in der sich das Determinierungsverhältnis umkehrte. Auch wenn Strukturen niemals vollständig determinierend sind, sondern beständig im Alltag produziert werden – mit allen Möglichkeiten der Subversion, welche die jeder Struktur zugrundeliegende Quasistruktur der Iterativität notwendig einschließt –, markiert die Revolution eine höhere Qualität kollektiver Freiheit.

Diese Definition der Idee der Revolution muss zugleich vor einem Rückfall in den Idealismus geschützt werden. Die revolutionäre Politik, die die unverfügbaren Bedingungen der Politik verfügbar machen soll, wird selbst von Bedingungen ermöglicht, die außerhalb ihrer Verfügbarkeit liegen. Der Idee der Revolution als kollektiver historischer Freiheit lässt sich nur dann genügen, wenn die Freiheit der Revolution zugleich als Freiheit verstanden wird, die sie zu realisieren hat. Das heißt als Freiheit des Kommunismus, der seine Strukturen im höchstmöglichen Maße demokratisch verfügbar hält. Dabei darf die revolutionär-utopische Entdinglichung verdinglichter Strukturen aber nicht im Sinne einer völligen Destrukturierung und reinen Verfügbarkeit des Sozialen verstanden werden. Diese Verfügbarkeit kann erstens nicht erreicht werden und sollte zweitens nicht erreicht werden wollen. Mit ihr würde ein souveränes Subjekt imaginiert, das der Geschichte seinen freien Willen aufzwänge (Loick 2012, 277). Wird Autonomie hingegen als selbstbestimmte Abhängigkeit verstanden, so kann auf die Phantasie einer unbegrenzten kollektiven Handlungsfähigkeit verzichtet werden. Auch die Unverfügbarkeit und die mit ihr verbundene Angst lässt sich teilen.

Laut Karl Marx ist »die Konstruktion der Zukunft und das Fertigwerden für alle Zeiten nicht unsere Sache«, sondern »die rücksichtslose Kritik alles Bestehenden« (Marx, MEW 1a, 344). Mit diesen Worten hat der Theoretiker eine Lücke vorbereitet, die sich im Laufe der marxistischen Geschichte immer weiter vergrößern sollte: Nicht das Fertigwerden für alle Zeiten, aber die Konstruktion der Zukunft hätte »unsere Sache« sein sollen und sollte es zukünftig sein. Auch die utopische Konstruktion stellt nämlich ein mögliches Resultat der radikalen Kritik dar, das, wie von der Geschichte gezeigt, Anlass zur Furcht bieten kann. Daher die Notwendigkeit, auf die Konstruktion zu fokussieren. Eine relationale Revolutionstheorie fragt entsprechend weniger danach, was kritisiert, als danach, was projektiert wird, weniger danach, was verworfen, als danach, was angestrebt wird. Wenn Revolution so als ein Prozess sozialer Konstruktion verstanden wird, dann verändert sich damit der Begriff der sozialen Konstruktion. Erstaunlicherweise diente dieser in der theoretischen Diskussion bislang gerade nicht der Konzeption und Beschreibung neuer Sozialitäten, sondern dem Nachweis, dass die alten konstruiert und somit kritisierbar, denaturalisierbar und subvertierbar sind. Dies lässt sich, wie noch zu zeigen sein wird, als theoretischer Ausdruck der praktischen Niederlage von 1968 interpretieren. In deren

Folge trat an die theoretische Stelle der Veränderung die Veränderbarkeit, an die Stelle der Revolution die Subversion. Insofern lässt sich der Begriff der sozialen Konstruktion, wie er in Folge von 1968 entwickelt werden sollte, aufgreifen, aber nicht in Form einer genealogischen Kritik der herrschenden Gesellschaft, sondern in Form einer utopisch-revolutionären Apparatur für die kommende. Die Revolution ist dann weder nur Negation der alten Gesellschaft, die reinen Tisch macht, noch lediglich Exekution historischer Gesetze, die bloß der organisierten Beihilfe (Partei) zu ihrer Durchsetzung bedürfen. Die Revolution kann nicht erfolgreich verstanden werden, wenn ihre Herkunft nicht rekonstruiert wird, der sie entstammt und gegen die sie sich wendet. Aber sie kann zugleich nicht erfolgreich praktisch werden, wenn sie auf die Negation reduziert wird, durch die sie an diese Herkunft gebunden bleibt (vgl. Steinberg 1981 [1923], 321). »Die Befreiung führt *nicht von selbst* zur Freiheit.« (Arendt, zitiert nach Liska 2008, 14.) Der Revolutionsbegriff, für den hier angesichts des Scheiterns der russischen Revolution plädiert wird, ist so weder deterministisch noch idealistisch, weder destruktiv noch kreationistisch, sondern konstruktiv-synaptisch. Er fokussiert weniger darauf, wie die alte Welt zerschlagen wird, als darauf, wie eine neue aus den Bestandteilen der alten erschaffen werden kann. Nur so kann das Licht der Revolution auch in ihrer postrevolutionären Zukunft noch scheinen. Revolution bedeutet dann radikale Rekombination prä-existierender Elemente, die durch eine neue Verbindung eine neue Essenz erhalten. Relationale Revolution. Weder die Zelle noch das Atom, sondern die Synapse ist Vorbild dieser revolutionären Stiftung anderer Beziehungsweisen.

Der Fokus auf die soziale Konstruktion der Revolution wirkt zugleich der Gefahr einer weiteren Fetischisierung entgegen: der Fetischisierung der Revolution als Ermöglichung, als Ensemble von Möglichkeiten. Tatsächlich verdichtet die Revolution aus einer Vielzahl möglicher Entwicklungen eine Richtung, die sich im Folgenden mit aller nötigen Abstraktion benennen und vergleichen lassen wird. Die Öffnung der Geschichte, die eine Revolution notwendig bedeutet, ist noch nicht ihr Zweck. Gegenüber dem drückenden Zwang herrschender Institutionen ist bereits deren Abwesenheit eine Befreiung. Doch die Revolution muss aus dem Konjunktiv in einen neuen Indikativ münden. Sie wird nicht gemacht, damit das Leben gut sein *könnte*. Sondern damit es gut ist.

Von der bürgerlichen unterscheidet sich die sozialistische Revolution auch dadurch, dass sie nicht Chancengleichheit verwirklichen will, um den universellen Wettbewerb bloß fair zu gestalten, sondern Gleichheit, um die Grundlage für Solidarität zu gewährleisten. Auch wenn die Analyse der postrevolutionären Depression lehrt, dass der postrevolutionäre Indikativ einer sein muss, der den revolutionären Konjunktiv in sich aufnimmt, der die Möglichkeit von Veränderung in sich einschließt, so zeigt die Analyse der deprimierenden Postrevolution doch zugleich, dass eine Revolution nur gelingen kann, wenn sie nicht von einer Fixierung auf Veränderung und damit Negation bestimmt bleibt. Die Revolution hat weder die Aufgabe, alles zu zerstören, noch alles neu zu erschaffen, sondern Aktuelles wie Potenzielles anders zu verknüpfen.

TEIL ZWEI
DAS GESCHLECHT DER REVOLUTION

Wenn Revolutionen Beziehungsweisen konstruieren, dann liegt es nahe, zu ihrer Untersuchung ein Feld zu wählen, in dem Beziehungen über einen weiten gesellschaftlichen Bereich, über zentrale soziale Grenzen hinweg, gesponnen werden. Eine der zentralen Fragen, die Revolutionen beantworten müssen, ist die der gesellschaftlichen Arbeits- und Affektteilung. Wie sollen Emotionalität und Rationalität, Intimität und Instrumentalität zueinander in Beziehung gesetzt, wie Beziehungen des Privaten und Öffentlichen, des Intimen und Anonymen miteinander vermittelt werden? Mit anderen Worten, wie sollen die sozialen Konstruktionen von Geschlecht rekonstruiert werden? Das Geschlechterverhältnis interessiert hier nicht als Verhältnis von Geschlechtern, als Verhältnis »zwischen den Geschlechtern«, wie eine zu vertraute Formulierung lautet, die damit, obwohl sie es dem Wortlaut nach nicht müsste, das Verhältnis von »Männern« und »Frauen« meint und es in aller Regel als Problem der Frauen, als »Frauenfrage« diskutiert. Hier gelten diese Geschlechter umgekehrt als von jenen Verhältnissen hervorgebracht. Empirische Männer und Frauen sind für die revolutionstheoretische Fragestellung von Belang vor allem hinsichtlich ihrer Überwindung, das heißt hinsichtlich der Überwindung jener schmerzhaften Grenzen, innerhalb derer sie gefangen sind. Geschlecht wird so nicht als Kategorie des Subjekts verstanden, nicht als Attribut oder Identität von sozialen Individuen oder Gruppen (vgl. Cockburn 1988, 169ff.), sondern als Atmosphäre oder Ladung, die Körper wie Texte, Räume wie Dinge, Institutionen wie Sphären durchläuft, auflädt oder umschließt (vgl. Scott 1986, 1066). Geschlechterverhältnisse können soziale Bereiche statisch voneinander abgrenzen und zueinander ordnen oder diese Bereiche dynamisch passieren, transformieren und auflösen. Die revolutionären Wellen von 1917 und 1968 stellen solche Dynamisierungen dar, in denen das Geschlecht der Gesellschaft bewegt und verschoben wird. Da die Revolutionswellen durch Subjekte, Gruppen oder Klassen hindurchlaufen, lassen sie sich nicht so verstehen, als änderten sie lediglich die Beziehungen zwischen vorgefundenen und unveränderten Positionen, die Kräfteverhältnisse zwischen weiblichen und männlichen, heterosexuellen und homosexuellen, cis- und transgeschlechtlichen Subjekten etwa. Vielmehr rekonstituieren sie diese Positionen und Identitäten, laden soziale Räume geschlechtlich neu auf und verschieben sie in ihrer Ausformung und Begrenzung. Das Geschlechterverhältnis interessiert hier also, weil es im Herzen der Revolution liegt, im Zentrum der Neugestaltung der Gesellschaft (Moghadam 1997, 137). Die geschlechtlichen Beziehungsweisen handeln, weil sie die für diese Gesellschaft konstitutiven Grenzen überbrücken, von der Gesellschaft selbst: Gesellschaft als Ensemble von Beziehungen, sachlichster wie intimster.

Aus einer marxistisch informierten queerfeministischen Perspektive kann Geschlecht verstanden werden als Reichtum an historisch gewachsenen affektiven, habituellen, professionellen, kognitiven Qualifikationen und Praxen sowie Techniken und Formen sozialer Organisation. Geschlecht kann verstanden werden als spezifische Weise, sich aufeinander zu beziehen. Revolution kann verstanden werden als Prozess, in dem die Gesellschaft Verfügungsmacht über diesen Reichtum gewinnt, um ihn in Form der sozialen Arbeits-, Affekt- und Sphärentrennung neu zu distribuieren und die Bedingungen seiner Reproduktion zu reorganisieren.

Eine queerfeministische Revolutionstheorie vermag so eine Synthese herzustellen zwischen einer »strukturalistischen« Theorie, die Geschlecht als gesellschaftliches Organisationsprinzip, als »Strukturkategorie« (Beer 1990), betrachtet, das Subjekten soziale Plätze zuweist, und einer »poststrukturalistischen« Theorie, die die Subvertierbarkeit dieser Ordnung betont, Geschlecht also als »Prozesskategorie« (Wetterer 1992) fasst. Die beiden theoretischen Fraktionen werden auch als gesellschaftstheoretische und kulturtheoretische, als kritisch-theoretische und dekonstruktivistische benannt und nicht nur gegeneinander diskutiert, sondern auch miteinander vermittelt (vgl. Graf/Ideler/Klinger 2013). Während Andrea Maihofer die Differenz der beiden Perspektiven eher in der unterschiedlichen Persistenz sieht, die sie Geschlecht zuschreiben, in dessen Festigkeit oder Veränderbarkeit also, verortet Brigitte Aulenbacher den Unterschied eher auf unterschiedlichen Abstraktionsebenen, in Makro- und Mikrosoziologie (Maihofer 1995, Aulenbacher 2005). Eine revolutionstheoretische Perspektive erlaubt es, eine Zwischenposition einzunehmen. Sie überträgt die Kontingenz und Veränderbarkeit, die für das *doing gender* auf Interaktionsebene angenommen wird, auf die großen gesellschaftlichen Institutionen. Das meint »Geschlecht der Revolution«. Die Analyse von geschlechtlichen Revolutionsbewegungen kann mit einem weiten Fokus auf längere historische Phasen (vgl. Nickel 1999, 13) zeigen, inwieweit genau die geschlechtlichen Strukturen transformierbar sind durch nicht individuelle, sondern kollektive Praxis.

1917 – Universelle Maskulinisierung

Ich bin genau solch ein Mensch,
wie es ein Bruder von mir sein könnte.
Genia Wasselowskaja

Drag-Show-Revolution

Die Oktoberrevolution ereignete sich nicht im Oktober, schon gar nicht am 25. Oktober 1917. Es war nicht ein Tag, der die Welt erschütterte, und es waren auch nicht zehn, wie der amerikanische Journalist John Reed bereits im Titel des Buches behauptete, das für lange Zeit die einflussreichste und von Lenin autorisierte Darstellung des sowjetischen Umsturzes werden sollte (Reed 1977 [1922]). Der richtige Zeitpunkt und die ihm zukommende Entscheidung spielten nicht die Rolle, die ihnen so häufig zugeschrieben wird (vgl. Badiou 1998, 59; Žižek 2009, 89f.); die Umwälzung der Gesellschaft war nicht das Werk eines einzelnen Mannes (Lenin) und auch nicht das einer zentralistisch organisierten Partei, (SDAPR [B]). Sie war es weder in der Eröffnung noch in der Umsetzung. Aber in der Inszenierung.

Noch im Oktober 1917 hatte Lenin begonnen, »die Legitimität der Sowjetregierung mit der ›Revolution vom 24.-25. Oktober‹ und nicht mit dem Sowjetkongress zu begründen«. (Rabinowitch 2010, 23) Der »Mythos des bewaffneten Oktoberaufstands wurde für die Bolschewiki identitätsstiftend« (ebd.) und materialisierte sich bereits ab 1918 in der Tradition mehrtägiger Jahresfeiern der »Oktoberrevolution«. 1920 wurden die revolutionären Ereignisse spektakulär und mit authentischen Akteurinnen reinszeniert. Diesmal allerdings kamen nicht nur Zehntausende Zuschauerinnen, sondern auch wesentlich mehr Teilnehmerinnen als drei Jahre zuvor. Unter Anleitung des Theaterregisseurs Nikolai Evreinov entstanden jene Bilder, die Sergej Eisensteins *Oktober* popularisierte und die bis heute als historische Dokumente von 1917 zirkulieren. Dabei konnte die Dramaturgie der Festivität auf jene des Originals vertrauen. Der bolschewistische Aufstand war selbst bereits gezeichnet von einer gewissen Theatralität, die in Kostüm, Regie und Besetzung weit über die politische Erzählung von der Absetzung einer provisorischen Regierung hinausreichte.[1] Auch wenn es am Tag der sozialistischen Premiere kaum Publikum gab – die Mehrheit der Petrograder Öffentlichkeit flanierte nicht weit entfernt vom Winterpalast durch die Straßen, Theater und Restaurants blieben geöffnet (Reed 1977 [1922], 130) –, betraten die Bolschewiki die Bühne der Weltgeschichte nicht ohne Schauspielkunst. Ziehen wir die Gerüchte hinzu, die angesichts der kleinen Zahl von Zeuginnen das Ereignis schnell zu begleiten begannen, so erhalten wir ein Bild der Revolution (vgl. Baumeister

1 Oliver Marchart vermutet, dass die Theatralität der Inszenierung des Politischen sich regelmäßig *nach* Umstürzen beobachten lasse, weil das eigentliche Ereignis des Antagonismus sich jeder Repräsentation entziehe und deswegen a posteriori reinszeniert werden müsse (Marchart 2004, 3). Das revolutionäre Ereignis, das außerhalb von Repräsentierbarkeit und linearer Zeit liege, werde durch »repetitive Rituale« wieder in die Öffentlichkeit der Repräsentation einzugliedern versucht. Doch sei die »Dramatisierung der Erstürmung nicht die Erstürmung selbst« und »die Inszenierung eines Antagonismus nicht der Antagonismus« (ebd., 5 ff.). Das stellt allerdings nicht die Frage nach der Theatralität des Ereignisses selbst. Wen meint die theatrale Inszenierung von »Roten« und »Weißen« eigentlich, wenn die Erstürmung des Winterpalais weniger den dortigen Ministern galt als den sozialdemokratischen und sozialrevolutionären Verbündeten (Rabinowitch 2010, 13)?

Zwi Negator 2005), das es zu interpretieren lohnt. Das besondere Augenmerk gilt der Verdichtung im geschlechtlichen Code des Oktobertheaters. Drei Figuren sind von Belang:

Erstens: die provisorische Regierung, ihre zum großen Teil adligen Minister, zumeist aufrechte Liberale, die beim Aufmarsch der Bolschewiki Stunden mit der Diskussion darüber verbringen, wer von ihnen zum »Diktator« bestimmt wird, um die Verteidigung zu organisieren. Sie verfügen über kaum militärische Erfahrung, verfassen Depeschen, in denen sie zu ihrer Verteidigung aufrufen und sitzen während der Verkündung des bolschewistischen Ultimatums gerade mit Borschtsch, gedämpftem Fisch und Artischocken beim Abendbrot (Figes 2008, 516). Von ihnen am wichtigsten ist der zu diesem Zeitpunkt schon abwesende Alexander Fjodorowitsch Kerenski, Ministerpräsident. Über ihn ist eine Reihe von Gerüchten im Umlauf, an denen sich sein Fall vom Volkshelden des Frühjahrs zum Antihelden des Herbstes ablesen lässt (ebd., 506). Ähnlich wie die Geschichten über die Zarenfamilie ein halbes Jahr zuvor, handeln sie vom »moralischen Verfall«, der sich in Liebesaffären, Trunkenheit, Morphium- und Kokainsucht zeige. Bedeutsam angesichts des die Revolution begleitenden Antisemitismus und dessen Effeminierung jüdischer Männlichkeit ist das Gerücht, Kerenski sei Jude. Er selbst erzählt, bei seiner Flucht das folgende Graffito gelesen zu haben: »Nieder mit dem Juden Kerenski, es lebe Trotzki!« (Ferro 1976, 385)

Zweitens: die Verteidigerinnen des Winterpalais, einige loyale Streitkräfte, junge Militärschulkadetten, zwei Kosakenkompanien und 137 Mitglieder des Ersten Frauenbataillon Petrograds (Stoff 2006, 154). Es ist nach dem Vorbild des »Todesbataillons der Frauen« gebildet, einer Freiwilligeneinheit, die im Frühling 1917 von Maria Botschkarjewa gegründet wurde. Die Kämpferinnen scheren sich die Köpfe und tragen, mit Ausnahme einer Soldatin, die aufgrund einer nicht passenden Uniform im Rock in den Krieg zieht, Hosen (Figes 2008, 437f.).[2] Botschkarjewa zufolge bestand die Intention der Frauenbataillone darin, männliche Soldaten zu beschämen und so zum Weiterkämpfen anzuhalten (Botchkareva 1919, 154). Der Effekt scheint gegenteilig gewesen zu sein: Vielen männlichen Soldatinnen behagte es nicht, neben »bewaffneten Frauen« in den Kampf zu ziehen. So auch den Kosakenkompanien im Winterpalais. Bis zum Abend hatte sich die Anzahl der anwesenden Soldatinnen von dreitausend auf dreihundert reduziert. Wegen der bolschewistischen Übermacht, vor allem aber wegen der ungenügenden Lebensmittelversorgung.

Drittens: die bolschewistischen Arbeiterinnen und Soldaten, Kronstädter Matrosen, Rote Garden, insgesamt lediglich etwa zehn- bis dreißigtausend Menschen, die auf dem Schlossplatz herumlaufen, von denen aber nicht alle am »Sturm« beteiligt sind. Es sind nicht die disziplinierten Kämpfer, die sich Lenin gewünscht hatte. Aber sie verfügen über einen Dresscode, als hätten die Bolschewiki für die historische Inszenierung spezifische Kostüme angefertigt. Während die männlichen Angehörigen der revolutionären russischen Intelligenzija lange, ungekämmte Haare, Bärte und Brillen tragen

2 In der Ausbildung des Todesbataillons achtete Botschkarjewa auf strengste Disziplin. Wer flirtete oder kicherte, wurde umgehend entlassen. Eine Soldatin, die sie während des Kampfeinsatzes beim »making love« antraf, durchstach sie mit ihrem Bajonett (Botchkareva 1919, 163, 215). Auch Antikriegsdemonstrationen und Annäherungen zwischen russischen und deutschen Soldaten attackierte die antideutsche Nationalistin aufs Schärfste. Die Bolschewiki, die das Frauenbataillon zunächst nicht ernst genommen hatten, agitierten gegen dessen zaristische Disziplin. Als die Soldatinnen daraufhin ein Komitee wählten, wurden sie von Botschkarjewa gegen den expliziten Befehl von Kriegsminister Kerenski direkt entlassen (ebd., 166ff.).

und die Mitglieder anderer linker Parteien sich in ministerhafte Anzüge kleiden, ist der Stil der Bolschewiki gekennzeichnet durch Militärstiefel, Kurzhaarfrisuren, Arbeitermützen und »machohafte schwarze Lederjacken« (Figes 2008, 512).

Im Moment der bolschewistischen Machtübernahme fügen sich die Figuren zu einem geschlechtlichen Bild, das von Bedeutung ist: Auf der einen Seite die Proleten, von denen Trotzki schrieb, sie seien aus dem Krieg »gestählt, männlicher, selbständiger, entschlossener« zurückgekehrt (Trotzki 1990b [1920], 159). Bolschewistische Kämpferinnen, von denen viele bereits dem Kult von Gewalt und Disziplin anhängen, auch wenn an diesem Tag von beidem nicht viel zu spüren ist. Auf der anderen Seite die Verteidigerinnen der hauptsächlich bürgerlich-adligen, ausschließlich männlichen Minister, in ihrer Mehrzahl weiblich. Von den Angehörigen des Petrograder Frauenbataillons wird später die Erzählung kursieren, sie seien, nachdem das Kriegsschiff *Aurora* einen lauten Blindschuss abgefeuert hatte, »in Hysterie« verfallen und hätten in einen auf der Rückseite des Palastes gelegenen Raum gebracht werden müssen (Figes 2008, 517). Dass alle Soldatinnen, die vor Beginn der Kämpfe das Winterpalais verließen, Männer waren, hätte ein aufklärendes Licht auf die angebliche »Hysterie« des Frauenbataillons werfen können, das von Anbeginn an kein sonderliches Interesse daran zeigte, die provisorische Regierung zu verteidigen (Stites 1978, 299f.).[3]

3 Westliches Pendant zum bolschewistischen Mythos der hysterischen Soldatinnen sind Erzählungen über bolschewistische Massenvergewaltigungen und Ermordungen der besiegten »›hilflosen Frauen‹«. Belegt sind Beschimpfungen, Schläge, die Androhung sexualisierter Gewalt sowie drei Vergewaltigungen (Stoff 2006, 151ff.). Gewalt, auch durch ihre Familien, erfuhren weibliche Soldatinnen vor allem in den nächsten Tagen, nachdem ihre Einheiten aufgelöst wurden – und sie unbewaffnet waren.

Vervollständigt wird das geschlechtliche Bild der Revolution durch das Gerücht, der Ministerpräsident Kerenski sei kurz vor der Stürmung des Winterpalastes als Krankenschwester verkleidet geflohen, während der am Vorabend noch illegalisierte Lenin, der Kerenskis leer gewordenen Platz als Volksheld einnehmen würde, sich mit Perücke, Arbeitermütze und Verband als verletzter Arbeiter verkleidet hatte (Figes 2008, 511). Das Gerücht war so hartnäckig, dass Alexander Kerenski sich gezwungen sah, in seinen Memoiren auf diesen »Unsinn«, diese »Lügen« und »Verleumdungen« einzugehen und zu beteuern, er habe sich nicht »in einem Weiberrock davongemacht«, sondern in seiner »*normalen* halbmilitärischen Uniform« (Kerenski 1966, 458, kursiv B. A.). Auf dem Höhepunkt seines Ruhmes hatte Kerenski den Status eines Popstars oder Zaren innegehabt, Soldaten hatten ihn auf Schultern getragen oder sich ihm zu Füßen geworfen. Im Moment seines politischen Niedergangs aber setzte vermutlich die Entdeckung bzw. Abwertung von Kerenskis Weiblichkeit ein. Dann, meint der Historiker Orlando Figes, sei Kerenski aufgrund seiner Femininität »vielen Arbeitern« als schwächlich erschienen, »vor allem jenen, die ihn zu seinen Ungunsten mit der harten Männlichkeit der Bolschewiki verglichen« (Figes 2008, 438, 506, 904).

In der eintägigen Sequenz des Oktoberputsches verdichten sich die geschlechtlichen Codierungen zum Sinnbild der ganzen revolutionären Epoche. Ihre Gleichung ist simpel: Das Alte, traditionelle bis konterrevolutionäre, ist weiblich, das Neue, progressive bis revolutionäre, ist männlich. Die damit verknüpften Attribuierungen sind so vielzählig wie einfältig und begleiten weit über den marxistisch-bolschewistischen Diskurs hinaus das gesamte revolutionäre Vokabular in seinen binären Oppositionen. Davon ist in dem aufgerufenen Bild bereits erkennbar, dass der männliche Pol Entschlossenheit, Durchsetzungsfähigkeit, Disziplin (zumindest als

Forderung), der weibliche Feigheit, Schwäche und vor allem emotionale Unbeherrschtheit/mangelnde Selbstkontrolle (das heißt Hysterie) konnotiert. Hinzu treten noch Produktivität vs. Reproduktivität bzw. Unproduktivität, Geschichtlichkeit vs. Ahistorizität, Kultur vs. Natur, Wissenschaft vs. Aberglaube/Religion, Tätigkeit vs. Passivität, Partei vs. Familie usw. Diese Logik ist spezifisch für die erste Dekade der Russischen Revolution.

Dagegen ließe sich einwenden, dass nicht nur ein Großteil der im revolutionären Diskurs reproduzierten binär geschlechtlichen Oppositionen aus dem klassischen kulturellen Repertoire bürgerlicher Geschlechterverhältnisse bekannt ist (vgl. Hausen 1976) und diesem entstammt, sondern dass auch die Feminisierung von Gegnerinnen, zumal der besiegten, wie die heroisierende Maskulinisierung von Siegerinnen eine übliche Taktik patriarchaler oder androzentrischer Gesellschaften darstellt, zumal in Kriegssituationen. Aber erstens unterscheidet sich die sozialistische Vergeschlechtlichung von ihrem traditionell-bürgerlichen Pendant verschiedentlich, vor allem in ihrer Universalität. Und zweitens wäre genau diese Gleichheit – in der Reproduktion sozialer Ungleichheit – statt auf ein Terrain selbsterklärender Natürlichkeit zu führen im besonderen Maße erklärenswert bei einer Bewegung, die auf den Bruch mit der traditionellen Herrschaft zielt und eine Gesellschaft errichten will, die Menschen nicht in Geschlechterklassen einteilt.

Die Natur revolutionärer Konstruktionsprozesse macht es notwendig, die konventionelle Unterscheidung von Ideengeschichte und Realgeschichte methodisch zu unterlaufen und realhistorische, praktisch-politische wie theoretische, literarisch-künstlerische Prozesse in ihrem Zusammenspiel zu untersuchen. Einerseits, weil spezifische Formen, die Welt zu interpretieren, aus dem revolutionären Prozess hervorgehen.

Andererseits, weil gerade in Revolutionen die Ideen, Wünsche und Sehnsüchte zur Wirklichkeit drängen und in beschleunigter Weise zu Realitäten werden. Dabei überschreitet der revolutionäre Konstruktionsprozess geschlechtlicher Verhältnisse, in dem veränderte Sozialitäten geschaffen werden, die historische Phase der Revolution im engeren Sinn. Die Revolution endet 1921, und zwar gleichzeitig – durch die Niederwerfung der Konterrevolution im Bürgerkrieg – mit einem Sieg und – durch die Niederschlagung des Kronstädter Rettungsversuchs der Revolution – mit einem Scheitern. Doch die Kämpfe um die sexuelle und geschlechtliche Konstruktion der sozialistischen Gesellschaft werden in den zwanziger Jahren noch intensiviert. Erst in den dreißiger Jahren geht die »sexuelle Konterrevolution« (Reich 1971 [1936]) siegreich aus diesen Kämpfen hervor und nimmt fast alle Errungenschaften der Revolution zurück. Der Ženotdel (Frauenabteilung in der KPdSU) wird aufgelöst (1930) und Homosexualität verboten (1934), Ehescheidungen werden wieder erschwert, Abtreibungen kriminalisiert (1936) und die »Unverletzlichkeit« der Kleinfamilie restituiert. Die bemerkenswerteste Ausnahme hierzu ist der Zugang weiblich konstruierter Menschen zur Lohnarbeit, die sogenannte Frauenerwerbsquote. Sie steigt – nach einem Abflachen während der NEP – nicht nur während des Stalinismus weiter an, sondern bleibt in Russland auch nach dem Untergang der Sowjetunion hoch. Diese Ausnahme ist nicht zufällig.

Das Geschlecht des Neuen Menschen

Im Frühjahr 1929 rief der Volkskommissar für Gesundheit, Nikolai Semaschko, ein Gremium von »Expertinnen«, bestehend aus forensischen Gynäkologen, klinischen Psychiatern und Biologen, zusammen, die dem Justizkommissariat dabei helfen sollten, über den Antrag der Bürgerin Kamenewa auf medizinische und juristische Geschlechtsanpassung zu entscheiden (Healey 2001, 167ff.).

Die Anrufung wissenschaftlicher Expertinnen selbst war dabei ein Effekt der Revolution. Während der zaristischen Herrschaft hatte der medizinisch-psychiatrische Diskurs nur einen sehr geringen gesellschaftlichen Einfluss geltend machen können, da Fragen des sexuellen und geschlechtlichen Lebens in den hauptsächlichen Aufgabenbereich der orthodoxen Kirche fielen. Ohnehin waren die Möglichkeiten der Regulation des geschlechtlichen und sexuellen Verhaltens der Bevölkerung zu dieser Zeit sehr begrenzt. Die moskowitische Schule des Zarismus, die in den letzten dreihundert Jahren in Russland geherrscht hatte, war ihrem Anspruch nach zwar absolutistischer als der europäische Absolutismus, da sie die Macht des Zaren durch kein Gesetz beschränkt sehen wollte, ihr tatsächlicher Machtbereich aber war sehr begrenzt. Er reichte noch bis in die Provinzstädte, kaum jedoch bis aufs Land, wo über achtzig Prozent der Bevölkerung lebten. Auf fünfzigtausend Einwohnerinnen kam ein Polizist, der nicht nur Steuern einziehen und Regierungsverordnungen durchsetzen musste, sondern auch darauf zu achten hatte, dass die Bauern sich den Bart wuschen (Figes 2008, 53ff.).

Das Bild des Dorfes, von dem aufgrund der ländlichen Aliterarität kaum Selbstzeugnisse existieren, wird von einer doppelten Projektion verstellt. Das hauptsächlich von Narodniki (Volkstümlern) gezeichnete romantische Bild ist geprägt von der Vorstellung, die Bauern hätten eine höhere Sexualmoral, seien enthaltsamer, bekämen Syphilis nur, weil sie mit den gleichen Löffeln äßen und wüssten nichts von Vergewaltigungen. Die erschreckten Berichte der Gegenseite hingegen sprechen von in Halböffentlichkeit vollzogenen sexuellen Akten, von

Bäuerinnen, die scheinbar aus Langeweile an ihren Genitalien spielen und von Säuglingen, denen zur Beruhigung an ihren Penissen gesaugt wird (vgl. Laue 1961, Mironov 1985, Frank 1987). Unabhängig davon, wer Recht hat, scheint die Macht der Kirche über die bäuerliche Sexualmoral nicht allzu groß gewesen zu sein. Von der Dorfbevölkerung wurden die schlecht bezahlten Priester vor allem als Händler mit Sakramenten betrachtet, die sich jede Segnung des Landes, jede Heirat mit ausreichend Lebensmitteln bezahlen ließen (Gorki 1974 [1917/1918]). Doch auch da, wo die kirchlichen und später zaristischen Sexualvorschriften einen größeren Einfluss geltend machen konnten, unterschieden sich ihre Normen von denen des bürgerlich-medizinischen Diskurses. Die Sodomiegesetze sahen zwar Strafen für homosexuellen Analverkehr vor, diese unterschieden sich aber nicht von denen für heterosexuellen Ehebruch, während die milden Strafen für andere gleichgeschlechtliche Kontakte denen für Masturbation entsprachen (Healey 2001, 78). Was die kirchliche Logik nämlich als Sünde kennzeichnete, war jede Form nichtreproduktiver und lustzentrierter Sexualität. An der russischen Dorfgemeinde, mit ihrer Orientierung an Praxen, lässt sich so die von Michel Foucault für Westeuropa entwickelte These bestätigen, dass Homosexualität und das ihr zugehörige Subjekt eine Erfindung der Moderne ist (vgl. Foucault 1983 und 1984). Zugleich zeigt sich an ihr die historisch begrenzte Reichweite des von Judith Butler entwickelten Begriffs der heterosexistischen Matrix, der von einer unauflösbaren Verflochtenheit der Kategorien Zweigeschlechtlichkeit, Androzentrismus und Zwangsheterosexualität ausgeht (vgl. Butler 1991, kritisch Klauda 2008, 114, 121). Während auf dem russischen Land kein modernes Konzept von Heterosexualität existierte und geschlechtliche Transgressionen sozial anerkannt waren, zeigte sich die brutale patriarchale Herrschaft im Brauch, dem Haushaltsvorstand bei Abwesenheit seiner Söhne einen sexuellen Anspruch auf die Schwiegertöchter einzuräumen oder in Merksprüchen wie »Je mehr man ein Weib prügelt, umso besser schmeckt die Suppe« (Figes 2008, 111).

Die Revolution schaffte einerseits die diskriminierenden Sodomiegesetze ab und bekämpfte die patriarchalen Privilegien, sie öffnete andererseits den Weg zur Pathologisierung abweichender Sexualitäten und Geschlechtlichkeiten. Während die Aufmerksamkeit der bolschewistischen Politik auf anderen Feldern ruhte, konnte eine liberale Psychiatrie einen biologischen Diskurs geschlechtlicher und sexueller Perversionen installieren. Diese sollten kartiert, systematisiert und mit von Freud inspirierter Hypnosetechnik oder mit an Hirschfeld geschulten Gonadenverpflanzungen ›kuriert‹ werden (Healey 2001, 67, 134).[4] Die sozialistische Revolution verhalf so jenem biologischen Diskurs zum Durchbruch, der in den bürgerlichen Gesellschaften Westeuropas bereits seit Deka-

4 Auch wenn dieser wissenschaftliche Diskurs in den dreißiger Jahren von einer großen Antibiologismus-Kampagne gekontert wurde, lässt sich vermuten, dass die Konstruktion eines homosexuellen Subjekts im Stalinismus nützlich wurde, um sozial-charakterologisch gefährliche Gruppen zu identifizieren. Die Initiative zur Wiedereinführung des Sodomiegesetzes 1934 kam von der politischen Polizei, die einer Gruppe von »Päderasten« (Homosexuellen) vorwarf, die Exklusivität ihrer Salons für Spionage zu nutzen, wenn ihre Tätigkeit nicht ohnehin der Demoralisierung der Jugend und der Infiltration der Armee in konterrevolutionärer Absicht diene. Die Rechtfertigung des Gesetzes vor einer internationalen Öffentlichkeit übernahm kein Geringerer als Maxim Gorki, der ein reines, gesundes Russland in Kontrast setzte zu einem Deutschland, in dem Homosexualität »frei und ungestraft« praktiziert werde. Auf die bereits von der deutschen sozialdemokratischen und später auch kommunistischen Presse betriebene Skandalisierung von Homosexualität in der SA anspielend, endete Gorki mit der Parole: »Zerschlagt die Homosexualität – und der Faschismus wird verschwinden!« (Zitiert nach Healey 2001, 184ff.)

den geschlechtliche und sexuelle Abweichungen und darüber vermittelt Normalität definierte. Das Paradoxe dieser Bewegung ist nur von einem späteren Standpunkt aus erkennbar. Erst die identitätskritischen Bewegungen in Folge von 1968 deckten die genealogische Komplizenschaft von Zweigeschlechtlichkeit und Zwangsheterosexualität mit bürgerlicher Klassenherrschaft und kapitalistischer Identitätslogik auf (vgl. Foucault 1984, Duden 1991, Honegger 1991, Laqueur 1996). Erst in dieser Perspektive zeigt sich die Ambivalenz eines liberalen Diskurses, der das christliche oder staatliche Modell Sünde/Kriminalität durch das psychiatrische oder medizinische Modell Krankheit/biologische Abweichung ersetzt.

Die Dominanz von Normierung und Pathologisierung, welche die Diskurse der zwanziger Jahre durchzieht, reicht noch über die Gegenwart hinaus. Sie verweist auf eine Serie prinzipieller Probleme der Historiographie im Allgemeinen, queerer Historiographie im Besonderen. Ein Großteil der verfügbaren Berichte über das, was sich im aktuellen Koordinatensystem der heterosexistischen Matrix als geschlechtliche oder sexuelle Nonkonformität darstellt, ist in der Sprache des medizinisch-psychiatrischen Diskurses verfasst. Dessen objektivierende Bezeichnungen führen nicht lediglich abwertende, verletzende Konnotationen mit, die sich nachträglich entfernen ließen, sondern bestimmen bereits davor, was kulturell wahrnehmbar wird, und also auch, von wem überhaupt die Rede ist. Allerdings lässt sich diese herrschaftliche Sprache auch nicht einfach ersetzen. Der Versuch, an Begriffen wie »Homosexueller«, »Transvestit«, »Päderast«, »Hermaphrodit« oder »Sodomit« vorbeizusteuern, würde übersehen, dass die zugänglichen Selbstauskünfte – sofern sie nicht direkt von jenen Ärztinnen geschrieben wurden, die sie auch meist veröffentlichten – kaum eine andere Sprache verwenden können als die historisch hegemonial zur Verfügung stehende. Gerade wer für die hegemoniale Öffentlichkeit publiziert, rezipiert die dort anerkannten Publikationen und versucht zugleich, die eigenen Erfahrungen in der herrschenden Sprache zu reformulieren. Dennoch spiegeln die offiziellen Dokumente nicht die einzige historische Wahrheit wider. Wie James Scott herausgearbeitet hat, verfügen die Unterworfenen über zwei Sprachen, eine hegemoniale, mit der sie sich in den Räumen der Macht anpassen und verständlich machen, und eine subalterne, nicht selten geheime Sprache, die sie unter ihresgleichen sprechen – Scott nennt sie die »hidden transcripts« (Scott 1990). Damit wird es unmöglich, die offiziellen Dokumente mit Verweis auf die Unhintergehbarkeit des sprachlichen Sozialen als gewissermaßen unauthentische Authentizität zu akzeptieren, zumal wenn die darin vorgenommenen Selbsterklärungen, wie weiter unten zu zeigen sein wird, im Widerspruch zu den beschriebenen gelebten Praktiken stehen.

Die mit den sexuellen Emanzipationsbewegungen der siebziger Jahre des 20. Jahrhunderts einsetzenden feministischen, schwulen und lesbischen Historiographien haben sich dem beschriebenen Dilemma von einer anderen Seite her genähert, insofern sie weniger an dem historistischen Modell einer objektiven geschichtlichen Wirklichkeit orientiert waren, als vielmehr an dem politischen Begehren der Bewegung nach der eigenen Genealogie. Die bei dieser Suche nach Wurzeln erzeugte Gefahr besteht in einer instrumentellen Aneignung von Geschichte, die spätestens dann als Problem sichtbar wird, wenn die partikulare Reklamation und identitätspolitische Subsumption historischer Biographien von nachrückenden Gruppen angefochten wird. Wenn also etwa lesbische Historiographien Transmännlichkeit als notwendige Camouflage gegenüber einer zwangsheterosexuellen Umwelt und somit als abgeleiteten – und häufig als »fehlgeleitet« bedauerten[5] – Ausdruck eines originären und primären sexuellen Begehrens lasen (Healey 2001, 71, kritisch Schirmer 1996, 7).

Queere Historiographie steht ähnlichen Gefahren gegenüber, wenn sie sich die Geschichte und deren Akteurinnen in ihrer aktuellen subkulturellen Terminologie aneignet (vgl. Stryker 2008, 61), von der sich nicht nur aus prinzipiellen Erwägungen, sondern auch aufgrund verschiedener inhaltlicher Kritiken bereits jetzt sagen lässt, dass sie provisorisch bleiben wird. Der Vorzug queerer Methodologie gegenüber jener ihrer Vorgängerinnen liegt darin, dass sie als identitätskritische um Unabgeschlossenheit und Unschärfe ihrer Begrifflichkeiten weiß. Zumindest die gerade vorgebrachten Einwände sind somit konstitutiv in ihre Konzeption eingelassen. Zudem braucht sie die Diskrepanz zwischen gegenwärtigen und vergangenen Begrifflichkeiten wie auch die Widersprüchlichkeit sexueller und geschlechtlicher Kategorien innerhalb eines historischen Tableaus nicht als Hindernis der Forschung zu bekämpfen. Sie kann im Schwanken bei der Suche nach klaren Bezeichnungen einen Ausdruck jenes konstitutiven Schwan-

5 Die Unverfrorenheit, mit der Sexualhistorikerinnen, auch dann, wenn sie etwa aus einem schwulen Selbstverständnis heraus schreiben, zweigeschlechtliche Gewalt reproduzieren, kann schlechte Laune machen. Die von den psychiatrischen Wissenschaftlern der Vergangenheit beanspruchte Definitionsmacht über Realität und Irrealität ihrer »Objekte«, wird von den geschichtswissenschaftlichen Kolleginnen der Gegenwart auch da noch anerkannt, wo diese »Objekte« ihren Subjektstatus behaupten und ihrer eigenen Entwirklichung Widerstand entgegensetzen. So müssen wir dann solche Sätze lesen: »Während der psychiatrischen Beobachtung, hielt E[...] ihre Selbstdarstellung als Mann aufrecht« (Healey 2001, 169). Noch gewaltvollere Beispiele finden sich bei Rainer Herrn (Herrn 2005), der bei der Rekonstruktion des zeitgleichen deutschen Diskurses in absoluter Missachtung sämtlicher Selbstaussagen immer das Geschlecht der medizinischen Normen zugrunde legt – und das, obwohl sein Buch keinen anderen Gegenstand hat als deren Überschreitung.

kens der Signifikanten sehen, die jede identitäre Schließung unterläuft. Diese Uneindeutigkeit, das lässt sich bereits an den Debatten der letzten Dekaden ablesen, kann emanzipierend nur dann sein, wenn sie nicht als neue Anforderung an die Subjekte herangetragen wird, die vielleicht genau um den Zugang zu jener Eindeutigkeit kämpfen, die ihnen verwehrt werden soll. Hierin steckt zudem schon aufgrund der begrenzten Aufmerksamkeits- und Einflussspanne queerer Theorie (als Expertinnenwissenschaft zu Perversion und ihren Subjekten) die Falle, lediglich die Anormalen zu deessentialisieren, nicht aber die Normalität.[6] Die im Folgenden verwendeten Benennungen, die ein situatives Kauderwelsch der nachgezeichneten Modelle sprechen, folgen daher dem Leitsatz: Wir wissen es nicht genau, es ist aber auch nicht so wichtig.

Auch in der vom Volksgesundheitskommissar Nikolai Semaschko 1929 einberufenen Runde von »Expertinnen« tauchten verschiedene Begriffe auf, in denen der Antrag auf Transformation von Genitalien und Ausweispapieren zu konzeptionalisieren versucht wurde: »Geschlechtswechsel«, »Homosexualität«, »psychischer Hermaphroditismus«, »Transvestismus« und dergleichen schöne Zauberworte mehr. Der

---

6 Aufgrund der Machtverhältnisse entkommt auch eine selbstbestimmte Bezeichnung nicht dem Dilemma, durch den Akt der Bezeichnung des Anormalen selbst die Norm als unmarkierte zu reproduzieren. Auf explizite Weise geht Dan Healey in diese Falle, indem er den subversiven Begriff der »scheiternden Kopie«, mit dem Butler die iterative Struktur von Geschlecht im Allgemeinen pointiert, ausgerechnet und ausschließlich auf einen transgeschlechtlichen Menschen anwendet (Healey 2001, 69). Solange etwa für ein heterosexuelles Paar die attributlose Bezeichnung Paar selbsterklärend bleibt, lässt sich daran kaum etwas ändern. Während sich der Begriff der Cisgeschlechtlichkeit als Komplementärbegriff zu Transgeschlechtlichkeit popularisiert, ist der Begriff der Zirklusion als Komplementärbegriff zur Penetration gerade erst erfunden (Adamczak 2016a).

von den biologischen, psychiatrischen, medizinischen Wissenschaftlerinnen verhandelte Antrag der Bürgerin Kamenewa war bei weitem nicht der erste seiner Art, bereits 1923 hatte ein Transmann sich mit einem ähnlichen Anliegen an die Behörden gewandt. Die Realisierbarkeit einer materiellen Transformation verschiedener Geschlechtssignifikanten des Körpers stand außer Frage im utopisch-wissenschaftlichen Klima der Revolution. Angesichts der Selbstversuche von Intellektuellen, mit Hilfe von Bluttransfusion Alte jung und Junge weise zu machen, angesichts der Forderung, Tote zum Leben zu erwecken, um auch ihnen den Genuss des Sozialismus zu ermöglichen, angesichts der Planung, den Mars zu besiedeln, was aufgrund der mit der Wiedererweckung verbundenen Übervölkerung der Erde nötig würde, angesichts der Prognose, die Menschen würden erst einen Körper aus Maschinen, dann aus Licht annehmen, um sich besser zwischen ihren beiden Planeten bewegen zu können (vgl. Hagemeister 2005), musste die medizinische Überarbeitung eines Körpergeschlechts, das für die Zukunft ohnehin nicht mehr vorgesehen war, als eher oberflächliches Detail erscheinen. Auch wenn diese utopischen Positionen in der Kommission von 1929 keine explizite Rolle spielten und sich das gesellschaftliche Klima zwölf Jahre nach der Revolution bereits im Wandel befand – was den sozialen, nicht was den technischen Aspekt des Utopischen anging –, stand die Machbarkeit einer medizinischen Geschlechtstransformation doch nie zur Debatte. Alle anwesenden »Expertinnen« – im Übrigen ausschließlich sogenannte Männer – konnten über eine Reihe von »Fällen« berichten, anhand derer sich der medizinisch-biologische und psychologische Status, vor allem aber der gesellschaftliche Status von Zwischen- oder Wechselgeschlechtlichkeit erörtern lassen sollte. Der anwesende Biologe N. K. Kolzow eröffnete seinen Beitrag mit der wohlklingenden

Feststellung, natürlich gäbe es nicht ein Zwischengeschlecht, sondern unendlich viele. Das Phänomen, fuhr er fort, sei sehr üblich und komme bei Menschen häufiger vor als bei Tieren, da es sich hier per Imitation und »mentaler Ansteckung« – ein verbreiteter Term, der neben geschlechtlichen und sexuellen »Erregern« auch etwa für Suizid gebraucht wurde – intensiviere. Dann berichtete er von einer Patientin, die ebenfalls um einen »Geschlechtswechsel« gebeten habe, die er aber mit Hilfe von auf Sperma basierenden Injektionen »heilen«, also zum Mann habe machen können. Anschließend erzählte Kolzow von einer Reise, die er in die zentralasiatischen Republiken der Sowjetunion unternommen hatte. Die Institution der *Bachi*, jugendliche »Jungs«, die mit verschieden geschlechtlichen Kleidungsstücken versehen als Tänzerinnen oder Tänzer und Sexarbeiterinnen oder Sexarbeiter fungierten, hätten ihn zu der Überzeugung gebracht, dass »diese Frage« (der »Travestie«) in der Sowjetrepublik von größerer Bedeutung sei. Die sexuelle und ökonomische Ausbeutung dieser Gruppe könnte, befürchtete Kolzow, noch vergrößert werden, wenn auf einer »allgemeinen Basis« Zugeständnisse an »Transvestiten« gemacht würden. Dabei ist es ganz unabhängig von der Einschätzung der Lebenssituation der *Bachi* die erstaunliche Unfähigkeit zu differenzieren, die ins Auge springt. »Transvestismus« für die sexuelle und ökonomische Ausbeutung von »Transvestiten« verantwortlich zu machen, wäre logisch betrachtet dasselbe, wie das Patriarchat mit einem Verbot von Weiblichkeit zu bekämpfen.

In den zwei vom sowjetischen Biologen aufgeführten Beispielen reflektiert sich, wie der Sexualhistoriker Dan Healey herausgearbeitet hat, eine bemerkenswerte Begrenzung des sexualreformerischen Biologie-Diskurses in der frühen Sowjetunion: Das zweifelhafte Recht, eine biologische Abweichung zu sein, wurde nur den Perversen des europäischen

Russland zugestanden. Nur hier wurde die Wahrheit der Homosexualität in den Gonaden gesucht. Für die islamisch geprägten Regionen der zentralasiatischen Sowjetunion hingegen galten geschlechtliche und sexuelle »Anomalien« als Ausdruck ökonomischer und kultureller Rückständigkeit (Healey 2001, 167, 170). In Aserbaidschan, Usbekistan, Turkmenistan, Kasachstan, Georgien wurden nicht nur Polygamie und Brautpreise, sondern auch männliche Prostitution und konsensuelle Sodomie als endemisch betrachtet und von den sowjetischen Behörden bekämpft. In direktem Gegensatz zur europäischen Verhältnisbestimmung von Islam und Homosexualität im 21. Jahrhundert, aber in direkter Entsprechung mit dem Orientalismusdiskurs des 19. und beginnenden 20. Jahrhunderts (vgl. Klauda 2008), wurden die sexuellen Praktiken der islamischen Regionen einer unzivilisierten Kultur zugeschrieben, die der europäischen Moderne kontrastiert wurde. Dies ging so weit, dass in diesen Gegenden sogar die zaristischen Sodomiegesetze intakt blieben. Damit sollten vor allem Jungen vor erzwungener Prostitution geschützt werden, in Usbekistan aber wurde auch das 1923 geschaffene sowjetische Gesetz gegen sexualisierte Belästigung von Frauen auf erwachsene Männer ausgedehnt (Healey 2001, 160).[7]

In der Debatte um den Antrag der Bürgerin Kamenewa behauptete der Psychiater L. Ia. Brusilowski zunächst mit Bezug auf Magnus Hirschfeld, die »Transvestitenfrage« sei in

7 Die Begegnungen könnten ähnlich verlaufen sein wie die zwischen US-amerikanischen GIs und Bewohnerinnen afghanischer Dörfer im ersten Jahrzehnt des 21. Jahrhunderts. Diese galten den GIs nämlich als »schlimmer als die Al-Qaida«: »Es war die Hölle. In jedem Dorf, in das wir gingen, kam eine Gruppe von Männern auf uns zu, die Make-up trugen, unsere Haare und Wangen streichelten und Kussgeräusche machten« (Corporal Paul Richard, Marine James Fletcher, zitiert nach Klauda 2008, 24).

der UdSSR anders als in Deutschland nicht besonders weit verbreitet. Dann aber führte er einen weit rezipierten Aufsatz des Psychiaters Edelstein an, der 1927 in Moskau erschienen war und der einen mit Evgenja Fedorovna M. unterschriebenen Text mit dem Titel *Geschichte meiner Krankheit* beinhaltete. Während Edelstein den Aufsatz unter der Überschrift *Klinike transvestitizma* publizierte und Brusilowski den Begriff »Transvestitin« *(transvestistka)* benutzte, verwendete das unter dem weiblichen Namen Evgenja Fedorovna veröffentlichte Dokument in Kenntnis der wissenschaftlichen Debatten die Begriffe »Zwischengeschlecht«, »Pseudo-Hermaphrodit«, »Homosexuelle« sowie im Titel die Formulierung »*männlicher* Psycho-Hermaphrodit« [kursiv B. A.]. Das Ringen um kulturelle Intelligibilität, von dem Evgenjas/Evgenijs emanzipatorische Streitschrift geprägt ist, offenbart das Schwanken zwischen verfügbaren Identitätsangeboten in den »public transcripts« (Scott 1990): Sie/er argumentierte für die Akzeptanz von gleichgeschlechtlicher Liebe, die nicht länger von kleinbürgerlicher Respektlosigkeit unterdrückt werden dürfe, und erklärte zugleich, dass Menschen wie er/sie selbst »ihr Geschlecht als ein Missverständnis betrachteten« und sich in Personen des anderen Geschlechts zu transformieren wünschten (zitiert nach Healey 2001, 70). Edelstein, der den biologischen Erklärungsabsatz ablehnte und stattdessen »falsche Erziehung« für die Abweichung von seiner unerörterten Norm verantwortlich machte, prognostizierte »einem solchen Subjekt« zwar eine schwierige Zukunft, unterließ aber alle Versuche, den Patienten zu »heilen«.

Evgenja Fedorovna/Evgenij Fedorovitsch M. hatte es bereits als Jugendliche_r abgelehnt, einen Rock zu tragen und war deswegen von der Schule verwiesen worden. Dabei war er/sie vom Vater unterstützt worden, der ihn/sie zuhause unterrichtete und später externe gymnasiale Prüfungen organisierte. Damit stellte der Vater keine Ausnahme dar. Familiäre Unterstützung zumindest von männlicher Transgeschlechtlichkeit war, nicht zuletzt aus ökonomischen Gründen, im (vor)revolutionären Russland keine Seltenheit (Healey 2001, 67). Nachdem sein/ihr Vater – während Evgenijs siebzehntem Lebensjahr – gestorben war, begann Evgenij, als Mann zu leben. Während der Revolution fand er Arbeit in der Tscheka, der sowjetischen Geheimpolizei, wo er als politischer Instrukteur in einem investigativen Straforgan arbeitete und unter anderem an Durchsuchungen und Requirierungen von Klöstern und später an Operationen gegen »Banditentum« beteiligt war. Während dieser Zeit führte er verschiedene Beziehungen zu Frauen und änderte seine Ausweispapiere von dem weiblichen Namen Evgenja Fedorovna zu Evgenij Fedorovitsch. Mit diesen Papieren heiratete Fedorovitsch 1922 eine cisgeschlechtliche Postangestellte und akzeptierte einige Jahre darauf das Kind, das diese aus einer Affäre während der Ehe hatte, als sein eigenes. Edelstein, der angibt, mit der Ehefrau gesprochen zu haben, berichtet, sie habe zum Zeitpunkt der Hochzeit nicht gewusst, dass ihr Gatte kein Cismann war, er habe es ihr aber kurz darauf erzählt. Angeblich seien infolgedessen Gerüchte über den Status von Evgenijs Geschlecht kursiert, die dazu führten, dass er von den örtlichen Behörden eines »Verbrechens wider die Natur« angeklagt wurde. Diese Anklage scheiterte im liberalen Klima der Sowjetunion der zwanziger Jahre. Das Justizkommissariat bestätigte die Legalität der Ehe. Es ist nicht gänzlich klar, ob diese rechtliche Anerkennung die »Gleichgeschlechtlichkeit« betraf, wie Edelsteins Formulierung nahelegt (»Heirat zweier Frauen«) oder die »Transgeschlechtlichkeit«. Schließlich ist nicht bekannt, dass Evgenijs Ausweispapiere in Frage gestellt worden wären. Aber zum einen folgt diese Unterscheidung einer terminologischen Ausdifferenzierung, die in den zwanziger Jahren kaum existierte, zum anderen ist sie ohne Relevanz, da die Begründung des Gerichts einer viel einfacheren und zugleich viel plausibleren Logik folgte: Die Ehe war rechtsgültig, weil sie »im gegenseitigen Einverständnis« geschlossen worden war (Healey 2001, 68).

Diese Logik war in ihrer jedem Normalismus fernen Ethik zu einfach, um von den versammelten Experten der medizinischen Disziplinen übernommen zu werden. Weil die cisgeschlechtliche »Ehefrau« hier nicht »so normal« bleiben könnte wie bei einer Heirat mit einem Cismann, sollten Kolzow zufolge solche Ehen nur unter Aufsicht von (medizinischen) Expertinnen stattfinden dürfen (Healey 2001, 168). Vermutlich vom Interesse motiviert, Legitimität und Einflussbereich der eigenen Disziplinen zu erhöhen, bestand die generelle Linie des Expertengremiums darin, keine generelle Linie auszugeben. Wie mit wechsel-, zwischen- oder gleichgeschlechtlichem Begehren zu verfahren sei, müsse vom jeweiligen Einzelfall abhängig bleiben, dessen Prüfung die Professionellen ihrer Profession vorbehalten wollten. Trotzdem lässt sich in der Diskussion der Chancen und Risiken von Perversion eine Gewichtung ausmachen, die der allgemeinen geschlechtlichen Bewegung der Revolution folgt. Dies wird am deutlichsten in der Diskussion um Transgeschlechtlichkeit und Homosexualität in der Roten Armee. Zwei Figuren wurden hier im direkten Zusammenhang diskutiert: der (»feminisierte«) »Homosexuelle« und die »maskulinisierte Frau«: Im Falle schwuler Sexualität lautete die Befürchtung, dass »Subjekte dieses Typus«, die sich als »Homosexuelle deklarieren« (zitiert nach Healey 2001, 167), die Gefahr einer psychischen Ansteckung mit sich brächten, die zur Verweigerung des militärischen Dienstes führen könnte. Obwohl der Code der Roten Armee zu dieser Zeit keine expliziten Aussagen über Homosexualität enthielt, gingen die versammelten Wissenschaftlerinnen auch auf Grundlage von Erzählungen davon aus, dass sie ein militärisches Untauglichkeitskriterium darstelle. Die Verbindung von schwuler Sexualität und Verweiblichung wurde nicht explizit hergestellt, die enge Verknüpfung von Männlichkeit und Militär legt sie aber nahe. Im Gegensatz dazu handelte es sich beim »maskulinisierten Typ«, von dem in der Diskussion zwei weitere Beispiele gegeben wurden, um ein Phänomen, das nach Ansicht des Psychiaters Rachmanow »offensichtlich [...] keine speziellen Maßnahmen« nötig mache (ebd., 168) – unabhängig davon, ob die besprochenen Menschen mit anderen Männern verheiratet waren oder nicht. Transmänner, Kings und Butches in Armee und Tscheka überzeugten mit oft hohen militärischen Posten im Sinne der kämpferischen Ideale der Revolution. Während Effeminierung – die nicht mit diesem analogen Begriff zur Maskulinisierung benannt wurde – entweder als infektiöse Gefahr für die revolutionäre Armee oder als tragische und bekämpfenswerte Form kultureller Rückständigkeit (bei den *Bachi*) verhandelt wurde, war Vermännlichung als fortschrittlich oder revolutionär codiert (vgl. ebd., 180).

Anfang des 20. Jahrhunderts hatten sich in den Großstädten Petrograd und Moskau kleine homosexuelle Subkulturen gebildet, wobei die schwulen eher in der Öffentlichkeit verortet waren – in den Badehäusern und Parks –, die lesbischen, wie in anderen Ländern auch, vor allem in Bordellen. Auch größere Drag-Orgien hatte es gegeben (Healey 2001, Karlinsky 1989). Beide Subkulturen verfügten über transgressive Erkennungszeichen, Lesben trugen nicht selten Schlips und Hosenrock, während Stricher und Cruiser einander zuweilen an effeminierter Gestik oder Schminke erkannten. Auch die ultramaskulinen Schwulen, Bären, die sich zu dieser Zeit »Frauenhasser« nannten, waren Teil der Subkulturen. Mit der Revolution veränderte sich die Situation der Szenen, die Bolschewiki bekämpften Prostitution, und die Neuverteilung von Wohnraum erschwerte es, große Privaträume für Queerpartys – »Bälle« – zu bekommen. Während aber die »Effeminierten« aus dem Straßenbild verschwanden, weil ihre larmoyante und exzentrische Art für bürgerlich-dekadent gehalten wurde, besiedelten die »Maskulinisierten« die sozialistische Öffentlichkeit (Healey 2001, 21-77). Die sowjetische Wirklichkeit hieß Menschen, die das ihnen zugeschriebene weibliche Geschlecht überwanden, willkommen und verschloss sich gegenüber Menschen, welche die ihnen zugeschriebene Männlichkeit ablegten.

Die prinzipielle Hierarchisierung von Transweiblichkeit und Transmännlichkeit ist kein Novum der Revolution. Die Bezeichnungen, die russischen Bäuerinnen für Transgeschlechtlichkeit fanden, transportierten zwar in aller Regel keinerlei pejorative Konnotationen, dennoch fanden sich abwertende Worte weit eher für Transweiblichkeiten als für Transmännlichkeiten (Healey 2001, 64). Dies ist keine Besonderheit Russlands, sondern gemeinsames Charakteristikum aller patriarchalen Gesellschaften (vgl. Schröter 2002), auch der modernen, die sich darin als weniger biologistisch erweisen als ihre traditionellen Kritikerinnen. Dass Menschen, die entgegen der ihnen zugesprochenen Privilegien ein weibliches Geschlecht leben, mehr gehasst werden als Menschen, die das ihnen zugeschriebene deprivilegierte Geschlecht verlassen, lehrt – unterstellt, diese Begriffe ließen sich zumindest analytisch klar voneinander trennen – über patriarchale Gesellschaften: Sie verachten Weiblichkeit mehr als Frauen.

Die sozialistisch-bolschewistische Politik ist allerdings von wenig weiter entfernt als davon, bloße Fortführung der Tradition zu sein; lebte die Tradition in dieser weiter, dann handelte es sich um ein paradoxes Fortleben nach dem Bruch mit ihr. Tatsächlich unterscheidet sich die revolutionäre Maskulinisierung in mindestens dreifacher Hinsicht von der traditionellen Privilegierung von Transmännlichkeit: *Erstens* artikuliert sie sich in einem sowohl theoretisch als auch praktisch eindeutig egalitären und offensiv antipatriarchalen Rahmen sozialistischer Emanzipationsbestimmungen, *zweitens* verknüpft sie Geschlechtlichkeit mit der politischen Grammatik der Revolution und ordnet sie entlang der diese strukturierenden Zeitlichkeit des Fortschritts, und *drittens* entsteht sie als eine dynamische Universalisierung, die den relativ statischen Geschlechterverhältnissen vormoderner Gesellschaften völlig unbekannt war. Die in der Revolution reproduzierte Hierarchie geschlechtlicher Attribute dient nicht wie in Gesellschaften mit heterosexistischer Produktionsweise der Konstruktion und Distribution spezifischer Subjektivitäten entlang der Linien einer vorgeschriebenen gesellschaftlichen Arbeitsteilung. Sie kontrastiert vielmehr ein Ideal menschlicher Emanzipation, das für sämtliche Mitglieder der Gesellschaft zugänglich sein soll, mit dessen Gegenteil, einem Scheitern an diesem Ideal. Die geschlechtliche Opposition wird von einer räumlichen der Sphären (privat/öffentlich bzw. reproduktiv/produktiv) in eine zeitliche (konservativ/progressiv bzw. bürgerlich/sozialistisch) transponiert und damit denaturalisiert. Die Gegenüberstellung lautet dann nicht mehr Außen/Innen oder Arbeit/Familie, sondern Zukunft/Vergangenheit bzw. Fortschritt/Rückschritt.[8] Tendenziell transformiert sich der

8 Im russischen Dorf war eine geschlechtliche Arbeitsteilung mit der Unterordnung weiblicher Arbeiten verknüpft worden. Deren ideologische Legitimation, die patriarchale Arbeitsteilung sei durch größere körperliche Kraft sogenannter Männer gerechtfertigt, entlarvte sich daran als Lüge, dass Witwen, die ohne Männer erfolgreiche Haushalte fortführten, das Land weggenommen wurde. Hiermit brachen die Bolschewiki. Im ersten Dekret zur Landfrage von November 1917 wurde explizit allen Geschlechtern das Recht, Land zu bestellen, zugespro-

geschlechtliche Code damit von einem ontologischen in einen politischen. An die Stelle von Natur, Schicksal, sozialem Ort treten Überzeugung, Entschluss, Anstrengung. Eine Reproduktion der Hierarchie zwischen verschieden vergeschlechtlichten Subjekten stellt sich auf der Basis von deren unterschiedlicher Ausgangsdistanz zum Ideal menschlicher Emanzipation – also von proletarischer Männlichkeit – mit einer gewissen Zwangsläufigkeit ein (vgl. Goldman 1993, Gorsuch 1996). Sie ist aber gemessen an der dominanten Intention der Gleichheit ein paradoxer Effekt sozialistischer Praxis, der zudem von der marxistischen Theorie als Übergangserscheinung konzipiert werden kann – und wird.

Männliche Dominanz im Sinne der Dominanz männlich identifizierter Subjekte ist nicht lediglich Ausdruck von patriarchalen Resten der alten Gesellschaft, die noch nicht überwunden sind, sondern auch Wirkung jener von Marx am Recht beschriebenen Dialektik, die darin besteht, dass die Gleichbehandlung Ungleicher Ungleichheit wiederholt und neu hervorbringt (Marx, MEW 19, 20f.). Diese Dialektik ist von Wendy Goldman präzise anhand der frühen sowjetischen Familien- und Ehegesetzgebung beschrieben worden. Das neue Ehe- und Familienrecht von 1918 war »nicht weniger als die fortschrittlichste Familiengesetzgebung, die die Welt je gesehen hatte« (Goldman 1993, 52),[9] es war gänzlich geschlechts-

---

chen. In anderer Hinsicht stand die sozialistische Emanzipation jedoch nicht im Widerspruch zur Tradition: »Trotz der Aufteilung in häusliche und landwirtschaftliche Pflichten«, schreibt Christine Worobec über die Ökonomie des russischen Dorfes, »wurden Frauen ständig aufgefordert, Männern bei deren Arbeiten zu helfen, während diese sich weigerten, sich die Hände mit weiblichen Aufgaben schmutzig zu machen« (Worobec 1995, 219).

9 Wie einflussreich der bolschewistische Feminismus war, brachte der Menschewik Juri Martow zum Ausdruck: »In der jüngsten Vergangen-

neutral und behandelte eine Eheschließung als einfachen bürokratischen Akt, die Einreichung eines Zettels reichte für Heirat ebenso wie Scheidung. Dementsprechend entwickelten sich die Scheidungsraten. Die sozialistischen Gesetzgeberinnen schufen ein Eherecht, das frei war von den sexistischen Diskriminierungen seiner Vorgänger wie auch seiner internationalen Pendants. Indem sie es aber verweigerten, die noch bestehende soziale Ungleichheit – vor allem in Lohnhöhe, unentgeltlichem Arbeitsaufkommen, sozialer Macht (etwa in Dorfgemeinschaft/Haushalt) – rechtlich zu rekodifizieren, mussten sie die Erfahrung machen, dass die revolutionäre Gesetzgebung die Lebenssituation gerade von als Frauen lebenden Menschen häufig noch verschlechterte. Dies erwirkte eine Reihe von Kompromissen zum Beispiel im Unterhaltsrecht (vgl. Reich 1971 [1936], 170), wie ja auch bereits die Einführung einer zivilen Ehe, also die staatliche Sanktionierung spezifischer sexueller Beziehungen, keiner politischen Überzeugung entsprang, sondern den Zweck verfolgte, die Macht der orthodoxen Kirche über die eheliche Institution zu brechen.

Zumindest bezogen auf die Gesetze war der ambivalente Charakter egalitärer Normen den bolschewistischen Politike-

---

heit [...] entwickelte sich unter großen Teilen der Moskauer Arbeiterinnen in den Fabriken und Werkstätten ein starker, originär bolschewistischer Fanatismus [...] Das weibliche Proletariat Russlands [...] konnte nur durch staatliche Mechanismen (endlose pädagogische Kurse und ›kulturelle‹ Agitations-Institutionen, offizielle Feiern und Demonstrationen und – nicht zuletzt – durch materielle Privilegien) für die ›Politik‹ gewonnen werden. So sind die Formulierungen, denen man in Leserbriefen von weiblichen Arbeitern an die Prawda begegnet, wie zum Beispiel, ›erst nach dem Oktoberumsturz haben wir Arbeiterinnen die Sonne gesehen‹, keine leeren Worte.« (Martow, zitiert nach Spartacist 2006, 39f.)

rinnen kein Geheimnis. Sie betrachteten das juridische Feld aber ohnehin nicht als zentrales Terrain gesellschaftlichen Wandels und somit fortschrittliche Gesetze auch nicht als dessen bevorzugte Instrumente. Vielmehr waren diese sämtlich auf einen Zustand hin konzipiert, in dem das Recht als Medium sozialer Beziehung verschwinden würde: »Die proletarische Macht konstruiert ihre Kodexe und alle ihre Gesetze dialektisch, so dass jeder Tag ihrer Existenz die Notwendigkeit ihrer Existenz untergräbt.« (Goikhbarg, zitiert nach Goldman 1993, 1.)

Soziale Ungerechtigkeit, in diesem Fall die geschlechtliche, wird im traditionellen sozialistischen Koordinatensystem nicht im Modus der Anerkennung von Differenz, auf der Ebene der Norm also, bekämpft, sondern durch die materielle Angleichung der Lebensverhältnisse. Die Norm, welche die Richtung dieser Angleichung (hier: Vermännlichung) vorgibt, wird dabei nicht in Frage gestellt. Die Dominanz sogenannter Männer ist somit, wenn auch kein kontingenter, so doch ein temporär konzipierter Effekt der »bolschewistischen Revolution«,[10]

---

10 Weniger als Effekt, mehr als überkommene Tradition vermutlich, gestaltete sich das Geschlechterverhältnis in den bolschewistischen Institutionen, binär aufgeschlüsselt wie folgt: 1926 waren zwanzig Prozent der Komsomolmitglieder weiblich (das heißt zwei Prozent aller jungen Frauen im Vergleich zu neun Prozent aller jungen Männer), während 1926 in der Partei insgesamt nur zwölf Prozent der Mitglieder sogenannte Frauen waren. Ohne genaues Studium des institutionellen Geschlechts anderer Parteien ließe sich dennoch vermuten: Über den Zugang sogenannter Frauen zu relevanten sozialen Sphären entscheidet innerhalb eines strukturell androzentrischen Rahmens nicht die Geschlechtlichkeit der Politik, sondern die Frage, ob Geschlecht egalitär oder differentiell-binär konzipiert ist. Für die Bolschewiki konnten alle Menschen vollwertige Menschen, also Männer werden, eben auch Frauen – während eine konservative Politikkonzeption, die die subjektivierende Zweiteilung der Welt affirmiert, eine Überschreitung der Grenzen erschwert. Daraus folgt der para-

während die Dominanz von Männlichkeit eins ihrer implizit wie explizit bestätigten Ziele ist.

Schon in der Februarrevolution fielen Beobachterinnen die »Frauen« auf, »die Männerkleidung trugen (Soldatenmützen, -stiefel und Reithosen), als ob sie mit der Umkehrung der geschlechtsspezifischen Kleiderordnung auch die soziale Ordnung umstürzten« (Figes 2008, 345). Nur fünf Jahre später stellte der Gesundheitskommissar Nikolai Semaschko fest, dass maskulinisierte »Frauen« zu einem Massenphänomen geworden waren. In seiner Beschreibung trugen sie zerzauste, oft schmutzige Haare, hatten billige Zigaretten zwischen die Zähne geschoben – »wie ein Mann« –, sprachen mit absichtlich rauen Stimmen – »wie ein Mann« – und legten – »wie ein Mann« – absichtlich schlechte Manieren an den Tag. Sie hätten, so fasste er es zusammen, alle weiblichen Eigenschaften verloren und sich gänzlich in Männer verwandelt, auch wenn sie im Moment noch Röcke oder genauer Hosenröcke trügen (Healey 2001, 61). Obwohl der Gesundheitskommissar diesen Trend als eine vulgäre Form von Geschlechtergleichheit denunzierte, blieb seine Kritik doch solidarisch. Die wahren Gegnerinnen bestanden in den gepuderten, gerougten, Nägel feilenden »Damen« der klassenfremden Milieus (Healey 2001, 287).[11] Bolschewistische »Frauen«, die Härte *(tverdost)*, emo-

---

doxe Effekt: Keine Politik war frauenfördernder als die bolschewistische des universellen Androzentrismus.

11 Wie die sogenannte Frauenerwerbsquote wird auch der transmännliche Universalismus nicht mit dem Stalinismus enden. Inga Kokolevská hat dies mit dem Begriff des Androgynen für die dreißiger Jahre gezeigt (Kokolevská 2007). Allerdings interpretiert sie die sowjetische Androgynität als neutrale Entgeschlechtlichung, während alle ihre Beispiele – mit Ausnahme des Verschwindens von Bärten – von Entweiblichung handeln. Sämtliche von ihr angeführte »Transvestiten« sind Dragkings. Die angebliche Androgynie des sowjetischen Geschlechts wurde weit über die Revolution hinaus von einer an-

tionale Kontrolle, Effizienz, kalte Rationalität, Rücksichtslosigkeit als zentrale Eigenschaften ihrer politischen Subjektivität ausbildeten, waren nicht nur ein Massenphänomen (Clements 1997, 19, 59ff.), sie repräsentierten das sowjetische Subjektideal: Der neue Mensch war ein *Universal Dragking*.

Dabei machte die transgeschlechtliche Bewegung des Sowjetsozialismus auch vor dem letzten Residuum einer biologischen Geschlechterkonzeption nicht Halt. In Sergej Tretjakows etwa 1924 geschriebenen Theaterstück *Ich will ein Kind haben* wird die Hauptfigur Milda darüber vorgestellt, dass »sie« für einen Mann gehalten wird. Aufgrund der Kleidung – ein »Männeranzug« (Tretjakow 1967, u. a. 89) – wie der gesamten Subjektivität. Milda verfolgt den Wunsch nach einem »Kindchen« (ebd., 124) mit sozialistischer Disziplin, zu der kühle Instrumentalität und dialektisches Taktieren ebenso gehören wie eugenische Rationalität. Da sie keinen Ehemann hat und keinen will, sucht sie einen Spender, den sie im Interesse der »Gesundheit« der sozialistischen Gemeinschaft nach der Qualität seines Erbguts aussucht. Darin wird sie vom »Genossen Diszipliner« unterstützt, der auf die Frage, ob eine Frau sich auch ohne Mann ein gutes Kind wünschen dürfe, bündig antwortet: »Was heißt darf? Sie muss. Gerade ohne Mann« (ebd., 123). Obwohl Milda am Ende des Stücks eingesteht, dass ihr dies schwergefallen sei, verlässt sie den Spender in dem Moment, in dem die Schwangerschaft feststeht – wie

---

drozentrischen Norm regiert. Sechzig Jahre nach Beginn der Russischen Revolution beschrieb der DDR-Schriftsteller Eberhard Panitz die Guerillera Tamara Bunke als »hartnäckig und zäh, rücksichtslos gegen sich selbst, gegenüber anderen jedoch aufopfernd hilfsbereit in ihrer spröden, manchmal betont burschikosen Art« (Panitz 1977, 10).

sie auch das Kind nach der Geburt in ein sozialistisches Kinderheim gibt (ebd., 168).

Die biologische Reproduktion der Gattung wird ebenso von einer spezifischen Geschlechtlichkeit – der bürgerlichen Weiblichkeit der Mutter – gelöst wie die Heterosexualität ihres Schleiers von Natürlichkeit entkleidet. Als der Spender, Jakow, der sich mehrfach darüber beschwert, wie ein Zuchthengst behandelt zu werden, äußert, dass er sich von Milda sexuell nicht angezogen fühle, »keinen Appetit« auf »sie« verspüre, antwortet Milda nüchtern: »Ich verstehe. Darauf bin ich vorbereitet« (ebd., 140). Sie verschwindet hinter einem Wandschirm und kommt kurz darauf »onduliert, geschminkt, gepudert« und mit einem neuen »ausgeschnittenen Kleid« wieder hervor. Der Trick gelingt. Als Dragqueen entfaltet sie die sexuelle Anziehungskraft, die »sie« als Dragking – zumindest auf Jakow – nicht hatte und beweist damit nüchtern materialistisch den performativen Charakter heterosexueller Geschlechtlichkeit. Jakow: »Zauberei. [...] Wie haben Sie das gemacht?« Milda: »Wie das alle machen. Parfümerie. Friseursalon« (ebd., 141).

Die Figur des bolschewistischen Dragkings ist universell auch in dem Sinne, dass sie weit über die probolschewistische Literatur hinaus ebenfalls die sowjetkritischen Romane und Erzählungen bevölkert. In Michail Bulgakows Satire »Hundeherz« etwa, die den medizinischen Utopismus des wissenschaftlichen Sozialismus am Beispiel der Transplantation eines Hundeherzes in einen Menschen karikieren soll, wird die Realisierung des maskulinistischen Egalitarismus als Problem des *Passings* inszeniert. In der 1925 geschriebenen, ebenfalls während der Neuen Ökonomischen Politik (NEP) spielenden Erzählung, tritt ein Hauskomitee vor den Transplantations-Professor, der alleine eine Sieben-Zimmer-Wohnung bewohnt, um ihn zur Abgabe von zwei Zimmern zu bewegen.

Der Professor begrüßt die vier Mitglieder des Hauskomitees in arroganter Weise mit dem bürgerlichen Begriff »Herren«, woraufhin sich folgendes Gespräch entfaltet:

> »Erstens sind wir keine Herren«, sagte endlich der Jüngste der vier, der ein Gesicht wie ein Pfirsich hatte. »Zweitens«, unterbrach ihn der Professor, »sind Sie ein Mann oder eine Frau?«
> Die vier verstummten abermals mit offenem Mund. Diesmal besann sich als erster der mit der Mähne. »Was macht das für einen Unterschied, Genosse?«, fragte er hochmütig.
> »Ich bin eine Frau«, gestand der Jüngling mit dem Pfirsichgesicht, der eine Lederjacke trug, und errötete heftig. [...] »Dann können Sie Ihre Mütze aufbehalten, aber Sie, mein Herr, muss ich bitten, Ihre Kopfbedeckung abzunehmen«, sagte der Professor missbilligend. (Bulgakow 1988 [1925], 30)

Im Folgenden wird der sowjetische Dragking sowohl vom Professor als auch vom Erzähler als »Jüngling, der sich als Frau entpuppt hatte«, als »als Mann verkleidete Frau« tituliert und, als er sich als »Leiter der Kulturabteilung unseres Hauses« ausweist, vom Professor mit den Worten »Lei-te-rin« »verbessert« (ebd., 35 ff.). Der Kulturhistoriker Eliot Borenstein interpretiert diese Sequenz als Beleg dafür, dass in der Literatur der zwanziger Jahre Versuche, die Geschlechterdifferenz zu »leugnen«, notwendig scheiterten (Borenstein 2000, 45). Abgesehen davon, dass diese Perspektive die Transphobie der Erzählung reproduziert, verkennt sie auch die gesellschaftlichen Machtverhältnisse, in denen der so reiche wie konservative Professor die Position der politischen Hegemonie eingebüßt hat. Dass er in der Phase der NEP wieder an Macht gewinnt, erklärt den offenen Ausgang der Konfrontation. Das Erröten des Jünglings in der Lederjacke verweist somit weniger auf ein Scheitern an der androzentrischen Norm des Sozialismus als an der heterosexistischen Norm der bürgerlichen Tradition, die der Professor mit der Differenzierung zwischen »Leiter« und »Leiterin« ebenso aufruft wie mit der

Anrede »Herr« statt »Genosse« bzw. »Bürger« und mit dem Beharren auf dem Abnehmen von Hüten. Das Hauskomitee, das eine egalitäre sozialistische Position vertritt, zieht genau diese hierarchisierenden Differenzen in Zweifel. Worin, kann es fragen, besteht der angebliche Geschlechterunterschied? Die Antwort, die Bulgakows Erzählung auf diese Frage gibt, erhält die Wahrheit in ihrer Banalität. Die Differenz zwischen Mann und Frau besteht darin, dass die einen ihre Mützen aufbehalten dürfen, die anderen nicht.[12]

In der sowjetischen Literatur der zwanziger Jahre kehrt der Geschlechterwechsel anders wieder als etwa bei Shakespeare und anders dominant als in der bürgerlichen Literatur der Zeit, nicht in Form einer Verwechslungskomödie, sondern als Alltag. Mit welcher Wertung auch immer, die Literatur erschuf keine eigenen Figuren, sondern schöpfte aus dem Fundus der Wirklichkeit. Zwar fanden sich ähnliche geschlechtliche Transformationen in den zwanziger Jahren auch außerhalb der jungen Sowjetunion, nur hier allerdings wurden sie durch die sozialistische Revolution zur hegemonialen Bewegung der Gesell-

12 Aus einer cisnormativen Perspektive argumentiert Eliot Borenstein, da Häuslichkeit und traditonelle Weiblichkeit keinen Platz in einer Welt der Fabriken und Kampffelder hätten, stünden Frauen in den sowjetischen Romanen immer in der Gefahr, zu körperlosen Abstraktionen zu werden (Borenstein 2000, 3). Das Mann-Werden vormaliger Frauen kann allerdings nur dann als Leugnung erscheinen, wenn Zweigeschlechtlichkeit vorausgesetzt und deren Abwesenheit beklagt wird. Der transmännliche Körper ist jedoch weit davon entfernt, körperlos zu sein. Er ist, wie etwa Tretjakows *Ich will ein Kind haben* (Tretjakow 1976 [1926]) oder Kollontais *Wassilissa Malygina* (Kollontai 1992a [1923]) demonstrieren, im hohen Maße körperlich, er ist ein transmännlicher, butchiger, kingiger Körper. Deswegen ist er auch nicht desexualisiert. Die Beziehung zwischen Wassilissa Malygina und »ihrem« Geliebten etwa hat deutlich schwule Züge und wird als solche auch von beiden Romanfiguren genossen (vgl. ebd., 63, 111).

schaft. Dies lässt sich besonders gut an den Namen veranschaulichen, die Kindern nach der Revolution gegeben wurden – meist bei der Oktobrierung, einem säkular-revolutionären Ersatz für die christliche Taufe. Schon vor der Revolution hatte die europäische Sozialdemokratie versucht, Vornamen wie Lasallo, Marxina und Bebelina zu etablieren, nun kamen noch Marx, Engelina, Rosa, Wladlen, Iljina und Marlen (für Marx und Lenin) hinzu. Andere Namen lauteten Melor (für Marx, Engels, Lenin und die Oktoberrevolution), Fewral (Februar), Oktjabrina, Molot (Hammer), Serpina (Sichel), Parischkomuna oder Dasmir (Es lebe die Weltrevolution). Auch hier artikulierte sich die Revolution in Form von Missverständnissen. Namen, die während der Revolution geborenen Kindern gegeben wurden, weil sie aufgrund ihres fremden Klanges als revolutionär galten, lauteten unter anderem Markisa, Embryo oder Vinaigrette (Stites 1989, 112). Dabei waren die Militanz konnotierenden Namen keineswegs so zu nennenden Jungen vorbehalten, das A am Ende weist darauf hin: Traktoria, Barrikada und Rewoljuzija, sowie Diktatura und Terrora.

Wassergläser

Im Herbst 1920 interviewte die deutsche Sozialistin Clara Zetkin den »Genossen Lenin« zu Fragen sozialistischer Geschlechter- und Sexualitätspolitik. Das Gespräch, das Zetkin mangels eines Aufnahmegerätes aus ihren Notizen rekonstruierte und als *Erinnerungen an Lenin* erst 1925 publizierte, ist vermutlich die wichtigste Erbschaft, die Lenin hinsichtlich der Politik der Sexualität hinterlassen hat. Vielleicht lag es am Thema, vielleicht am für politische Diskussionen noch ungewöhnlichen Geschlecht der Gesprächspartnerin, jedenfalls entblößte der wichtigste Revolutionsführer der Welt in dieser Unterhaltung eine wenig avantgardistische Sexualmoral. Clara Zetkin, die vielleicht den bereits verstorbenen Namensgeber des Leninismus in einem menschlichen Licht erscheinen lassen oder dem Humor der deutschen Genossen entsprechen wollte, protokollierte neben Lenins Analysen und Proklamationen auch dessen heterosexuell-paternalistisches Flirtverhalten. Am Ende des Gesprächs lachte Lenin:

> Wissen Sie, Clara, ich nutze es aus, dass ich mit einer Frau zusammen war. Ich erkläre natürlich meine Verspätung mit der *bekannten weiblichen Beredsamkeit*. Obgleich diesmal das Vielreden wirklich nicht auf der Seite der Frau, sondern des Mannes war. Übrigens stelle ich Ihnen das Zeugnis aus, *dass Sie wirklich ernsthaft zuhören können*. Vielleicht hat aber gerade das mich zum Vielreden gereizt. – *Lenin half mir* während dieser scherzenden Worte *in den Mantel*. – Sie müssen sich wärmer anziehen, – meinte er fürsorglich, – Moskau ist nicht Stuttgart. *Man muss nach Ihnen sehen*. Erkälten Sie sich nicht. (Lenin, zitiert nach Zetkin 1985 [1925], 90, kursiv B. A.)[13]

Moskau ist nicht Stuttgart – wäre nicht das Wetter, sondern Lenin selbst der Maßstab für die Wahrheit dieser Äußerung, seine schwäbische Sexualmoral hätte ihn eines performativen Widerspruchs überführt. Deren an den Diskursen der Revolution gemessene Rückständigkeit zeigte sich in aller Klarheit, als Lenin auf die Debatten um befreite Sexualität zu sprechen

13 Vielleicht hätte Clara Zetkin sich anders verhalten, wäre sie Sowjetbürgerin gewesen, zumindest machte Alexander Berkman eine Erfahrung, die darauf hoffen lässt: »Damals, als ich an Sinowjews Räumen im Astoria klingelte, öffnete eine attraktive junge Frau die Tür. ›Sind Sie Madame Sinowjew?‹, fragte ich und war mir der Tatsache nicht bewusst, dass ich einen unverzeihlichen Verstoß gegen die bolschewistische Etikette beging; tatsächlich sogar einen doppelten Verstoß, indem ich den bürgerlichen Ausdruck ›Madame‹ verwendete und sie nicht bei ihrem eigenen Namen ansprach, auf den ich mich in diesem Augenblick nicht besinnen konnte.« (Berkman 2004 [1925], 89) Ihr Name lautete Slata Bernstein-Lilina.

kam, die unter dem Schlagwort »Glas-Wasser-Theorie« geführt wurden. Damit war eine Position gemeint, die Sexualität auf ein nüchternes physiologisches Bedürfnis zurückführte, das sich ebenso einfach befriedigen lassen sollte wie Durst durch ein Glas Wasser. Lenin kritisierte das Theorem als ökonomistisch: Es wolle »geschlechtliche« Beziehungen unmittelbar aus einem Wechselspiel von physiologischem Bedürfnis und wirtschaftlicher Basis erklären, ohne Vermittlung durch die Kultur. Bereits Engels habe es jedoch in *Ursprung der Familie* begrüßt, »dass sich der allgemeine Geschlechtstrieb zur individuellen Geschlechtsliebe entwickelt und verfeinert« hätte. Dann kritisierte er die »Glas-Wasser-Theorie« direkt, in einer Metaphorik, deren Sexismus verräterisch ist:

> Nun gewiss! Durst will befriedigt sein. Aber wird sich der normale Mensch unter normalen Bedingungen in den Straßenkot legen und aus einer Pfütze trinken? Oder auch nur aus einem Glas, *dessen Rand fettig von vielen Lippen* ist? Wichtiger als alles ist aber die soziale Seite. Das Wassertrinken ist wirklich individuell. Zur Liebe gehören zwei, und ein drittes, ein neues Leben entsteht. In diesem Tatbestand liegt ein Gesellschaftsinteresse, eine Pflicht gegen die Gemeinschaft. (Lenin, zitiert nach Zetkin 1985 [1925], 74, kursiv B. A.)[14]

---

14 Wie einflussreich diese Aussagen werden sollten, beschreibt Arthur Koestler für die stalinistischen dreißiger Jahre: »Die bürgerliche Ehe war lediglich eine von der Gesellschaft sanktionierte Form der Prostitution. Aber die Freie Liebe war ebenfalls nichts Gutes. Sie hatte sich in der Partei, sowohl in Sowjetrussland wie in den anderen Ländern, großer Beliebtheit erfreut, bis Lenin schließlich seine berühmte Erklärung gegen die ›Glas-Wasser-Theorie‹ abgab. Mithin war die bürgerliche Moral zu verwerfen, aber die Freie Liebe war ebenfalls zu verwerfen, und die einzige korrekte Haltung gegenüber dem Sexualtrieb war die ›proletarische Moral‹. Diese bestand darin, sich brav zu verheiraten, seinem Ehegespons die Treue zu halten und soviel proletarische Kinder als möglich zu erzeugen. Aber war das nicht dasselbe wie die bürgerliche Moral? – Diese Frage, Genosse, zeigt, dass

Die Attacke war implizit gegen die Sexualrevolutionärin und Führerin der Arbeiteropposition Alexandra Kollontai gerichtet, der die »Glas-Wasser-Theorie« zugeschrieben wurde. Ihr Einsatz für eine neue Sexualmoral erfreute sich vor allem innerhalb der sogenannten Jugend eines großen Einflusses. Was die Rückführung von Sexualität auf Reproduktion und deren Bestimmung als gemeinschaftliche Pflicht anging, stimmte Lenin jedoch – mitsamt den biopolitischen und eugenischen Implikationen – mit seinen Kontrahentinnen überein. Auch Kollontai war nicht nur der Meinung, dass Mutterschaft eine soziale Pflicht von Menschen darstellte, die über eine funktionierende Gebärmutter verfügten (»Frauen« genannt), sondern auch, dass Menschen mit (vererbbaren) Krankheiten das Heiraten verboten werden sollte – im Interesse der Gesundheit dessen, was in der deutschen Übersetzung »Rasse« genannt wird (Kollontai 1921). Indem Lenin nichtmonogame oder ungezügelte Sexualität durch ein von vielen Lippen fettiges Glas verbildlichte, rief er allerdings nicht nur den in der frühen Sowjetunion prominenten Hygienediskurs auf, sondern bestätigte auch den traditionellen heterosexistischen Diskurs, der freie weibliche Sexualität mit dem Verlust einer gewissen »Reinheit« oder »Ehre« verknüpft. Die Kollontai'sche »Glas-Wasser-Theorie«, beklagte Lenin, »hat unsere Jugend toll gemacht, ganz toll. Sie ist vielen jungen Burschen und Mädchen zum Verhängnis geworden« (ebd., 73).

Vielleicht war Kollontai – knapp vor oder knapp nach

---

du in mechanistischen und nicht in dialektischen Begriffen denkst.« (Koestler 2005 [1949], 54) Neben ihren destruktiven hatte diese Logik aber auch dekonstruierende Effekte: »Zwei Stunden dieses dialektischen Tam-Tams genügten, um einen vergessen zu lassen, ob man ein Männchen oder ein Weibchen war – man war dann bereit, das eine oder das andere zu glauben, sobald die falsche Alternative in ironischen Gänsefüßchen erschien.« (ebd., 54f.)

Marx – die am meisten missverstandene Theoretikerin der Revolution. Zumindest ihre Polemiken gegen repressive Sexualmoral wurden recht unterschiedlich verstanden. Die Forderung nach freier Liebe – frei von klerikal-staatlichen Eingriffen, ökonomischen Zwängen, patriarchaler Gewalt – interpretierte das Fürsorgeamt in Saratow etwa im Sinne eines »Dekrets zur Verstaatlichung von Frauen«, mit dem es die Ehe abschaffte und »Männern« das Recht auf genehmigte Bordelle zusprach. In Wladimir erstellte das »Büro der freien Liebe« einen Aufruf an alle unverheirateten Frauen zwischen 18 und 50, sich zu registrieren, damit Sexualpartner für sie ausgewählt werden könnten. Im Interesse des Staates, den Kollontai weitgehend aus den sexuellen Beziehungen heraushalten wollte, sollten sogenannte Männer das Recht erhalten, sich unter den Registrierten, auch ohne deren Zustimmung, eine Partnerin zur Fortpflanzung auszusuchen (Clements 1989, 105). Gleichzeitig durfte sich die Marxistin Kollontai, weil sie den Klassenkampf durch einen Geschlechterkampf ersetzt habe, von einer Genossin aus der kommunistischen Frauenorganisation Ženotdel als »Kommunistin mit einer soliden Dosis feministischen Mülls« beschimpfen lassen (Arbeitsgruppe Marxismus 2006, 256). Wiederholt wurde sie als Propagandistin eines kalten Hedonismus angeklagt, von dem sie sich in ihren politischen Schriften zu distanzieren versucht hatte. Der einflussreiche Sublimationstheoretiker Aron Zalkind erwähnte Kollontai kritisch in seinen *Zwölf sexuellen Geboten des revolutionären Proletariats*. Ihm wie anderen Sowjetideologinnen galt freizügige Sexualität als ungesunde Energieverschwendung, vor allem aber als unkommunistische Ablenkung von der Arbeit.[15] Entsprechend warf Zalkind Kol-

15 Eliot Borenstein hat diesbezüglich argumentiert, in der frühen Sowjetunion hätten in Wirklichkeit zwei sexuelle Revolutionen statt-

lontai vor, sie habe vergessen, darüber zu informieren, dass die Komsomolzin Genia Wasselowskaja in ihrer Geschichte *Liebe der drei Generationen*, die für sich die gleichen sexuellen Rechte in Anspruch nahm, die traditionell für Jungen galten, unter Satyriasis (dem männlichen Gegenstück zur Nymphomanie) leide.

Diese Geschichte Kollontais wurde ebenso einflussreich wie das Interview, das Clara Zetkin mit Lenin geführt hatte (Carleton 1997, 235). In den späten zwanziger Jahren löste sie zusammen mit ähnlichen Romanen von Bogdanow, Gladkow oder Ognew eine hitzige Debatte in der Zeitung des Komsomol, der *Jungen Garde* aus (vgl. Luke 1956). Auch hier konnten die Kritikerinnen einer ungehemmten Sexualität einen großen Einfluss geltend machen. Die meisten der als Fortsetzungen veröffentlichten Romane folgten selbst einer negativen Pädagogik, insofern ihre promiskuitiven Protagonistinnen ein unglückliches Schicksal ereilte. Dennoch identifizierten sich viele der Diskutantinnen mit ihnen. Obwohl die Sexualität der jugendlichen Komsomolzinnen nicht promisker geworden war, was Sheila Fitzpatrick anhand von vier zeitgenössischen statistischen Umfragen zeigt (1978, 280, kritisch Carleton 1997, 245), wurde der Diskurs von einer reaktionären Gegenkampagne gekontert, an der auch das Interview mit Lenin seinen Anteil hatte. »Freie« Sexualität wurde dabei nicht nur für die Ausbreitung von Krankheiten verant-

---

gefunden, eine der sexuellen Libertinage und des Hedonismus und eine der revolutionären Askese (Borenstein 2000, 9, auch Carleton 2004). Letztere sollte sich, laut Richard Stites, zum »›sexuellen Thermidor‹« – so bezeichnet Stites den stalinistischen Rollback der dreißiger Jahre – auswachsen: »Die Thermidor-Stimmung wurde mit der Revolution geboren« (Stites 1978, 376). Doch lassen sich diese »zwei« (oder mehr) Revolutionen nur analytisch unterscheiden, weder institutionell noch zeitlich sind sie getrennt.

wortlich gemacht, sondern auch für sexualisierte Gewalt. Über eine Gruppenvergewaltigung im Jahr 1926 debattierte die Presse auch deshalb so intensiv, weil sich auf der Angreiferseite ein männlicher Komsomolze fand, dem eine Vertrautheit mit den Thesen Alexandra Kollontais unterstellt werden konnte (vgl. Naiman 1990, Carleton 1997, 248).

Kollontai hatte ihre Kritik der romantischen Liebe zwar nicht am Beispiel des Wasserglases, aber inhaltlich ähnlich in den *Thesen zu einer kommunistischen Moral in den ehelichen Beziehungen* entwickelt (Kollontai 1921). Darin forderte sie, sexuelle Beziehungen nur nach dem Kriterium der Gesundheit der arbeitstätigen Bevölkerung und der Entwicklung solidarischer Bindung innerhalb des Kollektivs zu beurteilen: »Der Sexualakt darf nicht als etwas beschämendes und sündhaftes angesehen werden«, schrieb sie, »sondern als etwas ebenso natürliches wie die anderen Bedürfnisse gesunder Organismen. Wie Hunger und Durst. Solche Phänomene lassen sich nicht als moralisch oder unmoralisch bewerten« (Kollontai 1921, 5). Wie um Lenins hygienistische Metaphorik zu entkräften, argumentierte Kollontai, der proletarische Staat dürfe nur dann in sexuelle Beziehungen intervenieren, wenn sie der Gesundheit schadeten. Ähnlich wie vor ihr bereits August Bebel in seiner einflussreichen Schrift *Die Frau und der Sozialismus* warnte Kollontai vor den gesundheitlichen Folgen von zu frühem und zu exzessivem Sex (Bebel 1979 [1879], 81). Mit der von Bebel übernommenen quasi-naturwissenschaftlichen Argumentation konnte sie für eine sexuelle Moral plädieren, deren Normen gegenüber der Frage monogamer oder polygamer Beziehungsmodelle indifferent blieben. Gleichzeitig privilegierte sie über eine weitere biologistische Zusatzannahme die romantische Liebe. Es sei bewiesen, schrieb sie, dass die Gesundheit eines Kindes vom psychologischen Zustand der Eltern beim Zeugungsakt abhinge. Deswegen verwerfe die kommunistische Gesellschaft Beziehungen, die einzig auf körperlicher oder einzig auf intellektueller Anziehung basierten (Kollontai 1921, 5).

In *Die Liebe der drei Generationen*, ihrem einflussreichsten Text, spielt diese Argumentation allerdings keine Rolle, obwohl der Konflikt um die wahre emanzipatorische Sexualmoral das Zentrum des Buches bildet. Er wird dort als Generationenkonflikt zwischen Großmutter, Mutter und Tochter inszeniert, drei politischen Menschen, deren zeitspezifische Emanzipationsmodelle zu denen der vorangegangenen oder nachfolgenden Generation in Konflikt geraten. Marja Stepanowna, die Älteste, entstammt der vorrevolutionären Zeit, als Liberale ist sie politisch den Narodniki verbunden. Olga Sergejewna Wasselowskaja, die Mittlere, repräsentiert die Revolutionsgeneration, der auch Kollontai angehört, sie wird erst Marxistin, später »steinharte (sic!) Bolschewistin« (ebd., 17). Genia Wasselowskaja schließlich, die Jüngste, erfährt ihre eigentliche politische Sozialisation erst nach der Revolution, als Komsomolzin. Das von Kollontai zur Verfügung gestellte Modell erlaubt eine materialistische Epochalisierung von Geschlechtlichkeiten. Weit davon entfernt, lediglich drei Unterarten des einen Typus »Frau« zu sein, stellen die drei Figuren drei verschieden vergeschlechtlichte Subjektivitäten dar, in denen Affektivität, Arbeit, Politik, Ethik, Lust etc. unterschiedlich zueinander angeordnet sind. Anschließend an Andrea Maihofers Vorschlag, Geschlecht über Kategorien wie Ethnie, Klasse, subkulturelle Zugehörigkeit und Mode weiter auszudifferenzieren (Maihofer 1995, 96f.), lässt sich auch Temporalität bzw. Generationalität als vergeschlechtlichende Kategorie verstehen. Eine proletarische, weiße, linke Weiblichkeit im ersten Jahrzehnt des 20. Jahrhunderts lässt sich dann von einer proletarischen, weißen, linken Weiblichkeit der zwanziger Jahre absetzen. Kollontais eigene theoretische

Untersuchungen in *Die neue Moral und die Arbeiterklasse* (1977 [1918]) sprechen dafür, dass etwa der Subjektivitätsmodus des Sichaufopferns einer frühen bürgerlichen Epoche angehört, während die fordernde (oder »hysterische«) Frau bereits Ausdruck eines bürgerlichen Emanzipationsprozesses ist, wobei nur eine sprachliche Ungenauigkeit den Eindruck erweckt, es handele sich um Unterarten desselben Geschlechts, und nicht um verschiedene Geschlechter.

Abhängig von den herrschenden vergeschlechtlichenden Beziehungsweisen gestaltet sich auch die Emanzipationsperspektive. Marja Stepanowna, die Großmutter, verlässt ihren Ehemann, dem sie zwei Kinder gemacht hat, in dem Moment, in dem sie sich neu verliebt, zumal in jemanden, mit dem sie intellektuelle und politische Ideale teilt: »Sie war der Ansicht, dass die Rechte der Liebe stärker seien als die Pflichten der Ehe. Die Liebe war ihr etwas Großes und Heiliges, sie verstand nicht, mit Gefühlen zu spielen, und fand das auch unter ihrer Würde« (Kollontai 1992 [1923], 13). Unter den autoritativen Bedingungen staatlich-kirchlicher Gängelung, Einengung amouröser Beziehungen, ökonomisch fundierter Eheschließung usw. ist die Befreiung der Liebe ein naheliegendes Programm. Aber diese Liebe gerät im nächsten historischen Schritt bereits in den Verdacht, eine bürgerliche Ideologie, eine romantische Phantasie zu sein, die zur Gesellschaft der kapitalistischen Spaltungen gehört, nicht zur großen sozialistischen Gemeinschaft. In *Die Liebe der drei Generationen* entfaltet sich diese Kritik in zwei Etappen. Für Marja Stepanowna, die Älteste, garantiert Liebe noch die Einheit von Intellekt und Körper, Politik und Emotion; ein Ideal, dem sie auch dann die Treue hält, wenn diese Treue praktisches Unglück bedeutet. Als ihr Gatte sie betrügt, verlässt sie ihn augenblicklich und unerbittlich, obwohl sie ihn nie zu lieben aufhört – großes bürgerliches Trauerspiel. Olga Sergejewna, die Mittlere, bewegt sich zwischen zwei verschiedenen sexuell-romantischen Beziehungen, verweigert im Gegensatz zu ihrer Mutter aber die Entscheidung zwischen den als Typen aufgeschlüsselten Partnern, zwischen dem bolschewistischen Genossen auf der einen, dem politisch liberalen, aber sexuell attraktiven Geliebten auf der anderen Seite. Im Zentrum von Olgas libidinös geteilter Aufmerksamkeit steht bereits die Arbeit, jene Arbeit, ohne die sich keine sozialistische Subjektivität rekonstruieren lässt. Als sich der Konflikt zwischen den Geliebten zuspitzt, gibt sie zu erkennen, wem bzw. was die Liebe ihres Lebens gilt: »Zum ersten und einzigen Mal in meinem Leben [...] konnte ich mich nicht ganz und gar meiner Arbeit widmen ... Der Schmerz überwog alles.« (Ebd., 27) Bei Genia schließlich, der Jüngsten, sind die Beziehungsweisen der sexuellen Freundschaft und der politischen Gemeinschaft weitestgehend getrennt, nicht weil ihre sexuellen Beziehungen parteifremden Subjekten gälten, sondern weil deren affektive Bedeutung begrenzt ist. Auch sie hat mindestens zwei sexuelle Beziehungen, eine davon zu dem Mann ihrer Mutter, aber sie liebt keinen von beiden und versteht auch nicht das große Aufhebens, das Olga Sergejewna von dieser Beziehung macht. Sexuelle Besitzansprüche erscheinen ihr als Relikte der bürgerlichen Welt. Ihre affektive Aufmerksamkeit gilt der politischen Gemeinschaft. Sofern sie diese personalisiert, gilt sie einem regionalen Parteivorsitzenden, der eigenen Mutter und – Lenin. Letzterer erwiderte diese Liebe, wie gesehen, nicht. Die Anerkennung der Funktion der »Mutter« in der Sowjetunion darf jedoch nicht dazu verleiten, diese mit dem westlichen Mütterlichkeitsmodell (vgl. Speck 2012) zu verwechseln. Die Gattung muss reproduziert werden, doch die Erziehung der Kinder ist keine vergeschlechtlichte Privataufgabe. So berichtet auch Alexandra Kollontai in ihrer Autobiographie, dass sie ihr Kind für lange Zeit verlässt, ohne dies zu rechtfertigen oder auch nur zu kommentieren (vgl. Kollontai 1926). Ein Umstand, der in Autobiographien männlicher Menschen nicht weiter auffiele, bei weiblichen Menschen aber im Widerspruch zum ideologischen Mutterkult des Bürgertums, zumal des deutschen, steht.

In der Auseinandersetzung um Liebe und Sexualität und die Aufteilung affektiver Bindungen lässt sich eine historische Entwicklung von Geschlecht ausmachen, die von Kollontai als Teleologie präsentiert wird. Die Entwicklung führt zu immer größerer Emanzipation und damit zugleich zu immer weiterreichender Maskulinisierung. Olga Sergejewna, die Mittlere, bezeichnet die Ehefrau des liberalen Geliebten als ein »zerbrechliches, hübsches Püppchen in Spitzen und Pelzen«, die »zu dem Mann anbetend aufschaut« (ebd., 18). Im Gegensatz dazu beschreibt Olga sich selbst als weder hübsch noch geschmackvoll angezogen, als »schroff und ›unweiblich‹«, wobei sie zugleich weiß, dass ihr Partner sie »liebte, wie er seine niedliche, ihn vergötternde Frau nie geliebt hatte« (ebd., 21).[16] Dennoch gerät die bereits emanzipierte und also maskulinisierte Olga in einen Streit mit ihrer Tochter Genia, der sich an derem freien Sexualleben entzündet. Genia, die sich als verantwortungsvolle Kommunistin präsentiert, argumentiert, dass ihre sexuelle Aktivität sie nie zur Vernachlässigung der sozialistischen Pflichten verleitet habe. Schließlich habe sie, weil dies im Bürgerkrieg schwer machbar sei, kein Kind bekommen – wobei sie an der Abtreibung lediglich als störend empfand, dass sie dadurch für einige Zeit am Arbeiten gehin-

16 So beschreibt Arthur Koestler auch die deutschen Kommunistinnen der dreißiger Jahre: »Ihre Kleider und Gesichter machten einen absichtlich ungepflegten Eindruck, als verabscheuten sie das Bemühen, hübsch zu sein, als bürgerliche Konvention.« Er geht sogar so weit, zu behaupten, dass sich hieran unter den Bedingungen der Konspirativität Genossinnen erkennen ließen (Koestler 2005 [1949], 36ff.).

dert wurde. Um ihre Position intelligibel zu machen, greift Genia zu einer Analogie, die als entscheidender Einspruch gegen Lenins heterosexistischen Angriff auf die Glas-Wasser-Theorie gelesen werden kann:

> Sage mir offen, Mutter, wenn ich dein zwanzigjähriger Sohn wäre, der an der Front gewesen ist und überhaupt selbständig lebt, würdest du auch entsetzt sein, wenn er Verkehr mit Frauen hat, die ihm gefallen? [...] Würdest du auch über seine ›Moral‹ entsetzt sein? Also, warum gerätst du in Verzweiflung über meine ›Sittenlosigkeit‹? Ich versichere dir, *ich bin genau solch ein Mensch, wie es ein Bruder von mir sein könnte*. (Kollontai 1992 [1923], 38, kursiv B. A.)

Die »sexuelle Befreiung«, darauf machen diese Sätze aufmerksam, ist nicht so neu, wie von ihren Befürworterinnen, vor allem aber von ihren Gegnerinnen unterstellt. Es handelt sich vielmehr um die Universalisierung eines Rechtes, das einem Teil der Bevölkerung in mehr oder weniger verschwiegener Weise schon immer zugestanden wurde.[17] Der Prozess der Emanzipation meint genau diese Universalisierung männ-

17 Die Universalisierung wurde von heftigen Widerständen behindert. In einer Untersuchung von 1927, die klären sollte, warum immer noch mehr sogenannte junge Männer als junge Frauen dem Komsomol beitraten, wurde deutlich, dass »Mädchen« in Moskau und Umgebung nur über 169 freie Stunden in hundert Tagen verfügten, »Jungen« hingegen über 230 Stunden. Außerdem kamen zu Jungen erzogene Kinder über Militär oder Lohnarbeit mehr in den Kontakt zur Außenwelt, während als Mädchen erzogene Jugendliche sich für intellektuell ungeeignet hielten (Gorsuch 1996, 640ff.). Eliot Borenstein hat daran anschließend die Beobachtung gemacht, dass Geschlechtergleichheit für Frauen mit dem Begriff der Befreiung, für Männer hingegen mit dem der Selbstbeherrschung oder Selbstverleugnung *(self-denial)* verbunden war. Dadurch konnten männlich konstruierte Subjekte den Verzicht auf ihre männliche Macht, die Anstrengung, die es sie kostete, Frauen als gleichberechtigte Menschen zu behandeln, in den selbst männlichen Konzepten von Disziplin, Kontrolle und Willensstärke verhandeln (Borenstein 2000, 11).

licher Privilegien. Das zeigt sich auch an der Auseinandersetzung um die Affäre zwischen Genia und dem Partner ihrer Mutter. Während Genia zu ihrer Verteidigung sagt, sie liebe diesen gar nicht, antwortet Olga, sie könnte ihre Tochter verstehen, wenn sie wenigstens aus Liebe gehandelt hätte (ebd., 40ff.). Der schlechte deutsche Humor, der sich an kaum einer anderen Differenz abarbeiten zu können scheint als an der zweigeschlechtlichen, hat das Sprichwort geprägt, Frauen (gemeint sind heterosexuelle) rechtfertigten sich für Seitensprünge mit »Aber ich liebe ihn doch!«, Männer (heterosexuelle) hingegen mit »Aber ich liebe sie doch nicht!«. Auf dieser Achse ist Genia ein Mann.

In ihrem theoretischen Hauptwerk *Die neue Moral und die Arbeiterklasse* nahm Kollontai eine Analyse moderner Literatur vor, um den Typus einer »neuen Frau« herauszuarbeiten, der vermittels kapitalistischer Lohnarbeit in der Wirklichkeit entstanden war und von dort aus seinen Weg in die Romane gefunden hatte. Die neue »Frau« war immer eine arbeitende Frau und oft eine jener Arbeiterinnen, die mit »geschäftigen, männlichen Schritten die Trottoire bevölkern, auf der Suche nach billigen Stunden und schriftlichen Gelegenheitsarbeiten« (Kollontai 1977 [1918], 11). Die Transformation weiblicher Subjektivität verstand die Marxistin als Effekt der Transformation ökonomischer Tätigkeiten. Die Richtung dieser Transformation benannte sie explizit – und mit einer die Geschlechterbinarität dekonstruierenden Pointe – als maskulinisierend: »Die gegenwärtige kapitalistische Wirklichkeit bemüht sich [...] auf alle mögliche Weise, aus der Frau einen Typus zu machen, der dem Manne unvergleichlich näher steht als der Frau der Vergangenheit.« (Ebd. 45) Während die frühere »Frau« vermittels ihrer auch ökonomischen Abhängigkeit das gesamte Lebenszentrum in die Liebe verlegte, habe sie nicht verstehen können, warum es für »den Mann« noch eine ganze andere

Welt gab, die von Lohnarbeit und politischer Öffentlichkeit geprägt war, die ihn affektiv mindestens so wie die Liebe in Beschlag nahm, und zu der sie keinen Zugang hatte. In der Analyse Kollontais, die hierbei vor allem auf bürgerliche Frauen fokussierte, insofern weibliche Proletarierinnen ohnehin von Beginn an und teilweise bevorzugt in die industrielle Produktion einbezogen waren, öffnete der Zugang zur Lohnarbeit den weiblich vergeschlechtlichten Subjekten die Sphäre der Öffentlichkeit und transformierte ihre Subjektivität auch bezüglich der libidinösen Affekte. An die Stelle von »Verliebtsein, Leidenschaft, Liebe«, die nur vorübergehende Perioden darstellten, träten »die soziale Idee, die Wissenschaft, der Beruf, das Schaffen« (ebd., 36). Dabei offenbart die von Kollontai ausgedrückte Hoffnung – »Möge sie lernen, wie der Mann aus einem Liebeskonflikt nicht mit gebrochenen Flügeln, sondern mit gestähltem Herzen hervorzugehen« (ebd., 66) – ein weiteres Mal, dass Männlichkeit als unhinterfragtes Ideal der Emanzipation dient. Nur die Aneignung *bürgerlicher* Männlichkeit wird problematisiert (ebd., 45). Weder als patriarchale noch als koloniale wird die männliche Norm kritisiert. Eifersucht, Leidenschaft, »Unzivilisiertheit« sind Charakteristika weiblicher und Schwarzer Subjektivität; die männliche, weiße und proletarische Norm hingegen besteht in Disziplin, Affektbeherrschung, »Zivilisiertheit«.[18] Die subordinierten Eigenschaften werden als defizitär gefasst, die hegemonialen als progressiv. Die geschichtliche Bewegung, wie sie von Kollon-

18 »Eifersucht, Mißtrauen, die sinnlose ›Weiberrache‹, sind das nicht die typischen Eigentümlichkeiten der Frau der Vergangenheit? [...] Selbstverständlich tritt die Eifersucht auch als Tragödie der männlichen Seele auf. Aber für seinen Othello hat Shakespeare keinen disziplinierten, zivilisierten Engländer, keinen intelligenten, verfeinerten Venezianer gewählt, sondern einen von Leidenschaften beherrschten *Mohren*« (ebd., 28, Markierung B. A.).

tai gefasst wird, zielt auf die Ersetzung der einen durch die anderen. Damit befand sich die Theoretikerin ganz auf der Linie der sozialistischen Traditon.

Sexuelle und geschlechtliche Emanzipation wurde in der sozialistischen Theorie – von Engels über Bebel, Zetkin, Kollontai – im Rahmen einer Kritik der Familie artikuliert. Die vorbürgerliche wie die bürgerliche Familie gilt als Produktionseinheit, die auf Grundlage einer auch geschlechtlichen Arbeitsteilung die für die Reproduktion ihrer Mitglieder notwendigen Lebensmittel bereitstellt: Nahrung, Kleidung, Sorge, Aufzucht, Pflege usw. In dem Moment, in dem die Industrie Textilien, Nahrungsmittel, Werkzeuge billiger zur Verfügung stellen kann, in dem Wäschereien schneller arbeiten als Heimarbeiterinnen und staatliche Schulen die Ausbildung übernehmen, verliert die Familie zentrale »produktive« Funktionen und gerät in eine Krise, die durch die Zunahme weiblicher Lohnarbeit zugleich eine Krise der patriarchal hierarchischen Arbeitsteilung ist. In klassisch teleologischer Perspektive besteht die Aufgabe des Sozialismus darin, die bereits im Kapitalismus einsetzende Tendenz des Absterbens der Familie und des in ihr institutionalisierten Sexismus zu vollenden durch die Vergesellschaftung bzw. die Verstaatlichung ihrer verbliebenen gesellschaftlichen Funktionen (vgl. Gilman 1903). Wenn Kinder von großen demokratischen und antiautoritären Institutionen aufgezogen werden, Essen nicht mehr in Kleinküchen, sondern in öffentlichen Kantinen zubereitet wird, Alte und Kranke nicht länger von sogenannten Angehörigen gepflegt werden und die Reinigung der Wohnungen nicht mehr privat organisiert wird, dann ist die Familie gänzlich überflüssig und stirbt ab. Und mit ihr die geschlechtliche Arbeitsteilung, also die materielle Grundlage der Geschlechterdifferenz samt der auf Aneignung unbezahlter Reproduktionsarbeit basierenden sexistischen Ausbeutung. Statt sich lange – wie der bürgerliche Feminismus – um Veränderungen innerhalb der Familie zu bemühen, proklamiert der materialistische direkt deren Abschaffung: »Unsere Aufgabe besteht nicht darin, nach Gerechtigkeit in der geschlechtlichen Arbeitsteilung zu streben. Unsere Aufgabe besteht darin, Männer und Frauen von der Arbeit im Kleinfamilienhaushalt zu befreien.« (Preobraschenski, zitiert nach Goldman 1993, 6.) Dadurch würden, ohne den Umweg über Theorien somatischer Konstruktionen, symbolischer Ordnungen oder diskursiver Vermachtung, neue Beziehungsweisen entstehen: »Sobald das Wäschewaschen durch eine öffentliche Wäscherei erfolgt, die Verpflegung durch ein öffentliches Restaurant, das Nähen durch eine öffentliche Näherei, [...] würde die Verbindung zwischen Ehemann und Ehefrau von allem Externen und Zufälligen befreit. [...] Neue Beziehungen [...] ohne Zwang« würden sich entwickeln (Trotzki, zitiert nach ebd.). Das Problem dieser Konzeption wird spätestens dann deutlich, wenn die als Verstaatlichung konzipierte Vergesellschaftung der Hausarbeit aufgrund ökonomischer Umstände nicht gelingt, weil sich öffentliche Speisung, Reformheime, Kindertagesstätten usw. als Sozialausgaben artikulieren, an denen der sozialistische Staat wie jeder kapitalistische zuerst kürzt (vgl. Goldman 1993, 97). Dann liegt, weil die geschlechtliche Arbeitsteilung nicht als geschlechtliche ausreichend fokussiert wurde, die Familie als kostengünstige Alternative – zumindest übergangsweise – wieder nahe. Selbst nach gestiegener Produktivkraftentwicklung blieb der nicht vergesellschaftete Rest, der an notwendiger Arbeit bis zur totalen Robotisierung noch anfällt, in der Hauptsache sogenannten Frauen überlassen.[19]

19 So findet sich beispielsweise in einer ungarischen »Frauenzeitschrift«

Eine androzentrische Matrix vorausgesetzt, liegt der Grund dafür in der Abwertung jener notwendigen Arbeiten, die als reproduktiv gefasst werden. Diese gelten als rückständig, stumpf, unwissenschaftlich-irrational, unproduktiv-repetitiv und – größtmögliches Schimpfwort – kleinbürgerlich (Reuschling 2010). Auch Lenin polterte in dem Interview, das er Clara Zetkin gab, gegen die »kleinliche, eintönige, kraft- und zeitzersplitternde und verzehrende Arbeit im Einzelhaushalt«, an welcher die Frauen verkümmerten, so »dass ihr Geist dabei eng und matt, ihr Herzschlag träge, ihr Wille schwach wird« (Lenin, zitiert nach Zetkin 1985 [1925], 86). So wenig sich diese Kritik der Hausarbeit abweisen lässt, so erstaunlich ist doch andersrum, dass im Kontrast dazu die Lohnarbeit, zumal die diszipliniert-militarisierte, in solch glänzendem Licht, als abwechslungsreich und befreiend erscheint. Und erstaunlich bleibt, innerhalb eines egalitären Rahmens, dass eine stumpfe, rückständige Arbeit entweder vom Staat verüberflüssigt wird oder von einer traditionell hierfür bereitgestellten Gruppe – Frauen genannt – erledigt werden muss. In August Bebels *Die Frau und der Sozialismus* (Bebel 1979, 381) sollte sogar die als

---

aus den achtziger Jahren, die in der DDR übersetzt und publiziert wurde, ein Artikel, der sich der Frage widmet, wie die geschlechtliche Arbeitsteilung bezüglich der häuslichen Reproduktionsarbeit organisiert werden solle. Der bloße Umstand, dass es die »junge Generation« sein soll, welche die Forderung nach Gleichheit akzeptiert, während der »alten Generation« für ihre traditionelleren Auffassungen Verständnis entgegengebracht wird, offenbart in der Form eines transhistorischen Generationenmodells (alt=konservativ, jung=progressiv) eine Geschichtsvergessenheit, die schreien wollen macht. Der Schrei gälte der Gründlichkeit der stalinistischen Konterrevolution, die ebenso wie sie Gesichter und Namen aus Gegenwart und Vergangenheit löschte, auch das geschlechtlich und sexuell emanzipatorische Erbe der Revolution unter einer Schuttdecke des Vergessens begrub, die nur 1956 und 1968 zumindest teilweise abgetragen werden konnte.

Lohnarbeit reorganisierte Reproduktionsarbeit weiter von weiblich vergeschlechtlichten Arbeiterinnen übernommen werden (weiblichen Krankenpflegerinnen, Pädagoginnen, Wäscherinnen usw.). Dies war bei Kollontai explizit nicht der Fall, und auch Lenin erwies sich diesbezüglich als der undogmatische, antiökonomistische Denker, der er als praktischer Revolutionär auch immer gewesen ist. Seine Hauptattacke galt den männlichen Genossen, die es als »gegen ›das Recht und die Würde des Mannes‹« betrachteten, in Anführungszeichen gesetzte »Weiberarbeit« zu verrichten. Lenins Schlussfolgerung, die sozialistische Frauenarbeit schlösse »ein gutes Stück Erziehungsarbeit unter den Männern mit ein«, wurde zwar von den Bolschewiki ebenso geteilt, wie die Forderung, »Männer« sollten »Frauen« im Haushalt »*helfen*«, immer wiederholt wurde, sie nimmt aber in der sozialistischen Emanzipationstheorie keinen systematischen Stellenwert ein. Emanzipation wurde hauptsächlich über Staat und Lohnarbeit konzipiert, sie enthielt damit gleichzeitig eine unhinterfragte Norm, die vorgab, in welche Richtung die Entwicklung zu gehen hatte: »Nur ein eigener Lohn würde Frauen ökonomische Unabhängigkeit sowie Zugang zur breiteren öffentlichen Welt verschaffen. Damit Frauen ökonomisch und psychologisch befreit werden konnten, mussten sie mehr wie Männer, genauer gesagt, mehr wie männliche Arbeiter werden« (Goldman 1993, 11). Tatsächlich erweckte der traditionskommunistische Emanzipationsdiskurs so den Eindruck, er wolle das Patriarchat zwar nicht mit einem juristischen Verbot, wohl aber mit der sozialen Abschaffung von Weiblichkeit bekämpfen. Die Gleichheit, die er meint, ist die Gleichheit mit einem männlichen Universellen (vgl. Tirado 1994, 240, Brie 2004, 313). So sah Ossip Mandelstam die Revolution von einem Ideal perfekter Männlichkeit geprägt und sein Kollege Platonow schrieb 1920 über die kommunistische Gesellschaft, sie sei »ihrem Wesen nach eine Gesellschaft der Männer« (zitiert nach Borenstein 2000, 9f.).

In der frühen Sowjetunion wurden Geschlechter als im Sinne des Fortschritts aufeinanderfolgende Stadien menschlicher Entwicklung konzipiert, von denen die eine durch die andere zu überwinden sei. Der sozialistische Diskurs verknüpft sich mit Produktion, nicht mit Reproduktion, mit Stadt und Industrie, nicht mit Dorf und Landwirtschaft, mit Partizipation im geschichtlichen Prozess, nicht mit der vermeintlichen Ahistorizität des Haushalts.[20] Weiblichkeit wurde so als Rückständigkeit entziffert, der gegenüber Männlichkeit einen Fortschritt bedeutet, an dem die ganze Menschheit partizipieren können sollte. Dafür musste Geschlecht als Kontinuum konzipiert sein. In dieser Hinsicht knüpft die sozialistische Geschlechterkonzeption, die der bürgerlichen Geschlechterdichotomie entgegengestellt ist, an ein vorbürgerliches Verständnis von Geschlecht an. In seiner genealogischen Studie *Auf den Leib geschrieben* zeigt Thomas Laqueur, dass die Annahme zweier distinkt geschiedener, biologisch-medizinisch fundierter Geschlechtskörper erst mit der bürgerlichen Gesellschaft entsteht, während zuvor ein »Ein-Geschlechts-Modell« vorherrschend war. Innerhalb dessen galten Männlichkeit und Weiblichkeit – auch in ihren körperlichen Erscheinungsformen – lediglich als Pole eines Kontinuums. Die phänotypische Ausformung eines Körpers wurde dabei als – im Wortsinne – Aggregatzustand verstanden; die äußerliche

---

20 Weibliche Arbeiterinnen wurden mit der Herkunft vom Land assoziiert, was sich auch in der Repräsentation ausdrückte. In den Emblemen und Symbolen der sozialistischen Bewegung tauchten Frauenfiguren selten als Industriearbeiterinnen, weitaus häufiger als nationale Figuren und Bäuerinnen auf (Figes/Kolonitskii 1999, 110).

Beschaffenheit war Ausdruck der Temperatur der in ihm fließenden Säfte und galt somit als prinzipiell veränderbar: Eine Vulva wurde in androzentrischer Perspektive als nach innen gestülpter Penis begriffen, der aber auch nach außen gekehrt werden könnte. Aderlässe, die »männliche Menstruation«, waren dementsprechend medizinische Techniken zur Regulierung der Körpertemperatur. Außerhalb einer essentialistischen Matrix fungierte die patriarchale Logik als Vektor im geschlechtlichen Kontinuum, der die verschiedenen Körperformen als verschieden hoch entwickelte Stufen des einen Körperwesens hierarchisierte. Der weiblich genannte Körper war somit eine lediglich unvollkommenere Erscheinungsform des männlich genannten (vgl. Laqueur 1996, Duden 1991, Honegger 1991, Hausen 1976).[21] Obwohl der sozialistische Diskurs als materialistischer eine Vielzahl der Annahmen des bürgerlich-medizinischen Geschlechterdispositivs übernimmt, wirkt er auf sozialer Ebene wie eine Reformulierung genau dieser vorbürgerlichen Geschlechtskonzeption. Das hierar-

---

21 Einiges spricht dafür, dass das auf dem russischen Land bis ins 20. Jahrhundert hinein herrschende Bild vom Geschlechtskörper dem westeuropäischen vor der Renaissance entsprach. Dan Healey berichtet von einer/einem Bäuer_in, der/die aufgrund eines sehr männlichen Verhaltens – Rauchen, familiäre Dominanz, sexuelle Potenz – zwischen 1886 und 1887 fünfmal auf Zeichen eines körperlichen Hermaphroditismus hin untersucht wurde, wobei die medizinischen Befunde jedes Mal eine »Vergrößerung der Klitoris« verneinten. Während die Bäuerinnen, zumal jene Frauen, die mit ihr/ihm Sex gehabt hatten, weiterhin darauf beharrten, dass Schaschina »doppelt ausgestattet« sei: »Mehrere ihrer weiblichen Liebhaber sagten, sie hätten gespürt, wie ein Geschlechtsteil in ihre Vagina eingedrungen sei und sie hätten dieses angefasst und sogar gesehen, wie es aus Schaschinas Genitalspalte herausgewachsen sei« (Healey 2001, 65 f.). Der Körper ist hier weniger Ursache einer geschlechtlichen und sexuellen Performanz, sondern andersherum deren Wirkung. Deswegen entsteht der Penis auch nicht im Labor, sondern während eines spezifischen sexuellen Aktes.

chisierte Kontinuum, das in der Ständegesellschaft mit religiös-kosmologischer Legitimation Status-Plätze im sozialen Raum anwies, wird im marxistischen Diskurs auf eine evolutionäre Zeitachse transponiert und mit einem egalitären Gleichheitsideal kombiniert. Die Privilegierung von Männlichkeit als höher entwickelter Form des Menschlichen bleibt erhalten; diese wird jetzt allerdings als universell zugänglich proklamiert – eine Bewegung, die nur innerhalb des geschlechtlichen Kontinuums, nicht aber innerhalb der essentialisierten Geschlechterdichotomie denkbar ist. Das sozialistische Emanzipationsmodell übernahm das liberale Versprechen der Brüderlichkeit, befreite es aber von dessen partikularistischer Beschränkung, die brüderliche Gleichheit als Gleichheit von Brüdern fasst. Der androzentrische Universalismus kann theoretisch reibungslos – praktisch sehr reibungsvoll – Frauen integrieren – aber eben keine Weiblichkeit. Tatsächlich war die kommunistische Gesellschaft nicht, wie Platonow meinte, eine Gesellschaft der Männer, sondern eine Gesellschaft der Männlichkeit. Die geschlechtliche Bewegung der Revolution von 1917 ist eine Bewegung universeller Maskulinisierung. Alle Menschen wurden Brüder – wenn auch in den seltensten Fällen warme.

Sphären des gesellschaftlichen Geschlechts

Als Olga Sergejewna Wesselowskaja, die Hauptfigur aus Kollontais Erzählung *Liebe dreier Generationen* zum ersten Mal zu der Ich-Erzählerin Kontakt aufnimmt, die eine große Ähnlichkeit mit der Autorin aufweist, ist es vermittels eines Briefes. Der Brief ist als ›persönlich‹ markiert und, so schreibt Kollontais Erzählerin, »›persönlich‹ bedeutet bei meinen Briefschreiberinnen gewöhnlich: Mitteilung einer Ehetragödie«

(Kollontai 1992 [1923], 7). Damit ist bereits die Fortführung einer bürgerlich hierarchisierenden Spaltung gesellschaftlicher Sphären entlang der Linie öffentlich/privat angekündigt, die sich auf den ersten Seiten des Briefes verstetigt. Olga Wesselowskaja berichtet, sie sei als tüchtiger Arbeitsmensch bekannt, der noch dazu den Ruf habe, nüchtern und pedantisch zu sein, weshalb kaum vorstellbar sei, dass sie in ihrem Alter – 43 – noch eine »Weibertragödie« (Anführungszeichen im Original) durchmache, eine »vaudevilleartig banale, hässlich triviale und deshalb ganz besonders schmerzliche und kränkende Tragödie« (ebd., 9). Ehe und Weiber werden nicht nur durch eine Reihe von Attributen abgewertet, von denen die Tragödie noch die harmloseste ist, sondern auch explizit mit der (Lohn-)Arbeit kontrastiert, die durch diese Gegenüberstellung zugleich als männlich markiert wird. Die Spaltung des Sozialen in eine private und eine öffentliche Sphäre ist keine Besonderheit des sowjetischen Russlands, verlangt aber nach Erklärung, »in einem revolutionären Kontext, der ansonsten der Geschlechtergleichheit verpflichtet ist« (Gorsuch 1996, 638). Tendenziell nämlich sollte hier die traditionell bürgerliche Aufspaltung geschlechtlicher Sozialsphären in einer alle Tätigkeiten umschließenden Öffentlichkeit (vgl. Kößler 2010) aufgehoben werden. Wo die geschlechtliche Sphärentrennung weiterexistierte, tat sie dies allerdings nicht nur als Überrest der »alten Welt«, der noch nicht hatte abgeschüttelt werden können, sondern auch innerhalb eines neuen, revolutionären Rahmens. »Politik, Kameradschaft und Alkohol, die allesamt von den Bolschewiki als typisch proletarische Eigenschaften angesehen wurden«, gehörten zur männlichen Sphäre, während »Familie und Hauswirtschaft, die von den Bolschewiki als ›kleinbürgerliche‹ Angelegenheiten angesehen wurden«, der weiblichen Sphäre zugeordnet waren (Fitzpatrick 1989, 278). Die Konstruktion dieser beiden hierarchisierten Sphären – der Öffentlichkeit von Kneipe und Politik auf der einen, der Privatheit von Haushalt und Familie auf der anderen Seite – wurde im revolutionären Vokabular auf einer teleologischen Achse aufgetragen: »Durch ihre Assoziation mit dem Privaten galten Frauen als Verkörperung der Gefahren einer reaktionären Vergangenheit« (Gorsuch 1996, 644). Das Private repräsentiert die Vergangenheit, die Sphäre der öffentlichen Arbeit steht für die Zukunft. Weder die räumliche Aufteilung des Kapitalismus noch die zeitliche Aufteilung des Sozialismus ist dazu angetan, ein Überschreiten der Grenzen zu verhindern. Für Menschen, die sich zwischen ihnen bewegen, erzeugt die Aufspaltung der Sphären einen Widerspruch. Die Hierarchie der beiden Sphären drückt sich darin aus, dass der Widerspruch zwischen ihnen als einer zwischen Mensch und Frau erscheint. Dieser hierarchischen Spaltung suchte Kollontai mit einer frühen Form feministischer Sprachkritik beizukommen, indem sie von »Weib-Menschen« und »Mutter-Menschen« schrieb, als wollte sie unterstreichen, dass es sich bei Weiblichkeit lediglich um ein Attribut eines universell menschlichen Wesens handele (vgl. Kollontai 1977 [1918], 8). In der Erzählung *Liebe dreier Generationen* wird dieser Widerspruch am sichtbarsten in eben jenem Eröffnungsmoment, in dem Olga Wesselowskaja auf die Ich-Erzählerin trifft, die nicht imstande ist, »sie, die einen so verantwortungsvollen Posten in der staatswirtschaftlichen Verwaltung einnahm, mit dem Bild einer Frau zu vereinen, die mir ihre Beichte geschrieben hat« (Kollontai 1992 [1923], 32). Folgende Gegenüberstellung ergibt sich: auf der einen Seite die »Beichte« einer »Weibertragödie«, »vaudevilleartig banal, hässlich trivial … schmerzlich … kränkend«, auf der anderen Seite der »verantwortungsvolle Posten in der staatswirtschaftlichen Verwaltung«, dessen Inhaber durch die Attribute »zurückhaltend, ruhig, wortkarg, bescheiden« gekennzeichnet ist, in denen sich die männliche Norm doppelt artikuliert, zum einen als Selbstkontrolle und Sprachmacht, die der weiblichen emotionalen Geschwätzigkeit kontrastiert sind, zum anderen als Unauffälligkeit, als Unmarkiertheit. Was die Ich-Erzählerin dabei in Form ihrer eigenen Subjektivierung in der frühen Sowjetunion »beichtet«, ist die Unfähigkeit, beide Seiten zu verbinden. Es handelt sich um das gleiche Thema, das bis in die bürgerliche Gegenwart hinein nicht aufgehört haben wird, als »Vereinbarkeit von Familie und Beruf« wiederzukehren. Das bolschewistisch-sozialistische Modell sieht die Auflösung des Widerspruchs durch die Auflösung einer der beiden Sphären vor – und zwar der traditionell subordinierten, also weiblichen. Folgen wir der teleologischen Linie, die Kollontai in klassischer Drei-Stufenfolge via Generationen eröffnet, so wird die Transformation von Subjektivität in Richtung von Arbeit, Partei, Wissenschaft die als »irrational« markierten Bereiche von Affektivität absterben lassen, die das Tragödienhafte und also Weiberhafte der Weibergeschichte ausmachen. Genia Wasselowskaja, Repräsentantin des neuen, postrevolutionären Menschen, bringt das auf den Punkt: »Ich will nicht so lieben, wie Mutter geliebt hat ... Wann soll man da arbeiten?« (Kollontai 1992 [1923], 48)

Worum es hier zunächst geht, ist, dass Menschen, die darauf festgeschrieben werden, ihr Selbstbewusstsein aus der Liebe zu anderen Menschen zu ziehen – Weiber eben –, befähigt werden, sich von dieser libidinösen Aufopferung zu distanzieren, um sich zu emanzipieren. Es geht in der Aneignung männlicher Eigenschaften durch Menschen, denen diese Affekte und Fertigkeiten vorenthalten wurden, um ein Moment antipatriarchaler Ermächtigung. Darum, dass die Frau »die verrosteten Ketten ihres Geschlechts zerreißt«. (Kollontai 1977 [1918], 26) Problematisch ist diese Egalisierung in ihrer traditionellen Eindimensionalität. Die Abwertung der »Weibertragödie« ist nämlich nicht universell konzipiert, insofern nur von »Weibern« verlangt wird, solche Tragödien nicht mehr zu produzieren, nicht aber andersrum von »Kerlen«, tragischer zu werden. So kann die soziale Dialektik nicht deutlich werden, die der eingeschränkte Rahmen heterosexueller Zweigeschlechtlichkeit konstituiert: Idealisierte männliche Unabhängigkeit basiert auf der verworfenen weiblichen Abhängigkeit, männliche Rationalität auf der weiblichen Emotionalität – und andersherum. Unter der Bedingung heterosexueller Beziehungsweisen braucht es somit eine Veränderung beider Seiten, um das System im Ganzen zu transformieren (vgl. Butler 1991). Aus dieser Perspektive lassen sich auch verschiedene, logische wie historische, Formen ausmachen, den Widerspruch der getrennten Sphären zu kritisieren: entweder, indem die Subordination der einen unter die andere Sphäre kritisiert und für eine Gleichwertigkeit des Verschiedenen plädiert wird (Differenzfeminismus), oder indem für alle Menschen Zugang zu der begehrten, weil höher bewerteten Sphäre gefordert wird (Gleichheitsfeminismus). Eine dritte Perspektive besteht darin, die Sphären selbst in ihrer Spaltung zu überwinden (Queerfeminismus). Wie sähe Politik in einer Welt aus, in der Alexandra Kollontai sich nicht außerstande sähe, einen Menschen, der einen »verantwortungsvollen Posten« in der »staatswirtschaftlichen Verwaltung« einnimmt, mit der »Beichte« von »Weibergeschichten« zu vereinen?

Im Rahmen von Kollontais Emanzipationsmodell lässt sich diese Frage allerdings kaum formulieren. Sie wird bereits durch das Verhältnis, in das ihre marxistische Geschichtsphilosophie die reale geschichtliche Bewegung mit deren normativen Bewertung setzt, verstellt. Tangential nämlich werden beide Seiten über die Figur des Fortschritts als identisch gesetzt:

> Die [der Frau] durch Jahrhunderte anerzogenen weiblichen Tugenden: *Passivität, Ergebenheit, Nachgiebigkeit, Weichheit*, erwiesen sich als völlig überflüssig, untauglich und schädlich. Die harte Wirklichkeit fordert von den selbständigen Frauen andere Eigenschaften: *Aktivität, Widerstandsfähigkeit, Entschlossenheit, Härte*, d. h. die Eigenschaften, die bisher als Kennzeichen und Vorrecht der Männer angesehen wurden. Der gewohnten Bevormundung durch die Familie beraubt, war die aus dem warmen Nest plötzlich auf die Bahn des Lebens- und Klassenkampfes geschleuderte Frau gezwungen, sich zu bewaffnen und zu panzern mit den *physischen Eigenschaften*, die der *Mann, ihr besser für den Lebenskampf ausgerüsteter Kamerad*, besitzt. (Ebd. 45, kursiv B. A.)

Nicht nur Ergebenheit, sondern auch Passivität, vor allem aber Nachgiebigkeit und Weichheit werden als überflüssig, unnütz, schädlich »erwiesen«, wobei der Beweisführung der »Wirklichkeit« von der Theorie kein Widerspruch entgegengesetzt wird. Die Konstruktion eines neuen Menschen erfolgt an der Realnorm des Kampfes, welcher – das ist eines der bereits am Revolutionsfetisch verfolgten Hauptprobleme – nicht mehr als notwendiges Mittel gewusst wird, sondern sich selbst zu einem Zweck auswächst, der keinerlei zeitliche und damit präventiv institutionelle Begrenzungen mehr braucht. Der antiimperialistische Kriegsgegner Trotzki ging sogar so weit, die »in ihrem Realismus fürchterliche Schule des Krieges« zu begrüßen, »die einen neuen Menschentypus ausbildet«. (Trotzki 1990b [1920], 62)

Von heute aus lässt sich sehen, dass die Russische Revolution nur in wenigen Momenten fähig war, Geschlecht als historisch gewordenen Reichtum in beschränkt aneigbarer Form zu erkennen, als Ensemble an habituellen, affektiven, kognitiven, praktischen, epistemischen usw. Ressourcen, die von einer sich befreienden Menschheit angeeignet werden können. Alexandra Kollontai selbst formulierte diesen Gedanken, der im Widerspruch zu ihren sonstigen Schriften steht, in ihrem

Dritten Brief an die arbeitende Jugend, der 1923 in der Zeitschrift des Komsomol veröffentlicht wurde. Dort heißt es:

> »Um eine neue Kultur und eine eigene Ideologie herauszuarbeiten, kann und darf sich die arbeitende Menschheit nicht nur die einseitige männliche Einstellung zu Lebensproblemen und -ereignissen zu eigen machen, wie das in der bürgerlichen Gesellschaft war.« Vielmehr müsse diese neue Kultur und Ideologie »geistig-seelische Werte, die von beiden Geschlechtern herausgearbeitet worden sind, enthalten. (Kollontai 1979a [1923], 90)

Entsprechend forderte sie im folgenden, vierten Brief, dass das soziale Band der »Kameradschaft und Solidarität«, das die Mitglieder der kommunistischen Gesellschaft miteinander verbinden werde, nicht nur aus gemeinsamem Interesse gewebt werden dürfe, sondern auch aus »geistig-seelischem Zusammenhalt«. Letzterer beinhalte »Sensibilität, Mitgefühl, Verständnis« oder »kameradschaftliche Feinfühligkeit«, das heißt Fähigkeiten, die die bürgerliche Gesellschaft nur für die Ausbildung zur Frau vorsieht (Kollontai 1979b [1923], 177, 124). Es ist genau diese Position, die in der Revolution minoritär und marginalisiert blieb. Die Strömung, die sich durchsetzte, war jene einseitig männliche, die Kollontai hier kritisierte, in ihren sonstigen Texten aber mitgetragen hatte. Ein Sozialismus jedoch, der Weiblichkeit lediglich als defizitär konzipiert und sich ihrer für Männlichkeit, aber auch Gesellschaft im Ganzen konstitutiven Kraft nicht bewusst ist, wird sich mit dem Problem konfrontiert sehen, dass das, was er im Emanzipationsprozess in Form von Weiblichkeit abschafft, als Defizit der Gesellschaft wiederkehren wird. Auf materialer Ebene bedeutet die Abwertung von Weiblichkeit eine Abwertung von sozialer Abhängigkeit und affektiver Bindung. Im Vokabular der bolschewistischen Politik waren Beziehungsweisen nur als rationale über den Modus des Interesses geschlossene denkbar, während sich Konflikte lediglich durch

Ausschluss und Unterwerfung prozessieren ließen, nicht durch Kompromissschließung und Integration. Die sozialistische Revolution, die in marxistischer Linie eine zaristisch-feudale wie eine bürgerlich-kapitalistische Herrschaft verwirft, um sowohl die Produktion wie auch die Distribution des gesellschaftlichen Reichtums herrschaftsfrei, ohne Ausbeutung und Entfremdung, zu organisieren, verkennt den Reichtum, der in der historischen Gestalt Geschlecht aufgespeichert ist. Der in Form von Weiblichkeit akkumulierte Reichtum wurde jedoch, wie Silvia Federici argumentiert hat, auch deshalb ignoriert, weil er unentgeltlich erarbeitet worden war. Erst wenn diese unentlohnte Arbeit verweigert wurde, ließ sich ihr »Wert« erfahren, bis dahin wurde reproduktive Arbeit nicht nur vom Kapital, sondern auch von männlichen Arbeiterinnen »vergessen« (Federici 2012b, 105). Alexandra Kollontai sah neue Formen der Solidarität dort entstehen, wo heterosexuelle Frauen einander nicht mehr als Konkurentinnen, als »Nebenbuhlerinnen« um männliche Sexualobjekte betrachteten, sondern mit Respekt. Hierin zeige sich schon das »dem alten Typus fremde Gefühl der Kollektivität, der Kameradschaft in der Liebe« (Kollontai 1977 [1918], 29). Tatsächlich aber musste der von Kollontai paradigmatisch für die Bolschewiki unternommene Versuch, die mit Weiblichkeit verknüpfte Liebe mit einer gemeinschaftlichen Solidarität zu substituieren, fehlgehen, weil die Ressourcen sozialer Affektivität, die in der historischen Konstruktion Weiblichkeit aufbewahrt waren, verworfen wurden und nicht mehr zugänglich waren. Was so entstand, war keine kommunistische Gemeinschaft, sondern eine nach dem Vorbild des Militärischen geschaffene Kameradschaft. In Kollontais *Liebe der drei Generationen* zeigt sich dies unwillkürlich in der Anklage, die die Bolschewistin Olga Sergejewna gegen die Bolschewistinnen Genia und Andrei vorbringt:

> Aber hier ist doch gar nichts: nicht Liebe, nicht Leiden, nicht Reue … Kaltes Überzeugtsein von ihrem Recht und Bestätigung des Rechtes, Freuden zu pflücken, wo und wie man sie findet […] hier ist kein Funken von Herzenswärme, nicht einmal die elementarste Feinfühligkeit einem Menschen gegenüber, und keine Güte … Was sind das für Kommunisten?

Die Ich-Erzählerin kommentiert:

> Über diesen unerwarteten Schluss musste ich unwillkürlich lachen. Und Olga Sergejewna gestand, verlegen lächelnd, dass ihre Schlussfolgerung durch die Anklagen nicht begründet war. (Kollontai 1992 [1923], 41)

Das Lachen verweist auf eine Selbstverständlichkeit. Keineswegs sind die aufgezählten affektiven Qualitäten damit unvereinbar Kommunistin zu sein, sie geben andersrum eine recht präzise Beschreibung bolschewistischer Subjektivität ab. Bereits im 19. Jahrhundert galten russische Revolutionärinnen geschlechtsübergreifend als besonders »hart«, nicht zuletzt weil sie als »Terroristinnen« die Lösung der sozialen Frage in der Chemie (des Bombenbaus) sahen (Serge 1991 [1951], 21). Die Selbstzurichtung zur Härte, die sich von Tschernyschewskis »Was tun?« bis zu Netschajews »Revolutionärem Katechismus« verfolgen lässt, wurde von den Bolschewiki noch einmal bis zur Identitätsstiftung gesteigert. Schon die Spaltung der sozialdemokratischen Partei Russlands, aus der sie hervorgingen, wurde als eine Spaltung in die »Weichen« (Menschewiki) und die »Harten« (Bolschewiki) verstanden (Trotzki 1990a [1929], 149 ff.). Dementsprechend lauteten die beiden Lieblingswörter ihres Anführers Lenin auch »unversöhnlich und erbarmungslos« (ebd., 150). Lenins kolportierte Aussage, er könne keine schönen Opern hören, während der Bürgerkrieg von ihm Härte und Kälte verlange, enthielt jedoch noch ein Wissen um den Verzicht, das in der stalinistischen Epoche verlorengeht. Bereits im November 1917 wunderte sich der bolschewistische Bildungsminister Anatoli Lunatscharski, warum das Wort »Versöhnung« in den Ohren Trotzkis und Lenins einen so hässlichen Klang angenommen hatte (Rabinowitch 2010, 45), konnte sich mit seiner Skepsis jedoch kein Gehör verschaffen: »Versöhnler« sollte zu einem der beliebtesten Schimpfwörter des stalinistischen Russland werden.

Insofern Weiblichkeit in der Russischen Revolution verworfen wird, reproduzieren sich in dieser Emanzipationsgeschichte zentrale Momente der geschlechtlichen und sexuellen Begrenzungen und gewalttätigen Zurichtungen der heterosexistischen Matrix. Innerhalb dieser stellen Zwangsheterosexualität und Zweigeschlechtlichkeit bevölkerungspolitische Verarmungsprogramme dar, welche die Kombinationsmöglichkeiten sexuell-intimer Kontakte innerhalb der Bevölkerung um die Hälfte minimieren und zugleich Subjekte auf ein beschränktes Erlebnis- und Ausdrucksrepertoire fixieren. Innerhalb der bürgerlichen Gesellschaft vergeschlechtlichte Subjekte können laut Ideologie nur entweder zur Wut oder zur Trauer, zur Aktivität oder zur Passsivität, zur Befriedigung ihrer eigenen oder der Bedürfnisse anderer befähigt sein – ohne dabei je über die Wahlmöglichkeit zwischen dem einen oder dem anderen zu verfügen. Die revolutionäre Konstruktion von 1917ff. hebt die bevölkerungspolitische Verarmung auf, aber reproduziert sie als gesellschaftspolitische, insofern das Problem nun nicht mehr darin besteht, dass ein dualer objektiver Reichtum subjektiv immer nur halbiert angeeignet werden kann, sondern darin, dass die Halbierung bereits auf der Ebene des objektiven Reichtums geschieht. In diesem Sozialismus sind alle gleich, insofern sie gleich arm sind. Mit der Hierarchisierung geschlechtlicher Arbeiten werden die in der »Reproduktionsarbeit« ausgebildeten Fähigkeiten, Wissensarchive und Subjektivitäten gleich mit verworfen. Die bolschewistisch dominierte Revolution versäumte es, einen »Vorrat von ›Empfindungen gegenseitiger Sympathie‹ anzulegen«, wie Alexandra Kollontai noch 1923, gewissermaßen gegen ihre eigene zuvorige Politik, gefordert hatte (Kollontai 1979b [1923], 124). Damit blieb die Fähigkeit zu Fürsorge, Reproduktion, Zärtlichkeit, Abhängigkeit gesellschaftlich abgewertet.

Wie Tretjakows Milda demonstriert, verändert die transgeschlechtliche Bewegung des sowjetischen Sozialismus nicht lediglich das Verhältnis zwischen »zwei« Geschlechtern, sondern die geschlechtlichen sozialen Beziehungen bis in die somatische Subjektivität hinein. Der emanzipatorische Angriff auf traditionelle Weiblichkeit begrenzt zugleich die Möglichkeit der Konstruktion emanzipierter Beziehungsweisen.

> Vopitkis: Haben Sie Blumen gern? [...]
> Milda: Nein. Die Geschlechtsorgane der Pflanzen.
> Vopitkis: Sie sind ein schrecklicher Rationalist. Ein Blaustrumpf sind Sie.
> Milda: Besser als rosa.
> Vopitkis: Und Sie lieben das alles nicht? Die Natur, die Berge, Wasserfälle, Urwald.
> Milda: Am Wasserfall lieb ich die Turbinen. An den Bergen die Schächte, am Urwald Sägewerke und planmäßige Aufforstung.
> Vopitkis: Aber aus der elementaren Verwandtschaft der Menschen erwächst doch die Idee der Solidarität. Sie müssen ja Egoist sein.
> Milda: Die Idee der menschlichen Solidarität gibt es gar nicht. Was es gibt, sind gut ausgerüstete Fabriken. Den vernünftig geplanten Tag. Das Netz der Militärposten. Die Genauigkeit des Eisenfahrplans und den richtigen Kurs auf den Sozialismus.
> Vopitkis: Und die Seele. Das Zärtlichste und Innigste an der menschlichen Seele?
> Milda: Schämen Sie sich nicht, als Biologe solches Bonbonwasser über die Seele zu verspritzen? (Tretjakow 1976 [1926], 99)

Besser Blaustrumpf als rosa. Die Emanzipation von der traditionell mit Weiblichkeit assoziierten romantischen Bürgerlichkeit, die Bonbonwasser über Blumen und Seele verspritzt, erledigt die Idee der menschlichen Solidarität gleich mit. Auch wenn Milda diese rationalistische Härte damit rechtfertigt, dass wir »in keiner leichten Zeit« leben (ebd.), ist damit eine geschlechtliche Beschränkung der Emanzipationsbewegung des sowjetischen Sozialismus benannt, die weitreichende Folgen hat. Den herrschaftlichen Charakter der leitenden androzentrischen Normen bekommt Milda in Form eines ambivalenten Kompliments zu spüren: »Milda«, sagt ein Genosse zu ihr, »du bist in Ordnung. Gar nicht wie eine Frau« (Tretjakow 1976 [1926], 118).

Der Reichtum des Geschlechts lässt sich als ein Reichtum an Möglichkeiten – von Denk-, Erlebnis-, Arbeits-, kurz: von Existenzweisen – verstehen. In seiner Gesamtheit kann er nicht angeeignet werden, noch sollte er es. Es müssen Wahlen getroffen werden, weil vieles, wenn nicht das Allermeiste, was in der historischen Form des Geschlechts an kulturellem Reichtum akkumuliert wurde, im emphatischen Sinne ungenießbar ist und nur schwer von den Spuren der Gewalt seiner Hervorbringung getrennt werden kann. Diese Wahlmöglichkeiten jedoch werden vom traditionellen Sozialismus versperrt. Die bolschewistische Bewegung, die den Reichtum zur Bedingung der Freiheit erklärt, beschneidet gleichzeitig in ihrer begrenzenden Normierung den Reichtum gesellschaftlicher Möglichkeiten. Insofern sie die in der Sphäre der Reproduktion ausgebildeten affektiven und sozialen Fertigkeiten (= Subjektivitäten) wie die jene hervorbringenden Modi des Sozialen (= Beziehungsweisen) als rückständige verwirft, stehen ihr historisch gewachsene Weiblichkeiten nicht mehr als Reichtum der Revolution zur Verfügung. Als Ressource zur Verfügung stehen ihr vielmehr historisch gewachsene Männlichkeiten, aus deren Repertoire an Militarismus, Souveränismus, Kompromisslosigkeit, Erbarmungslosigkeit, kurz: Härte sich die bolschewistische Bewegung ausführlich bediente. Auf einer solch künstlich verknappten Basis fällt es schwer, die kommunistische Frage zu stellen, die sich im Moment der Revolution idealtypisch stellt: Wie wollen wir die Gesamtheit jener Arbeiten organisieren, die wir als notwendig anerkennen zur Befriedigung der Bedürfnisse, die uns befriedigenswert erscheinen? Die historischen Geschlechter samt der sie hervorbringenden Beziehungsweisen und der von ihnen hervorgebrachten Existenzweisen müssten dafür als gewordener Speicher affektiver, habitueller, intellektueller, praktischer Reichtümer verstanden werden, aus denen eine Gesellschaft im Prozess ihrer Befreiung wählen kann. Dies ist der Moment der Freiheit, den die Russische Revolution verfehlte, um etwa die Hälfte.

1968 – Differentielle Feminisierung

Vom Rande kommen. Das Auftauchen von 68

In seinen Thesen über den Begriff der Geschichte kritisiert Walter Benjamin die historistische Idee, die Chronistinnen einer spezifischen Epoche hätten sich alles, was sie über den späteren Verlauf der Geschichte wüssten, aus dem Kopf zu schlagen. Besser, resümiert Benjamin, sei das »Verfahren nicht zu kennzeichnen, mit dem der historische Materialismus gebrochen hat« (Benjamin 1992 [1940], These VII). Es handelt sich um ein Verfahren, das weder wünschbar noch überhaupt realisierbar ist. Rückblickend werden Teile der späteren notwendig zu Momenten der früheren Geschichte. In dieser Hinsicht steht das Geschichtsdatum 1917/1921 retroaktiv in einer vierfachen Konstellation mit späteren Geschichtsdaten, aus denen es sich nicht mehr herauslösen lässt: 1991, das Datum, mit welchem die 1917 begonnene Epoche durch den Untergang der Sowjetunion zu einem Abschluss kommt, markiert die letztliche *Niederlage* der Revolution, 1937, das Jahr, in dem die emanzipatorischen Tendenzen der Revolution auf dem Höhepunkt des stalinistischen Terrors beinahe vollständig in ihr Gegenteil verkehrt werden, steht für ihr *Scheitern* an der inneren Konterrevolution, 1941 bezeichnet mit dem Beginn des deutschen Vernichtungskrieges als einer äußeren Konterrevolution die Gefahr ihrer *Zerstörung*. Das Jahr 1968 schließlich, das selbst in vielfachen Konstellationen zu antikolonialen Befreiungskriegen, zur chinesischen wie zur jugoslawischen Revolution, zum ungarischen Aufstand wie zur US-amerikanischen Bürgerrechtsbewegung steht, stellt im Versuch einer solidarischen Fortführung der Impulse der Russischen Revolution eine *Alternative* zu ihr dar. Während der rekapitalisierende Untergang der Sowjetunion 1991 trotz bis zuletzt bestehender anderer Möglichkeiten (vgl. Klein 2013) als Ereignis erscheint, das mit einer gewissen Folgerichtigkeit aus der historischen Entwicklung hervorgeht, ist das Erstaunlichste an der sozialistischen Revolutionswelle von 1968, dass es sie überhaupt gegeben hat. Retrospektiv betrachtet, liegt zwischen 1917 und 1968 der Kern des 20. Jahrhunderts. Wer in ihn vordringt, muss zur Überzeugung kommen, dass alle Bewegungen nach der Russischen Revolution, die von der Hoffnung auf eine solidarische Welt getragen wurden, eigentlich hätten unmöglich sein müssen. *Erstens* aufgrund des Stalinismus, der vielleicht größten Tragödie in der Geschichte der Menschheit, die sich durch die historische Bewegung einer beinahe vollständigen Verkehrung auszeichnet: Verkehrung von Hoffnung in Enttäuschung, von Befreiung in Inhaftierung, von Solidarität in Misstrauen, von Gleichheit in Gleichförmigkeit, von Kollektivität in Uniformiertheit, von sozialer Sicherheit in politische Paranoia, von Vernunft in Irrationalität. Wie Thomas Flierl festgestellt hat, fanden sich die Ideale kollektiven Wohnens in den dreißiger Jahren nur noch in den Baracken der sowjetischen Zwangsarbeitslager realisiert (Flierl 2012). *Zweitens* aufgrund des Faschismus, vor allem des Nationalsozialismus, der den Stalinismus aufgrund seiner konsequenten Grausamkeit im kollektiven Gedächtnis vergessen machte. Das Projekt, das in den dreißiger Jahren in Deutschland zur Herrschaft kam, hatte in seiner Konsequenz nichts Tragisches, es hatte keine Hoffnungen geweckt, die es dann enttäuschte. Die selbstgestellte Aufgabe des Nazismus lautet, das Schlechte zu verschlechtern. Er erniedrigt die Schwachen, verstößt die Verlassenen, verrät die Verfolgten, ermordet die Kranken, vernichtet die Ausgeschlossenen. Er bekämpft nicht das Leid, sondern die Leidenden.

Wie war es 1968 möglich, an die 1917 gegebenen Versprechen anzuknüpfen, nachdem die innere Konterrevolution des Stalinismus sie so nachhaltig wie mörderisch desavouiert hatte? Ohne dass die Schmerzen des Stalinismus umfassend betrauert und aufgearbeitet worden wären? Wie konnte die Tradition eines freiheitlichen Sozialismus aktualisiert werden, nachdem die äußere Konterrevolution von Faschismus und Nazismus die sozialistischen Akteurinnen ermordet, ihre Institutionen zerschlagen, ihre Publikationen verbrannt hatte? Ohne personelle wie institutionelle Entnazifizierung? Woher konnte mitten in den Ländern des Poststalinismus, in den Ländern des Postfaschismus und Postnazismus, sogar in Deutschland, die Hoffnung auf Emanzipation kommen? Sie kam zu einem großen Teil von außen.[1]

Die Revolution von 1917ff. hatte – Lenins Imperialismustheorie bestätigend – am schwächsten Glied der imperialistischen Kette begonnen, zog sich durch Spanien, wo die Jahre 1918 bis 1920 das *Trienio Bolchevique* genannt wurden, und Italien, wo die Jahre 1919 und 1920 als *Biennio Rosso* in die Geschichte eingingen, durch Córdoba (Argentinien), wo es 1918, und Peking, wo es 1919 zu Aufständen kam, erzeugte Erschütterungen in Mexiko, Australien, Indonesien und verebbte dann schnell im – deutschen – Zentrum (vgl. Hobsbawm 1995, 66). Ganz ähnlich nahm auch die Revolution von 1968ff. ihren Anfang in einer Serie von antikolonialen Befreiungs-

1 Für Deutschland, wo die bürgerliche Demokratie mit Hilfe des Code Napoléon aus Frankreich, der Staatssozialismus aus der Sowjetunion und die Entnazifizierung aus den USA zwangsimportiert wurden, lässt sich das beinahe zu einem allgemeinen Gesetz erheben: Alles Gute kommt von außen. Eine ausschließliche Orientierung an diesem Außen jedoch, das hat Klaus Viehmann an den antiimperialistischen Strömungen der Bewegung 2. Juni, der Roten Zellen und der RAF gezeigt, desartikuliert die Klassenwidersprüche und homogenisiert das Innen (Viehmann 2006).

kriegen in der Peripherie und kulminierte einige Jahre später im »Herzen der Bestie« (Che Guevara) – ungefähr gleichzeitig in Paris und Prag, Berkeley, Belgrad und Berlin (vgl. Müller 2006, 34).[2] Der Pariser Mai hatte seinen Vorlauf in den Solidaritätsdemonstrationen für Algerien, und die Demonstration in Berlin, auf der Benno Ohnesorg erschossen wurde und die das Fanal für die Studentinnenbewegung in Westdeutschland bildete, galt nicht einer Reform der Hochschulen, auch nicht der Kontinuität des Nationalsozialismus in der BRD, sondern dem Besuch des persischen Schahs. Tatsächlich reichen die Vorläufer dieser internationalen Bewegung weit zurück in die Mitte des 20. Jahrhunderts. Auch die »Dritte Welt« war Teil des Zweiten Weltkriegs gewesen, aber hier ging der Sieg über den Faschismus oft einher mit antikolonialen und sozialen Revolutionen (vgl. Rheinisches JournalistInnenbüro 2005). Die Volksrepubliken Vietnam und China, die den größten Einfluss auf den Revolutionszyklus von 1968 hatten, waren in der Folge des Zweiten Weltkriegs gegründet worden, die Demokratische Volksrepublik Vietnam direkt 1945, die Volksrepublik China nach einem Bürgerkrieg gegen die nationalistische Kuomintang 1949. Auch die Föderative Volksrepublik Jugoslawien, die für 1968 ebenfalls eine zentrale Rolle spielte, war 1945 ausgerufen worden. Drei Jahre später brach sie historisch bedeutsam mit der Sowjetunion, ein Schritt, den China 1959 vollzog (als die Sowjetunion Chruschtschows und das Jugoslawien Titos schon wieder Handelsbeziehungen unterhielten). Der Tod Stalins 1953 wurde zum Auslöser für Aufstands- und Reformbewegungen in DDR, Tschechoslowakei

2 Die Bewegung von der Peripherie zum Zentrum wiederholt sich teilweise auch innerhalb eines nationalen Kontextes, etwa in Frankreich, wo die Streikbewegungen bei Sud-Aviation in Nantes begonnen hatten, dann erst auf Billancourt in Paris übersprangen (Müller 2006, 39).

und Ungarn, wobei es in letzterem schon 1952 Bauernunruhen und Revolten gegeben hatte (Gräfe 2010, 10). Ähnlich wirkte Chruschtschows Entstalinisierungsrede auf dem XX. Parteitag der KPdSU 1956, die den bereits begonnenen polnischen Frühling in großem Umfang verstärkte (ebd., 15). Die Niederschlagung des ungarischen Aufstands durch den Einmarsch sowjetischer Truppen im selben Jahr führte zum Bruch vieler westlicher Kommunistinnen mit dem Sowjetsozialismus, ein Bruch, der sich nach dem Einmarsch in die Tschechoslowakei 1968 noch vertiefte.[3] Damit entstand eine eigenständige sozialistische Bewegung, mit deren Unterstützung im Westen sich »der Osten« ebenso schwertat, wie »der Westen« mit ihrer Unterstützung im Osten. Sie richtete sich gegen beide Machtblöcke gleichermaßen.

Selbst in den sowjetischen Gulags, etwa in Norilsk oder in Workuta, brachen zwischen 1953 und 1956 Aufstände aus, genährt von der Hoffnung auf einen Politikwechsel. Ausgerechnet der ehemalige Geheimdienstchef Lawrenti Beria, nach Stalins Tod Generalsekretär des ZKs der KPdSU, hatte für 1 200 000 Gulag-Häftlinge eine Amnestie angeordnet. Bei gestiegener Produktivkraftentwicklung und einer Umstellung von extensiver auf intensive, von einfacher auf komplexere Arbeit war das auf Sklavenarbeit basierende Gulagsystem öko-

3 Karl Heinz Gräfe vertritt die These, Prag 1968 sei der erste komplexe Versuch eines Umbaus gewesen, der nicht nur von einer reformkommunistischen Bewegung innerhalb der Partei getragen wurde, sondern auch umfassende Unterstützung in der Bevölkerung hatte (anders als später unter Gorbatschow). Der Prager Frühling entwuchs nicht einer tiefen Krise wie 1921 in Russland oder in Osteuropa 1956. Wie in Jugoslawien war auch in der ČSSR die KP einflussreichste Kraft im Land, sie hatte bei freien Wahlen vierzig Prozent der Stimmen bekommen. Das Reformprojekt scheiterte also nicht an inneren Bedingungen, sondern wurde von außen niedergeschlagen (Gräfe 2010, 30ff.).

nomisch schlicht nicht mehr rentabel (vgl. Werth 1998, 254ff.). Das Zwangsarbeitsregime wurde modernisiert, die Aufstände blutig niedergeschlagen. Hierin kommt eine ökonomische Transformation zum Ausdruck, die zugleich zentrale Ermöglichungsbedingung und deutliche Wirkung von 1968 ist. Die Krise des fordistischen Akkumulationsregimes erfasste die sozialistischen Planwirtschaften wie die kapitalistischen Marktwirtschaften. Das Produktionsparadigma wurde durch ein Konsumtionsparadigma ersetzt, Arbeitsmoral und Verzichtsethik von Hedonismus und Anspruchsartikulation abgelöst. Zumindest in Erster und Zweiter Welt, in Paris wie in Prag, ähnelten sich die von den Bewegungen formulierten Forderungen. Sie entsprangen strukturhomologen Lebensverhältnissen, gekennzeichnet durch fordistische Arbeitsorganisation, staatliche Bürokratien, verwaltete und disziplinierte Lebensformen. Mit Ausnahme der Frauenerwerbsquote unterschieden sich auch die Sexualitäts- und Geschlechterverhältnisse, die ab den dreißiger Jahren in der Sowjetunion hegemonial wurden, nicht allzu sehr von denen in Westeuropa und USA. Auch wenn die Bewegungen in verschiedenen Teilbereichen der Gesellschaft unterschiedlich erfolgreich waren, steht 1968 nicht ausschließlich für kulturelle und politische, sondern ebenso für ökonomische Kämpfe: Alle Industriestaaten wurden von einer Serie aktiver, wilder, oft illegaler Streiks heimgesucht.[4] Diese wurden oft animiert und nicht selten unter-

4 Der Korporatismus zerbricht im Mai 1968 (Frankreich) und Herbst 1969 (Italien, auch Deutschland, später Großbritannien). Wilde, aktive Streiks nehmen zu. In Deutschland sind es 1969 90000, 1970 184000, und 1971 334000. Diese sind sehr erfolgreich und führen zu starken Lohnerhöhungen. In Frankreich werden im Juni 1968 die Löhne auf einen Schlag um 12 Prozent erhöht, in Italien nach einem heißen Herbst um 18,3 Prozent. In Deutschland steigen die Löhne 1968 um 5,4 Prozent, 1969 um 10,4 und 1970 um 15,5 Prozent. In Westdeutschland

stützt durch Studierende, die sich auch über eine Internationalisierung der Kämpfe gegen den Vietnamkrieg vernetzten. Zwischen 1964 und 1969 revoltierten Studierende in Berkeley, Berlin, Tokio, Madrid und Warschau. Laut Eric Hobsbawm waren sie die soziale Kraft hinter der Revolutionswelle von 1968, die über alle drei Welten schwappte (Hobsbawm 1995, 324, Roesler 2010, 36). Doch der antikoloniale Befreiungskrieg in Algerien und der Guerillakrieg in Kuba waren als Vorläufer und damit Teil der Bewegungen von 1968 ebenso bedeutsam wie die Schwarze Bürgerrechtsbewegung in den USA. Diese Verbindungen waren den Akteurinnen nur zu bewusst. Die aus den Stonewall-Riots hervorgegangene US-amerikanische Gruppe Gay Liberation Front schrieb über ihre Entstehung: »Als die Panther sich organisierten und Freiheit forderten, ermunterte das viele Menschen dazu, aktiv zu werden und nicht länger zu verstecken, dass sie auch unterdrückt waren« (Red Butterfly 1970, 3). Benannt war die Gruppe »nach der vietnamesischen Volksorganisation für Freiheit in ihrem Land« (ebd.). Der afroamerikanische Schriftsteller James Baldwin sagte: »Die Straßen von Saigon erinnern mich an nichts so sehr wie an die Straßen von Detroit, und es ist exakt der gleiche Krieg, der in beiden Städten geführt wird. Möge sich dieser Krieg ausbreiten, um den Globus zu verschlingen« (Baldwin 1969).

Auch Rudi Dutschke, einer der Intellektuellen der Achtundsechzigerbewegung in Deutschland, sah eine der wesentlichen Möglichkeitsbedingungen einer sozialistischen Revolutionswelle nach dem Scheitern der Revolution von 1917 in

---

geht zwischen 1968 und 1974 das Einkommen aus Unternehmertätigkeit am Volkseinkommen von 31,9 auf 22,1 Prozent zurück (Roesler 2010, 42f.), in Italien sieht es noch wesentlich drastischer aus (vgl. Gehrke/Horn 2007).

ihrer Internationalität. Auf die Frage des Journalisten Günter Gaus, ob »das Bewusstsein der Menschen in den hochentwickelten Industriestaaten« nicht zuletzt aufgrund der enttäuschenden Erfahrungen der Französischen und Russischen Revolution »von der Einsicht in die Vergeblichkeit von Revolutionen bestimmt« sei, antwortete Dutschke mit drei Argumenten. Zum einen sei das Scheitern der Russischen Revolution ein historisches Problem, dessen Ursachen vor allem im »Zurückbleiben« der industriellen Entwicklung in Russland und in der Parteitheorie Lenins zu suchen seien. Zum Zweiten habe es sich bei der Russischen Revolution um eine Minderheitenrevolution gehandelt, während etwa der SDS das Revolutionskonzept des Langen Marsches vertrete, in dem die allmähliche Bewusstseinsentwicklung Staatsgefängnisse und Geheimpolizei überflüssig machen würde. Das dritte und zentrale Argument aber war die Internationalität. Auf die Frage, worin sich der gegenwärtige »politische Wille zur totalen Umgestaltung der Welt« (Dutschke/Gaus 1967, 3) von früheren Revolutionsbewegungen unterscheide, antwortete Dutschke mit einem Vergleich der historischen Kontexte. Bei der Gründung der Kommunistischen Internationale 1919 habe es zwar die Idee des internationalen Klassenkampfes gegeben, aber keine reale Bewegung in den verschiedenen Kontinenten. Im Gegensatz dazu fände die politische Arbeit »heute unter weltgeschichtlichen Bedingungen, in einem ganz realen Sinne« statt (ebd., 4). In diesen weltgeschichtlichen Bedingungen verband sich das dritte mit dem zweiten Argument. Gerade die »internationale Konterrevolution« verhindere es, dass linke Minderheitenrevolutionen siegreich sein könnten, damit erspare sie der sozialistischen Bewegung die Gefahr, »so zu werden wie die Bolschewiki«. Das, kommentiert Dutschke, »ist gut, das ist richtig« (ebd., 6). Die internationale Konterrevolution, die noch Millionen von Menschen von Chile bis

Indonesien das Leben kosten sollte, verhinderte nicht, dass sich die antiautoritäre Bewegung in den siebziger Jahren bolschewisierte. Aber der internationale Charakter der Revolutionswelle selbst war die Bedingung der Möglichkeit von 1968.

1917 und 1968. Wiederaufführung

Die Revolutionswellen von 1917 und 1968 markieren zwei zentrale Stationen des 20. Jahrhunderts (Badiou 2008, 113).[5] Sie weisen eine Reihe gemeinsamer Voraussetzungen, paralleler Entwicklungen und analoger Strukturen auf. Während die Russische Revolution aus dem Ersten Weltkrieg hervorgeht, entsteht die Revolutionswelle von 1968 aus einer Reihe von antikolonialen Befreiungskriegen, deren Ursprünge bis zum Zweiten Weltkrieg zurückreichen. Das eine Mal wird diese Entwicklung begleitet von der Lenin'schen Parole, den imperialistischen Weltkrieg in einen revolutionären Bürgerkrieg zu verwandeln, das andere Mal von Che Guevaras Forderung »Schaffen wir zwei, drei, viele Vietnam«. Beide Revolutionswellen sind in ihrer zentralen Emanzipationsrichtung antikapitalistisch, mit marxistischem Vokabular gespickt und gegen die gesellschaftliche Spaltung der Arbeitsteilung gerichtet, in beiden spielen nationale Formierungen eine bedeutende, ambivalente bis konterrevolutionäre Rolle. Die Wiederkehr des Gespenstes von 1917 in den Revolten von 1968 lässt sich bis

5 Der Maoist Alain Badiou nimmt noch den Maoismus als zentrales Ereignis dieser »Sequenz« auf. Tatsächlich liefert das chinesische Modell eine neue Antwort auf das für die Russische Revolution zentrale Problem des Stadt-Land-Verhältnisses. Als Kulturrevolution ist China ähnlich wie Vietnam oder Jugoslawien auch für den Revolutionszyklus von 1968 zentral.

in die politischen Stile und Dresscodes hinein verfolgen. Während der Dresscode der männlichen Mitglieder der russischen Intelligenzija – ungekämmte, lange Haare, Bart und Brille – in den ebenfalls akademischen Milieus von 1968 wiederkehrte (Figes 2008, 141), schufen die militanten Bolschewiki mit Stiefel, schwarzer Lederjacke, Kurzhaarschnitt und Mütze das Vorbild für Spontis, Autonome und Antifa in den Jahrzehnten danach. Auch die dogmatischen K-Gruppen, die sich in den Blaumännern des Maoismus kleideten oder sich – wie auch die DKP – an der spießbürgerlichen Proletarität der poststalinistischen DDR-Kultur orientierten, entlehnten der vorangegangenen Epoche »Namen, Schlachtparole, Kostüm, um in dieser altehrwürdigen Verkleidung und mit dieser erborgten Sprache die neue Weltgeschichtsszene aufzuführen« (Marx, MEW 8, 115). Georg Lukács, der an einer Auseinandersetzung mit seiner stalinistischen Vergangenheit wenig Interesse hatte, verblüffte die präzise Kenntnis, die Rudi Dutschke 1966 von den internen Diskussionen der KP Ungarns der zwanziger Jahre besaß. Als Dutschke »vorschlug, den Stalinismus zu analysieren, zeigte sich Lukács nicht begeistert. [...] Die Irrwege der Vergangenheit sollten vergessen werden« (Dutschke 1996, 92f.).[6] Dennoch und nicht zuletzt weil sie vergessen worden waren, wiederholten sich die Irrwege dieser Vergangenheit, wenn auch in den meisten Weltregionen in Erman-

6 Erstaunlicherweise ist die Anzahl der autobiographischen Erinnerungen und literarischen Verarbeitungen von 1968 trotz aller medialen Aufmerksamkeit bislang überschaubar geblieben. Während die Folgezeit der Russischen Revolution und insbesondere der Stalinismus in unzähligen Autobiographien und Romanen erfahrbar gemacht wird (vgl. Jung 2002, Glaser 1990 [1951], Grossman 2007 [1959], Serge 1991 [1951], Sperber 2003 [1949-1952]), sind die Darstellungen von 1968 eher rar, etwas bekanntere Titel sind Balestrini 2008 [1971-89], Fajardie 2003, Timm 1998.

gelung einer Staatsmacht mit geringeren Todeszahlen. Der polyphone Aufbruch der Revolution, der die Anfänge der Russischen Revolution geprägt hatte, kennzeichnete auch das Selbstverständnis der Achtundsechziger-Revolte, vor allem dort, wo sie nicht aus der militärischen Konfrontation des Guerillakriegs hervorging. Doch ähnlich wie in der Folge von 1917 mündete der antiautoritäre Aufbruch von 1968 in den siebziger Jahren in einer Redogmatisierung. In Westeuropa, vor allem in Deutschland, entstanden stalinistische, trotzkistische und maoistische Parteiorganisationen, von denen jede den Anspruch erhob, mit der bolschewistischen Partei auch deren uneingeschränkte Hegemonie zu beerben (vgl. Müller 2006, 35). Ähnlich wie sozialistische Intellektuelle in den dreißiger Jahren den stalinistischen Terror zu leugnen oder zu rechtfertigen versuchten, verhielten sie sich in den siebziger Jahren gegenüber den maoistischen Massenmorden. Thomas Ebermann hat im autobiographischen Rückblick beschrieben, aus welchen Motiven sich der Umschlag im SDS speiste, der die vorherige Verbindung von Kultur und Politik, Alltag und Revolution auflöste. Weil die Lage der Welt so ernst sei, sei die Fortführung der »flippigen« Politik unangemessen bzw. »kleinbürgerlich«, stattdessen müsse wieder eine Kommunistische Partei aufgebaut werden, und das bedeute, »aus der Geschichte der KPD lernen und von Lenin lernen«. (Ebermann, o.J., auch Cardorff 1980, 155 ff.) Der Rekurs auf die letzte Revolutionswelle zeigte sich auch an den Veröffentlichungen. Bereits am absoluten Umfang der Publikationen gemessen, war die Auseinandersetzung der Westlinken mit der Sowjetunion nie so intensiv wie in den Folgejahren von 1968 und bis in die achtziger Jahre hinein (van der Linden 1992, 215). Die Geschichte wurde so weit aktualisiert, dass sie unmittelbar politische Relevanz für die Gegenwart erhielt. Daran, »ob jemand die Niederlage der Russischen Revolution

1919, 1921, 1923, 1927 oder 1936 oder 1953 ansetzte«, ließ sich ablesen, was

> er über so ungefähr jede andere politische Frage auf der Welt dachte: das Wesen der Sowjetunion, China, das Wesen der KPen auf der Welt, das Wesen der Sozialdemokratie, das Wesen der Gewerkschaften, die Einheitsfront, die Volksfront, nationale Befreiungsbewegungen, Ästhetik und Philosophie, das Verhältnis von Partei und Klasse, die Bedeutung der Sowjets und der Arbeiterräte, und ob hinsichtlich des Imperialismus Luxemburg oder Bucharin recht hatte. (Goldner 1999, 9f.)

In diesen Auseinandersetzungen erwies sich das Verhältnis der Sequenz 68 zur Sequenz 17 nicht nur als eines der Wiederholung, des Wiederanknüpfens, Nachahmens und Verehrens, sondern ebenso als eines der Differenz, der Verschiebung, der Abgrenzung, der Kritik. Die Achtundsechziger-Bewegung speiste sich aus der Erfahrung der Russischen Revolution ebenso wie aus deren Scheitern. Sie war nicht nur eine Kritik der fortgesetzten Herrschaft von Bürokratie und Kapital, Patriarchat und Kolonialismus, sondern auch eine Kritik der vorangegangenen Versuche ihrer Abschaffung. »In unserer Epoche«, schrieb der einflussreiche französische Marxist Charles Bettelheim aus Anlass des sowjetischen Einmarsches in Prag, »muss man [...] unbedingt verstanden haben, aus welchen Gründen die erste siegreiche, sozialistische Revolution schließlich in der sowjetischen Realität von heute geendet hat« (Bettelheim 1975, 22).[7]

---

7 In Charles Bettelheims erstem Band der *Klassenkämpfe in der UdSSR* lässt sich dabei zusehen, wie die libidinöse Energie vom einen Punkt – stalinistische Sowjetunion – abgezogen und unmittelbar an einem anderen – maoistisches China – wieder eingesetzt wird (Bettelheim 1975, 22f.). Die Frage ist, ob die Enttäuschung 1968 viel zu spät – nach den viel größeren Verbrechen der dreißiger Jahre – nicht erst deswegen einsetzt, weil es die Möglichkeit einer neuen Liebestäuschung gibt.

Der Schock der Niederschlagung des Prager Frühlings bewirkte eine Veränderung und Vertiefung der westmarxistischen Diskussion um die Sowjetunion. Die drei bis dahin dominierenden Ansätze zu ihrer Analyse und Kategorisierung, die Theorien des Staatskapitalismus, des degenerierten Arbeiterstaats und des bürokratischen Kollektivismus, wurden immer stärker in Frage gestellt, das unilineare Schema, wonach sich die Geschichte entlang der Sequenz Sklavengesellschaft – Feudalismus – Kapitalismus – Sozialismus zu entwickeln habe, wurde durchbrochen und das Dogma des »Histomat«, des Historischen Materialismus, wonach die Geschichte in letzter Instanz von der Entwicklung der Produktivkräfte abhänge, überwunden (vgl. van der Linden 1992). Rudi Dutschke widmete seine Dissertation dem »Versuch, Lenin auf die Füße zu stellen« (Dutschke 1984), indem er Lenins Parteipolitik aus den spezifischen russischen Bedingungen heraus zu erklären versuchte, womit er sie zugleich für diese rechtfertigte und auf diese beschränkte. Daniel Cohn-Bendit, eine der wichtigsten Figuren der französischen und nach seiner Ausweisung auch deutschen Studentinnenbewegung, der »französische Rudi Dutschke«, wie ihn *New York Times* und *Spiegel* nannten (Spiegel 1968, 77), hatte bereits im Jahr 1968 zusammen mit seinem Bruder eine noch radikalere Auseinandersetzung mit dem leninistischen Erbe geführt.[8]

---

8 Um der Achtundsechziger-Bewegung, die von der späteren Linken – gerade der autonomen der achtziger Jahre, aber auch im Lichte der führungslosen Occupy-Bewegung – nicht ganz zu Unrecht wegen ihres intellektuellen wie antiintellektuellen Mackergehabes und eben auch ihres Kults um große Stars kritisiert worden ist, Gerechtigkeit widerfahren zu lassen, muss auf die Rolle der Medien in der Konstruktion von »Führern« oder »Stars« insistiert werden: »Freilich: Wie einst Rudi Dutschke droht nun auch dem – laut *Zeit* – ›Dutschke-Impulse‹ ausstrahlenden Daniel Cohn-Bendit das Schicksal aller SDS-Autoritä-

Innerhalb von fünf Wochen im Spätsommer 1968 schrieben Gabriel und Daniel Cohn-Bendit ein Buch über die französische Studentinnen- und Arbeiterinnenrevolte im Mai 68. Darin stellten sie eine unmittelbare Konstellation von 17 und 68 her. Der Titel des Buches, *Linksradikalismus. Gewaltkur gegen die Alterskrankheit des Kommunismus*, war eine direkte Replik auf Lenins Polemik *Der »linke Radikalismus«. Die Kinderkrankheit im Kommunismus* von 1920. Mit ihr hatte Lenin gegen eine »linke Abweichung« angeschrieben, die er vor allem im holländischen Rätekommunismus verkörpert sah. Ähnlich wie Dutschke bezogen sich Rätekommunistinnen zwar positiv auf das Lenin'sche Revolutionsmodell, wollten es unter westeuropäischen Bedingungen jedoch transformieren (vgl. Wallat 2012, 146ff.). Gegen den Versuch, den Sowjetsozialismus von links zu überholen, mobilisierte der 50-jährige Lenin seine kaum bestrittene Autorität als Führer der Weltrevolution. Ein halbes Jahrhundert später plädierten der 32-jährige Gabriel Cohn-Bendit und sein knapp zehn Jahre jüngerer Bruder für eine selbstbewusste Aneignung des gescholtenen Linksradikalismus:

> Der Linksradikalismus hat eine Geschichte, die für uns gleichbedeutend ist mit dem, was an der Arbeiterbewegung revolutionär war. Marx war linksradikal gegenüber Proudhon, und Bakunin gegenüber Marx. Lenin war linksradikal während der Revolution von 1917 [...]. Die nach der Revolution von 1917 entstandene »Arbeiteropposition«, eine linksradikale Abweichung innerhalb der bolschewistischen Par-

---

ten: Gunstverlust beim antiautoritären SDS-Fußvolk, das jeglichem Personenkult abhold ist. Schon scheint Weltstar Cohn-Bendit, der sich in den Buchmesse-Nächten von Society-Damen hätscheln ließ und mit Bankdirektor Hesselbach und Gewerkschaftsführer Brenner plauderte, manchem SDSler korrumpiert« (Spiegel 1968, 78).

tei, verkörperte die revolutionärsten Züge dieser Partei, so wie der Anarchist Machno in der Ukraine die revolutionäre Bewegung gegen die Bolschewiki verkörperte. (Cohn-Bendit/Cohn-Bendit 1968, 17)

So formulierten es die Brüder Cohn-Bendit, als hätten sie eine Prognose über ihre eigene zukünftige Entwicklung abgeben wollen, in welcher ihnen das einst zutreffende Prädikat »linksradikal« unbestreitbar abhandenkommen sollte (vgl. Ditfurth 2000).[9] Für ihr linkradikales Buch hatten die Autoren vom Rowohlt Verlag einen Vorschuss von fünfzigtausend D-Mark bekommen. Die Kapitalistinnen, frohlockten die Autoren, müssten noch mit ihren Widersacherinnen Geschäfte machen, auch wenn sie wie in diesem Fall wüssten, dass das Geld in Molotow-Cocktails investiert werde (Cohn-Bendit 1968, 11). In ihrer Kritik an autoritärer Industrialisierung und diktatorischer Modernisierung konnten sie an die minoritäre Tradition anarchistischer und rätekommunistischer Gruppen anknüpfen, die schon zu Beginn des 20. Jahrhunderts Kritik am Kaderprinzip der kommunistischen Parteien formuliert hatten. Lenin hatte diese Kritik abgeschmettert:

Jedermann weiß, dass die Massen sich in Klassen teilen; [...] dass die Klassen gewöhnlich und in den meisten Fällen [...] von politischen Parteien geführt werden; dass die politischen Parteien in der Regel von mehr oder minder stabilen Gruppen der autoritativsten, einfluss-

9 Auch Lenin hatte schon Überlegungen über revolutionäre »Moden« angestellt: »Es ist nicht schwer, dann ein Revolutionär zu sein, wenn die Revolution bereits ausgebrochen und entbrannt ist, wenn sich alle und jeder der Revolution anschließt, aus einfacher Schwärmerei, aus Mode, mitunter sogar aus Gründen der persönlichen Karriere. Das Proletariat hat nachher, nach seinem Sieg, die größte Mühe [...] sich von solchen Quasi-Revolutionären ›zu befreien‹. Viel schwerer – und viel wertvoller – ist, dass man es versteht, ein Revolutionär zu sein, wenn die Bedingungen für einen direkten, offenen, wirklich von den Massen getragenen, wirklich revolutionären Kampf noch nicht vorhanden sind« (Lenin, LW 31 [1920b], 84).

reichsten, erfahrensten, auf die verantwortungsvollsten Posten gestellten Personen geleitet werden, die man Führer nennt. Das alles sind Binsenwahrheiten. Das alles ist einfach und klar. (Lenin, LW 31 [1920b], 38)

Aus einer Postachtundsechziger-Perspektive erstaunt, wie unmöglich es dem Führer der Avantgarde des Weltproletariats ist, das antiautoritäre Argument überhaupt zu erfassen. Die Gegenüberstellung von »Führern« und »Masse« erscheint Lenin als »hanebüchener Unsinn«, »lächerlicher Unsinn«, »dummes Zeug«, »hirnverbrannter Unsinn«, »wirres Zeug«, »unglaublicher Unsinn«, »ungereimtes Zeug« (ebd., 34f.), weil er sie aus einer ausschließlich strategischen Perspektive betrachtet.[10] Schlecht sind für ihn nur die schlechten Führer. Die Idee, dass Linke eben auch gerade darum Linke sein könnten, weil sie von »Führern« ebenso wenig Befehle entgegennehmen wollen, wie sich unter das Kommando von Kapitalistinnen zu begeben, ist ihm fremd. Revolutionärinnen sind scheinbar Revolutionärinnen, weil sie noch ordentlicher, disziplinierter, gehorsamer funktionieren als ihre Feinde. Weil mit ihnen der bessere Staat zu machen ist. Diese Übereinstimmung von bürgerlicher und staatssozialistischer, von leninistischer und liberaler Position wurde zum zentralen Kritikpunkt der Cohn-Bendits. Sie argumentierten, dass Liberalismus wie Leninismus die Übel des Kapitalismus, von Bildung bis Sexualität,

10 Die miserable Prosa Lenins, voller Wiederholungen, beschwört keifend immer wieder »langes Bemühen«, »harte Erfahrung«, »feste Grundlage«, »strengste Zentralisation«, »strengste und eiserne Disziplin«, »vollste und grenzenlose Unterstützung«, »Unerhörte Leiden und Opfer«, »vortreffliche Kenntnis«, »Ergebenheit«, »Ausdauer«, »Selbstaufopferung«, »Heroismus«, »vorsichtige, gründliche, umsichtige und langwierige Vorbereitung«, »schonungslosen Kampf« (vgl. Lenin, LW 31 [1920b]). Lenins Text ist dermaßen zäh, dass es die von ihm beschworene Disziplin braucht, um ihn zu lesen.

auf Verteilungsprobleme zurückführten. Ein Sozialismus aber, der auf die Kritik von Ausbeutung, auf die Aufhebung von Armut fokussiere, betrachte die ausgebeuteten und armen Massen in erster Linie als Verbraucherinnen (Cohn-Bendit 1968, 117). Das Problem des Mangels konnte so als eines verstanden werden, das sich *für* die Massen lösen ließ, ohne das Problem der Unmündigkeit nur zu berühren. Die Kritik des Konsumkapitalismus, die sich um 68 herum entwickelte, ersetzte die Kritik der Ausbeutung als zentrales Paradigma mit der Kritik der Entfremdung (Boltanski/Chiapello 2006). Als »eigentlicher Sinn des Sozialismus« sollte nun »die Autonomie der Lohnabhängigen« verstanden werden, »die freie schöpferische Tätigkeit, die sich selbst als Selbstverwaltung der Arbeiter auf allen Gebieten versteht« (Cohn-Bendit 1968, 116).

Ausgerechnet mit Hinblick auf das Verhältnis von Mittel und Zweck des Sozialismus benannte Lenin allerdings einige wunde Punkte des sogenannten Ultraradikalismus: Die radikale Kritik an den Gewerkschaften etwa möge zwar inhaltlich berechtigt sein, unmittelbar in praktische Politik übersetzt, bewirke sie aber das Gegenteil des Beabsichtigten. Wenn Linksradikale sich von den Gewerkschaften abwendeten, verlören sie auch die Möglichkeit, diese als Kampffeld zu nutzen und Arbeiterinnen zu agitieren, die eben noch kein kommunistisches Bewusstsein besäßen. Schließlich bestehe die Aufgabe der Kommunistinnen genau darin, »die Rückständigen zu überzeugen, unter ihnen zu arbeiten und sich nicht durch ausgeklügelte, kindische »linke« Losungen von ihnen abzusondern«. (Ebd., 48) Teilweise gehen Lenins Äußerungen so über seine eigene beschränkte Praxis hinaus. Theoretisch verteidigt er die Notwendigkeit von Kompromissen, praktisch wurde er gerade für seine »Kompromisslosigkeit« bekannt. Bei genauerem Hinsehen zeigt sich jedoch, dass die Verteidigung des Kompromisses einer rein strategischen Logik folgt. Alle Kritik des Doktrinarismus, alles Lavieren, Paktieren usw. sei nötig, um die verfeindeten – auch linken – Gruppen auszuschalten (LW 31 [1920], 82). Den Suchbewegungen an der Oberfläche entspricht eine darunterliegende doktrinäre Wahrheit, die nicht in Frage gestellt wird. Genau an diesem Widerspruch setzten die Cohn-Bendits an. Sie teilen Lenins Kritik des Sektierertums, übertragen sie aber auf den Leninismus selbst. Im Frankreich der späten sechziger Jahre tauchten Tausende Militante auf, die

> entweder hartnäckig den Verführungskünsten der bolschewistischen Priester widerstanden [hatten] oder – Gipfel der Frechheit – [...] von einer revolutionären Heilsarmee in die andere gegangen und immer wieder desertiert [waren,] ohne zu wissen, dass die IV. Internationale fünf verschiedene Führungen hat, oder dass die UJCML sich auf Mao Tse-tung beruft, während sich die PCMLF auf Mao Tse-tung beruft [...] Bei dieser Sabotagearbeit in der Partei oder den Gewerkschaften vergessen die Mini-Avantgarden jedoch nicht, sich voneinander zu distanzieren, sich gegenseitig auszuschließen, anzugreifen und die Schwachen oder die Kollaborateure zu exkommunizieren [...] (Cohn-Bendit/Cohn-Bendit 1968, 85).

Implizit benannten die Autoren hier das prinzipielle Problem, dass sich auch eine Kritik der spaltenden Partikularismen nur aus einer partikularen Perspektive heraus formulieren lässt: »Es gibt bekanntlich nur eine Wahrheit, und die ist wie die Republik unteilbar: jede Gruppe äußert laut, was das geknebelte Proletariat denkt« (Cohn-Bendit 1968, 85). Damit gaben sie den vielen linken, leninistischen, trotzkistischen, maoistischen Splittergruppen, deren jede für sich beanspruchte, das Proletariat in seiner Gesamtheit oder zumindest dessen fortgeschrittenste Teile zu repräsentieren, den freundlichen Ratschlag, in ihren auflagenstarken Zeitungen folgende Annonce aufzugeben: »Revolutionäre Führungsgruppen suchen ausgebeutete Arbeiterklasse oder verwandte Klasse« (ebd.).

Die geschlechtliche Bewegung der Revolutionskonstruktion von 68

Der Wahrheitsmonismus der Bolschewiki war schon während der Revolution von 1917 kritisiert worden, Bakunin hatte sogar bereits in der Auseinandersetzung mit Marx vor dessen möglichen diktatorischen Effekten gewarnt. Doch unter den veränderten historischen Verhältnissen der sechziger Jahre des 20. Jahrhunderts konnte diese Kritik eine neue Macht entfalten. Mit den antikolonialen Kämpfen in der Dritten Welt, den Protesten gegen die Apartheid in den USA traten neue autonome Akteurinnen auf, der Bruch Jugoslawiens und Chinas mit der UdSSR verkomplizierte die binäre Opposition Kapitalismus-Sozialismus. Theoretikerinnen aus dem Trikont wie Samir Amin (Amin 1974) oder André Gunder Frank (Frank 1968) unterzogen die marxistische Befreiungstheorie einer radikalen Kritik und stellten deren Zentrierung auf Europa, das Industrieproletariat und eine vorgezeichnete historische Entwicklung in Frage (vgl. Federici 2012c, 35). Damit wurde auch die universelle Norm, die dem traditionellen sozialistischen Gleichheitsversprechen zugrunde gelegen und die Revolutionskonstruktion der Sequenz von 1917 angeleitet hatte, strittig. Die Peripherialisierung der Revolution führte zu einer Dezentrierung der Emanzipation. So wie sich die Homosexuellenbewegung auf das Vorbild der Black Panther bezog (Red Butterfly 1970, 3), so bezog sich die neue Frauenbewegung auf die antikoloniale Befreiungsbewegung. In einer solidarischen Bewegung wiesen italienische Feministinnen die in Form von Industrialisierung und Lohnarbeit angebotene Entwicklungshilfe für Landarbeiterinnen und Hausarbeiterinnen, »Bäuerinnen« und »Hausfrauen« zurück. »Die Sklaverei des Fließbands«, proklamierte Mariarosa Dalla Costa, »ist keine Befreiung von der Sklaverei des Spülbeckens« (Dalla Costa 1976, 277). Zusammen mit Selma James, Leopoldina Fortunati, Silvia Federici und anderen gehörte sie zu einer Gruppe von feministischen Aktivistinnen und Theoretikerinnen vor allem aus Italien und den USA, die im Rahmen der internationalen »Lohn für Hausarbeit«-Kampagne die marxistische Emanzipationsvorstellung einer radikalen Kritik unterzogen (Federici 2012c, 22). Die Forderung nach einer Entlohnung der Hausarbeit war keine realpolitische, sondern zielte auf eine Sichtbarmachung jener Arbeiten, die in der bürgerlichen Liebesideologie als Teil der weiblichen Natur und in der sozialistischen Fortschrittsideologie als Residuum einer vergangenen Produktionsweise betrachtet wurden und somit entweder als rückständige und bald überwundene Arbeit oder als gar keine Arbeit erschienen (Federici 2012d [1975], 14ff., Notz 2011, 86f.). Damit wurde die Hausarbeit als integraler Bestandteil des Kapitalismus ausgewiesen und aufgrund ihres nichtmonetären Charakters als eine besondere Form der Ausbeutung gefasst.[11] Wer diesen Argumenten folg-

11 Nicht die Rekonstruktion der Hausarbeit nach dem Vorbild der öffentlichen Lohnarbeit stand in der Diskussion im Zentrum – was der Sequenz 1917 entspräche –, sondern deren (monetäre) Anerkennung. Veronika Bennholdt-Thomsen argumentierte, dass die Hausarbeit bereits ökonomisch verfasst sei: »Es gibt auch deutlich definierte Anforderungen an die Hausfrau von Seiten des Ehemannes und auch das Berufsethos der Hausfrauen. Mit anderen Worten, hier stellt sich real ein Maß der durchschnittlich gesellschaftlich notwendigen Arbeitszeit her« (Bennholdt-Thomsen 1981, 47). Gleichzeitig war den Protagonistinnen klar, dass eine hypothetische Realisierung der Forderung nach Lohn für Hausarbeit zu einer rationalisierenden Reorganisation der Reproduktionsarbeit und damit zu ihrer Entindividualisierung führen würde. Sobald sie Geld kostete, gäbe es ein Interesse daran, sie zu verbilligen: »Um sie wirklich zu automatisieren, muss das Kapital die Familie in ihrer heutigen Form zerstören, d. h., es muss vergesellschaften, um automatisieren zu können« (Dalla Costa 1976, 279f.). Auf die werttheoretische Diskussion

te, konnte die Ausbeutung reproduktiver Arbeit wie die ihr vorhergehende naturalisierende Subjektivierung, das heißt binäre Vergeschlechtlichung, nicht mehr als »Nebenwiderspruch« behandeln, der sich mit der Veränderung der Eigentumsordnung und der Entwicklung der Produktivkräfte, dem »Hauptwiderspruch«, von selbst erledigen würde – eine Hoffnung, die sich mit einem Blick auf die Realität sowjetischer Geschlechterverhältnisse in den sechziger Jahren erledigte. Geschlechtliche Befreiung ließ sich nicht länger auf »ein hypothetisches Morgen« vertagen (Dalla Costa 1976, 276).

Mit dieser Abgrenzung wurde eine Wiederholung unterbrochen, die zu Beginn der Sequenz von 1968 auch auf geschlechtlichem und sexuellem Terrain das Verhältnis zu jener von 1917 geprägt hatte: das Bemühen, an eine sozialistische Tradition anzuknüpfen, die für die Jahrzehnte der (post-)stalinistischen und konservativen Restauration in Vergessenheit gezwungen worden war (vgl. Shaw 2004). 1968 folgte auf die vor allem an Wilhelm Reich geschulte Repolitisierung der Sexualität eine autonome Politisierung von Geschlecht (Mosler 1978, 159ff.). Erst mit dieser setzte ein feministischer (Selbst-)Reflexionsprozess ein, der das sozialistische Emanzipationsmodell der Sequenz von 1917, das als tradiertes und wiederbelebtes auch den Beginn von 1968 prägte, einer scharfen Kritik unterzog: den Diskurs geschlechtlicher Emanzipation, der an einer Norm männlicher Universalität ausgerichtet war und den Diskurs sexueller Emanzipation, der Lust aus ihrer Sozialität löste. Letzterer delegierte Verantwortung an

---

um die Möglichkeit der Integration der Hausarbeit in die Terminologie des Marx'schen Werks, antworteten Barbara Duden und Gisela Bock treffend, »dass der springende Punkt nicht die analytische, theoretische oder gar ideologische Frage ihres Werts, sondern das Faktum ihrer Unbezahltheit ist« (Bock/Duden 1977, 120).

weibliche Subjekte, desartikulierte deren Arbeit und schuf für sie damit eine Vierfachbelastung: Sie sollten lohntätig und politisch aktiv leben, weiterhin alleine die Reproduktionsarbeit übernehmen, zugleich aber sexuell »emanzipiert« bzw. verfügbar sein. Die Kritiken an männlich-heterosexueller Befreiung, wie sie ab den späten sechziger Jahren von weiblichen oder lesbischen Sozialistinnen an männlich vergeschlechtlichten Genossinnen formuliert wurden (vgl. Schwarzer 1975), ähneln auf erschreckende Weise den Beschwerden junger Komsomolzinnen darüber, dass die männlich-heterosexuelle Freiheit auf der Grundlage ihrer Abhängigkeit und Mehrarbeit fußte.[12]

Die Homologie der beiden Revolutionswellen trifft somit nur für den Beginn von 1968 ff. zu. Der Erste-Welle-Feminismus, der im 19. Jahrhundert als liberaler und sozialistischer begonnen und in der Russischen Revolution eine radikale Gestalt angenommen hatte, wird vom Zweite-Welle-Feminismus überspült, der mit der sozialistischen Revolte von 1968 entsteht und sich als autonome Bewegung aus dieser herauslöst. Womöglich auch weil die Zweite Frauenbewegung, nicht zuletzt als studentische, stärker bürgerlich geprägt war, kam es hier zu einer engeren Verknüpfung sozialistischer und bürgerlicher Feminismen, die im nominell antifeministischen, proletarischen Flügel der Ersten Frauenbewegung verhindert

12 In einer Umfrage unter fünfhundert jungen weiblichen Komsomolzinnen gaben 27 Prozent an, dass ihre Männer sie verließen, sobald diese herausfanden, dass sie schwanger waren. Die männlichen Parteimitglieder versuchten teilweise sogar, ihre weiblichen Genossinnen aus dem Komsomol hinauszuwerfen, warfen ihnen vor, sie in eine Falle gelockt zu haben oder Prostituierte zu sein (Gorsuch 1996, 647f.). Es ist schwer, hierin nicht die Vorbilder der SDS- und Spontimacker zu entdecken.

worden war.[13] In Deutschland wurde der Umschlagspunkt durch den berühmt gewordenen Tomatenwurf symbolisiert, mit dem Sigrid Rüger gegen die männlichen Kader des SDS demonstrierte, die sich auf einer Delegiertenkonferenz 1968 geweigert hatten, Helke Sanders feministische Kritik am Verband zu diskutieren. Die autonome und zunehmend separatistische feministische Organisierung richtete sich gegen patriarchale Verhältnisse in konservativer Gesellschaft wie revolutionärer Gegengesellschaft. Sie kritisierte die Norm des sozialistischen Emanzipationsmodells als partikular und herrschaftlich. In einer solidarischen Bewegung wurde sowohl die modernistische Norm, die für sämtliche Weltregionen den unilinearen Entwicklungsweg industrieller Produktivkraftsteigerung vorsieht, zurückgewiesen als auch die maskulinistische Norm, die Weiblichkeit als rückständige, zu überwindende Entwicklungsstufe des Menschlichen konzipiert. »Alle Bauern werden Arbeiter, alle Frauen werden Männer« galt nicht länger als eine durch ein marxistisches Naturgesetz garantierte historische Notwendigkeit (vgl. Notz 2011, 14ff.).

Den revolutionären Bewegungen ging es nicht um die Anerkennung vorgefundener Seinsweisen, sondern um die Transformation der Gesellschaft. Diesbezüglich wiederholte die Revolutionswelle von 1968 jene von 1917. Was sie angriff,

13 1905 hatte sich die russische Sozialdemokratie (SdAPR) mit dem bürgerlichen Feminismus auseinandergesetzt und sich gegen ein Bündnis entschieden. »Der Schluss war konsequent, aber das Fehlen einer gründlichen Aufarbeitung des bürgerlich-feministischen Verständnisses der Frauenunterdrückung« führte dazu, dass »die geringste Anstrengung in Richtung auf eine eigenständige Organisierung von Frauen [...] mit dem Verdikt der Kapitulation vor dem bürgerlichen Feminismus bestraft« wurde. (Arbeitsgruppe Marxismus 2006, 25) Die gleichen Diskussionen werden 1968ff. anders, widersprüchlicher entschieden.

war nicht ausschließlich die Hierarchisierung gesellschaftlicher Bereiche und Gruppen, sondern die Spaltung der Gesellschaft selbst. So argumentierte Veronika Bennholdt-Thomsen, dass genau in der Trennung »in gesellschaftlich relevante öffentliche und mehrheitlich bezahlte Arbeiten« und »›irrelevante‹ private, unbezahlte, an die unmittelbare Subsistenz geknüpfte«, die historisch gewachsene Grundlage der kapitalistischen Entfremdung bestehe: »Die Hausfrau entsteht mit dem Bürger und dem Lohnarbeiter« (Bennholdt-Thomsen 1988, 48). In Anlehnung an den Begriff des Warenfetischs sprach sie von einem »Fetisch der Kapitalakkumulation«. Damit war erstens »der Glaube an den absoluten Fortschritt der kapitalistischen Produktionsweise und die Entwicklung der Produktivkräfte durch das Kapital gemeint« sowie zweitens die Überzeugung, dass »handwerkliche Arbeit, Produktion für den direkten Konsum, Ausbeutung unter nicht-entlohnten Formen« keinen »integralen Bestandteil der kapitalistischen Produktionsweise bilden« (Bennholdt-Thomsen 1981, 38).

Während die Revolutionswellen sich als Negationen weitgehend decken, unterscheiden sie sich als Konstruktionen fundamental. Gegen eine Vielzahl marxistischer Theoretikerinnen, die eine orthodoxe Marx-Interpretation zu verteidigen suchten, schälen sich 1968 kreativere Lektüren heraus, die den epistemischen Rahmen der 1917er Sequenz verlassen. Hier interessieren sie weniger als Theorien der Welterklärung, sondern als diskursive Konstruktionen von Sozialität. Sie helfen, die Frage nach den entstehenden Fluchtlinien der Emanzipation zu beantworten, danach also, wie aus dem gesellschaftlichen Gefüge von Herrschaft, Widerstand und Begehren Konzepte von einem anderen Leben geboren werden. Während die aus dem italienischen Operaismus stammenden Feministinnen die Alternative zwischen familiär unentlohnter Hausarbeit und monetärer Lohnarbeit explizit zurückwiesen (Dalla

Costa 1976, 293), formulierten die aus frauen- und entwicklungspolitischen Zusammenhängen stammenden Marxistinnen der Bielefelder Schule den spiegelbildlichen Entwurf zum Emanzipationsmodell der 1917er Sequenz. Die Aufwertung des abgewerteten weiblichen Pols innerhalb einer hierarchischen Opposition, das heißt die Umkehrung der Hierarchie, ging bei ihnen einher mit einer Rebinarisierung. Das Verhältnis von trikontinentaler Landarbeit und feminisierter Hausarbeit, das bei der Italienerin Dalla Costa als ein solidarisches Entsprechungsverhältnis gedacht wurde, fasste die deutsche Theoretikerin Claudia von Werlhof als ein Ableitungsverhältnis, bei dem sie die binär reduzierte geschlechtliche Differenz primär setzt. »Nicht die Frauen haben den Status von Kolonien«, schrieb von Werlhof, »sondern die Kolonien haben den Status von Frauen. Oder: Das Verhältnis von ›Erster‹ und ›Dritter‹ Welt entspricht dem von Mann und Frau« (Werlhof 1978, 30). Während die traditionssozialistische Emanzipationsnorm die weiblich codierte Haus- wie Landarbeit in der männlich codierten Lohnarbeit nach Vorbild der städtischen Fabrik aufgehen lassen wollte, entwerfen die Bielefelderinnen die gebrauchswertorientierte Subsistenzwirtschaft als ländlich-weibliches Gegenmodell zum patriarchalen Kapitalismus (vgl. Werlhof 1978, Bennholdt-Thomsen 1981, Mies 1983, kritisch dazu Beer 1983, Braig/Lenz 1983). Die land- und hauswirtschaftliche Subsistenzökonomie wird zum einen gegen die romantisierende Phantasie eines vorkapitalistischen Außen als unmittelbar kapitalistisch ausgewiesen, gilt zugleich aber als Trägerin eines emanzipatorisch-utopischen Potenzials. Implizit soll nicht die Hausarbeit nach dem Modell der Fabrikarbeit reorganisiert werden, sondern andersherum die öffentliche Lohnarbeit nach dem Modell häuslicher oder kleinbäuerlicher Subsistenzarbeit. An die Stelle einer Befreiung durch Wachstum tritt die Befreiung von Wachstum.

Insofern eine »Leben produzierende« bäuerliche Subsistenzwirtschaft nicht nur als nachhaltige der umweltschädlichen Industrie entgegengestellt wird, sondern auch als pazifistische der Kriegswirtschaft, mündet diese Perspektive zugleich in der Entwicklung vom Differenz- zum Ökofeminismus, der mit essenzialisierenden Modellen von Zweigeschlechtlichkeit und weiblicher Natürlichkeit arbeitet (kritisch Notz 2011, 23, Reuschling 2012). Der Bielefelder Ansatz kann als Antipode zum sozialistischen Emanzipationsmodell der 1917er Sequenz gelten, weil er die universelle (industrielle) Maskulinisierung mit einer universellen (agrarischen) Feminisierung kontert.[14] Diese kolonisierende Inanspruchnahme eines geschlechtlichen Hauptwiderspruchs sollte in den nächsten Jahrzehnten vermehrt Gegenstand antirassistischer Interventionen werden, die Reformulierung des Universalismus als lokalisierende Feminisierung blieb jedoch von Anfang an minoritär. Nach 1968 konnte sich keine politische Differenz dauerhaft als dominanter Antagonismus hegemonialisieren, vielmehr wurde dieser Anspruch selbst angesichts der Neuen Sozialen Bewegungen immer häufiger aufgegeben und explizit zurückgewiesen. Die Revolutionssequenzen von 1968 und 1917 unterscheiden sich jedoch nicht nur auf der Ebene des Inhalts, sondern vor allem auch auf der Ebene der Form. Schematisch gesprochen, be-

14 Es handelt sich hierbei nicht um eine historische Erfindung. 1832 gründeten die Saint-Simonistinnen, etwa Désirée Veret, die vermutlich erste feministische Zeitschrift, *La femme libre*. Diese forderte anders als etwa Olympe de Gouges nicht nur soziale, ökonomische und rechtliche Gleichstellung, sondern eine gesamtgesellschaftliche Dominanz weiblicher Normen. Diese Perspektive eines frühsozialistischen Feminismus (die Proudhon'sche Schule andersrum war antifeministisch) ging aber für über ein Jahrhundert verloren, um dann in sehr verwandten Formulierungen wieder aufzutauchen: »Nie mehr Krieg, nie mehr nationales Gegeneinander, Liebe für alle!« (*La femme libre*, zitiert nach Notz 2011, 42)

deutet 1968 im Vergleich zu 1917 weniger Universalität als Partikularität, weniger Einheit als Vielheit, weniger Gleichheit als Freiheit und weniger Rationalität als Kreativität. Es steht eher für Autonomie als für Stabilität, eher für Entfremdungskritik als für Ausbeutungskritik und eher für eine Kritik der produktiven als der repressiven Macht (Gilcher-Holtey 2008, 223 ff., Stojaković 2013).

An die Stelle der revolutionären Konstruktion universeller Maskulinisierung der Revolutionswelle von 1917 trat mit der Revolutionswelle von 1968 so keine Konstruktion universeller Feminisierung, sondern eine Bewegung *differentieller Feminisierung*. Wo 1917 versucht hatte, das Private abzuschaffen, Reproduktion zu maskulinisieren, Emotionalität zu rationalisieren, das Sexuelle zu zivilisieren und menschliche Beziehungen zu ökonomisieren, versuchte 1968 das Private zu politisieren, Produktion zu feminisieren, Rationalität zu kritisieren, Kultur zu sexualisieren und die Ökonomie zu vermenschlichen. Der berühmte Slogan der zweiten Frauenbewegung »Das Private ist politisch« hatte nicht so sehr den Effekt, dass in Küche, Wohnzimmer und Bett nun politische Diskussionen nach dem Vorbild öffentlicher Debatten geführt wurden, sondern mehr, dass die Erfahrungen der Küchen, Wohnzimmer und Betten in den Debatten der Öffentlichkeit Einzug hielten. Über das, was in den berüchtigten eigenen vier Wänden vor sich ging, wurde nicht länger geschwiegen.

Auf den ersten Blick lassen sich unschwer Ähnlichkeiten mit den sowjetischen Entwicklungen der dreißiger Jahre erkennen. Auch bei den stalinistischen »Reinigungen« und »Säuberungen« wurde das Persönliche als Politisches in den halböffentlichen Zirkeln und öffentlichen Parteiveranstaltungen verhandelt. Auf den zweiten Blick jedoch sind die Unterschiede zur feministischen Praxis der öffentlichen Thematisierung des Persönlichen, wie sie sich etwa in den autonomen Gruppen der achtziger Jahre manifestierten, deutlich. Sie liegen in der Richtung der Bewegung zwischen den Sphären: In den dreißiger Jahren des 20. Jahrhunderts handelte es sich um eine bloße Subordination des Privaten unter das Politische, die damit eine totalitäre Bewegung im Wortsinne ist. Seit den siebziger Jahren bewegt sich die feministische Bewegung hingegen vom Privaten ins Politische. Es handelt sich nicht um eine reine Applizierung der Politik auf das Persönliche, sondern um eine Ausdehnung des Privaten, die auch eine Veränderung des Politischen bewirkt. Damit wurde eine folgenreiche Transformation der Öffentlichkeit eingeleitet, die sich in Veränderungen der Arbeit, aber ebenso der Politik und der Kultur im weiteren Sinne manifestiert.

Differentielle Feminisierung der Gesellschaft

Die Diagnose einer Maskulinisierung oder Feminisierung lässt sich nur anhand eines Maßstabes vornehmen. Als dieser Maßstab dient, was im alltäglichen Sprachgebrauch als traditionelle Geschlechtlichkeit bezeichnet wird. Tatsächlich entstammt er den bürgerlichen Gesellschaften Westeuropas und Nordamerikas vor dem Ersten Weltkrieg und den fordistischen nach dem Zweiten Weltkrieg. Es handelt sich um Gesellschaften binärer Spaltung, in deren hegemonialem Konzept Männlichkeit auf den öffentlichen, mit Rationalität konnotierten, Weiblichkeit auf den privaten, mit Emotionalität konnotierten Raum eingegrenzt wird.[15] Der Widerspruch zweier

15 Karin Hausen hat auf Grundlage von Lexikonbeiträgen sowie medizinischer, pädagogischer, psychologischer, fiktionaler Literatur folgendes Schema der dissoziierten Geschlechtscharaktere erstellt: *Mann:* Außen, Weite, Öffentliches Leben. Aktivität – Energie, Kraft,

geschlechtlicher Sphären impliziert drei schematische Modelle seiner Prozessierung, denen drei historische Phasen entsprechen.

Erstens: dichotome Unvereinbarkeit. Zwei Arbeitskomplexe und ihnen entsprechende Affektkomplexe werden in Form einer gesellschaftlichen Spaltung institutionalisiert und in zwei getrennten Gruppen subjektiviert, also desintegriert. Die Grenze wird von zivilen Tabus, polizeilichen Gesetzen sowie sozialen Akteuren – etwa Gewerkschaften, die gegen gleiche geschlechtliche Löhne kämpfen (vgl. Goldman 1993) – hergestellt. In den sozialen Räumen, in denen die beiden Sphären in Form der sie verkörpernden Protagonistinnen aufeinanderstoßen (Ehe), werden die in dieser Begegnung entstehenden Konflikte durch Subordination vorentschieden (Patriarchat). Der Widerspruch ist nicht gelöst, auch nicht gemildert, sondern konturiert. Dementsprechend gewaltvoll sind diese Begegnungen. Das praktisch-ideologische Zentrum des Modells ist szientifisch-religiös. Die ihm entsprechenden historischen Epochen reichen einmal vom letzten Drittel des 19. Jahrhunderts bis zum Ersten Weltkrieg, dann vom Zweiten Weltkrieg bis Ende der sechziger Jahre.

Zweitens: universelle Maskulinisierung. Ein Arbeits- und Affektkomplex (der männliche) wird zum monistischen Mo-

---

Willenskraft, Festigkeit, Tapferkeit, Kühnheit. Tun – Selbständig, strebend, zielgerichtet, wirksam, erwerbend, gebend, Durchsetzungsvermögen, Gewalt, Antagonismus. Rationalität – Geist, Vernunft, Verstand, Denken, Wissen, Abstrahieren, Urteilen, Würde. *Frau:* Innen, Nähe, Häusliches Leben. Passivität – Schwäche, Ergebung, Hingebung, Wankelmut, Bescheidenheit. Sein – abhängig, betriebsam, emsig, bewahrend, empfangend. Selbstverleugnung, Anpassung, Liebe, Güte, Sympathie. Emotionalität – Gefühl, Gemüt, Empfindung, Empfänglichkeit, Rezeptivität, Religiosität, Verstehen. Tugend – Schamhaftigkeit, Keuschheit, Schicklichkeit, Liebenswürdigkeit, Taktgefühl, Verschönerungsgabe, Anmut, Schönheit (Hausen 1976, 368).

dell erklärt, dessen Modus für alle gesellschaftlichen Teilbereiche Gültigkeit beansprucht und dessen Ideal egalitär subjektiviert wird. Partikularisierende Vergesellschaftungsinstanzen (Ehe/Familie) werden kritisiert und nach Möglichkeit destruiert; soziale Ungleichheit aufgrund unterschiedlicher Ausgangspositionen bezüglich der Nähe zum proklamierten menschlichen Ideal wird als Übergangsphänomen legitimiert. Wann immer bestimmte Arbeiten ideologisch »vergessen« oder praktisch-ökonomisch nicht integriert werden können, entstehen Doppelt- und Dreifachbelastungen. Differenzen werden als Abweichungen von der androzentrischen Norm artikuliert, die räumliche Spaltung auf eine zeitliche Linie (Fortschritt) transponiert. Der historische Rahmen dieses Modells reicht vom Ersten Weltkrieg bis in die späten dreißiger Jahre (Zweiter Weltkrieg), im Einflussbereich der Sowjetunion trotz Widersprüchen bis weit darüber hinaus. Sein ideologisch-praktisches Zentrum ist ökonomisch.

Drittens: differentielle Feminisierung. Die Subordination eines Arbeits- und Affektkomplexes unter die anderen wird kritisiert. Dessen kulturelle Aufwertung geht einher mit seiner sozialen Diffusion. Ohne universelles Modell werden Momente des Arbeits- und Affektkomplexes in veränderter Zusammensetzung subjektiviert, dabei tendenziell auch pluralisiert. Herrschaftlichkeit wird (auch) entlang weiterer Differenzachsen (Ethnie) reorganisiert: Die migrantisierte Haushaltshilfe setzt die bürgerlich weibliche Arbeitskraft für den Markt frei. Die historische Phase dieses Modells beginnt in den späten sechziger Jahren des 20. Jahrhunderts und reicht über die Gegenwart hinaus. Sein ideologisch-praktisches Zentrum ist kulturell.

In dieser dritten Phase lässt sich der vermehrte Einzug des Privaten und Persönlichen in die Sphären der männlich, rational, unpersönlich codierten Öffentlichkeit anhand der Boulevardpresse, der Talkshows und Frauenmagazine aufzeigen. Im Zuge einer massenmedialen Spektakularisierung dehnen sich sexualisierende und ästhetisierende Inszenierungen über weiblich konstruierte Körper hinaus aus. Die mediale Repräsentation von Gesundheit, Pflege und vor allem Ästhetik des Körpers gewinnt eine Bedeutung, die in der ersten Hälfte des 20. Jahrhunderts kaum vorstellbar war. Die Zunahme des öffentlichen Sprechens über das Private, über Beziehungsstatus, eigene Kinder und eigene Kindheit markiert ein Aufweichen der Grenzen zwischen den geschlechtlich binär codierten Sphären. Dabei hat die Bewegung die entgegengesetzte Richtung zu jener von 1917. Die politisch-kulturelle Entwicklung wird unterstützt von einer gleichursprünglichen politökonomischen Bewegung. Zeitgleich erreicht die Produktivkraftentwicklung einen Punkt, der in der Krise des fordistischen Produktionsmodus und seiner Regulationsweise mündet (Hirsch 1995, 84). Unter veränderten Bedingungen ist die disziplinierte, soldatisch-männliche Subjektivität mit Sparstrumpfmentalität nicht mehr funktional (Ruddick 1992, 298) und wird, katalysiert durch die Kämpfe von 1968, von einer hedonistischen Mentalität abgelöst. In diesem geschichtlichen Prozess erhält die (Massen-)Konsumsphäre sowohl für den Markt- wie auch den Staatskapitalismus eine nie zuvor erreichte Bedeutung. Die Sphäre der Konsumtion aber ist im Rahmen der heterosexistischen Arbeitsteilung bürgerlicher Gesellschaften, die auch im Realsozialismus nicht gebrochen wurde, weiblich codiert (McRobbie 1999). Weil die Einkäuferin des Familienhaushalts weiblich subjektiviert ist, tritt Feminität verstärkt auf die Repräsentationsflächen der Werbetafeln, als Botschaft (Objekt) wie als Adressatin (Subjekt). Insofern ein weiblich konstruiertes Begehren als monetäres in den Interessensbereich des Kapitals nach erweitertem Absatz rückt, transformiert sich mit dem Angebot der Waren auch das Bild der Öffentlichkeit. Diese feminisierende Bewegung zeigt sich auch auf dem Terrain der Mode. Die dreißiger bis fünfziger Jahre zeichnen sich ähnlich wie die neunziger Jahre des 20. Jahrhunderts durch eine zementierende Rekonstruktion von Zweigeschlechtlichkeit aus, die von der Staatsgewalt durchgesetzt wird. In den USA verlangen Anti-Crossdressing-Gesetze, dass Menschen, denen cisnormativ ein weibliches Geschlecht unterstellt wird, mindestens drei weiblich codierte Kleidungsstücke tragen. So obskur das Gesetz, so gewaltvoll seine Durchsetzung (vgl. Feinberg 2003, Adam 1987, 59). Im Gegensatz dazu sind die zwanziger ebenso wie die sechziger bis achtziger Jahre des 20. Jahrhunderts stärker durch Androgynität gekennzeichnet. Allerdings hat diese Androgynität im einen Fall eine androzentrische, im anderen Fall eine gynozentrische Färbung. Während »Garçon« und »Bubi« die Mode der zwanziger Jahre charakterisieren, stellt der Minirock das kennzeichnende Kleidungsstück von 68 dar, das ein Jahr später noch durch den Mikrorock unterboten wird.[16] Schlaghosen – als sinnbildliche Kombination von Hose und Rock – und weite Blusen stehen für feminine Androgynität. Das Körperzeichen, das die sechziger und siebziger Jahre des 20. Jahrhunderts charakterisiert, besteht in langen Haaren. Darin, dass in der reaktionären Beschimpfung der »Langhaarigen« darauf verzichtet werden kann, diese Gruppe geschlechtlich genauer einzugrenzen, also darauf hinzuweisen, dass bei etwa der Hälfte der Bevölkerung lange Haare nicht nur geduldet, sondern sogar erwünscht waren, zeigt sich die anhaltende androzentrische Tradition. Niemand wäre auf die Idee gekommen, von den »Hosenträgern« zu sprechen, es musste schon »Frauen in Ho-

16 Das Buch zum Thema versäumt nicht, das Wort der »Revolution« fallenzulassen: *Der Minirock. Die Revolution – Die Macher – Die Ikonen* (Lang/Schraml/Elster 2009).

sen« heißen, um das »andere Geschlecht« zu markieren. Zwar war der Kampf um Hose und kurze Haare 1968 noch im vollen Gange (Mosler 1977, 164), aber zugleich schon fast gewonnen.

Die veränderte Kritik sowie die mit dem Differenzkapitalismus verbundenen Veränderungen von molaren Vergesellschaftungsformen beeinflussen auch den Modus, in dem die geschlechtliche Transformation prozessiert wird. Die Norm der Gleichheit wird von einer Norm der Differenz abgelöst. Während diese in vielen differenzfeministischen Politiken noch binär interpretiert wird, wird die generelle Pluralisierung von Lebensstilen spätestens mit dem Queerfeminismus auch auf dem Feld von Geschlecht eine Orientierung an Vervielfältigung bewirken, die einem monistischen Modell von Universalität entgegensteht. Monique Wittig proklamierte bereits in den siebziger Jahren, dass es so viele Geschlechter wie Menschen gebe. Die Theoriebildung der queerfeministischen Bewegung kann so als ein später Effekt von 1968 interpretiert werden, insofern sowohl die Kritiken Schwarzer Feministinnen an den Ausschlüssen des sich universell gerierenden weißen Feminismus als auch die transgeschlechtliche Kritik an den Ausschlüssen der sich integrierenden Homosexuellenbewegung die radikalen Impulse von 1968 ff. aufgreifen und radikalisieren (Adamczak/Laufenberg 2012). Der Dragking in der Roten Armee verkörperte den Neuen Menschen der Sowjetunion, die Dragqueen, die mit ihrer Handtasche auf Polizistinnen einschlägt, wird zur Ikone der Stonewall Riots von 1969. Schon 1959 in Los Angeles und 1966 in San Francisco hatte es *transgender riots* gegeben, die maßgeblich von schwarzen, latina, working-class Dragqueens und Transfrauen getragen worden waren (Stryker 2008, 60 ff.). Die Stonewall Riots gegen Heterosexuellengesetze, die um einiges restriktiver als diejenigen der Sowjetunion waren (Stryker 2008,

65), wurden zuerst von obdachlosen Jugendlichen begonnen und dann von Stone-Butches angefeuert, die sich ihrer Verhaftung hartnäckig widersetzten (Carter 2004, 152). Es waren in den nächsten Jahrzehnten jedoch Transfrauen, bürgerliche »Transvestitinnen«, effeminierte Schwule, Tunten, die die Ikonographie sexueller und geschlechtlicher Devianz prägten. Die Butches, Dragkings und Transmänner bekamen erst ab dem letzten Jahrzehnt des 20. und dem ersten Jahrzehnt des 21. Jahrhunderts eine vergleichbare Aufmerksamkeit (Schirmer 2010, 15, 56ff.). Während einige hierfür geringere ökonomische und symbolische Ressourcen der lesbischen gegenüber der schwulen Subkultur verantwortlich machen (Newton 2000, 64f.), andere die schrillere und sichtbarere Repräsentation von Weiblichkeit am Wirken sehen (Halberstam 1998, 236ff.), ziehen dritte die Entwicklung der Massenmedien heran, in denen Männlichkeit erst spät als ästhetisches Objekt auftaucht (Wickman 2003). Aus der erweiterten Perspektive von einhundert Jahren lässt sich hier jedoch eine allgemeine Bewegung ausmachen: Als der Dragking in den neunziger Jahren des 20. Jahrhunderts erneut die Bühne der Politik in Europa und Nordamerika betritt, tut er dies nicht mehr als Repräsentant des Allgemeinen, als Verkörperung des Neuen Menschen, sondern als minoritäre Figur, die den Zugang zur Arena der Differenz verlangt.

Die wissenschaftliche Beschreibung dieser historischen Transformation ist am weitesten in den soziologischen Debatten um die Feminisierung der Arbeit entwickelt. Der Begriff der Feminisierung von Lohnarbeit meint zugleich die Transformation der Arbeit durch deren Entgrenzung und Affektivierung als auch die Zunahme von sogenannter Frauenerwerbsarbeit (Speck 2012, 262, Voß/Weiß 2005, Negri 1998, 26f.). Dabei müssen alle Versuche, den ersten Aspekt aus dem zweiten herzuleiten, also die veränderte Geschlechtlichkeit der Arbeit mit der Zunahme empirischer Frauen in der Lohnarbeit zu erklären, daran scheitern, dass die Frauenerwerbsquote im kapitalistischen Westen der siebziger Jahre des 20. Jahrhunderts bis in die Gegenwart hinter derjenigen in Sowjetunion und Warschauer-Pakt-Staaten zurückgeblieben ist. Die sowjetischen Arbeitsverhältnisse aber wiesen keine Charakteristika feminisierter Arbeit auf. Was der historische Vergleich hingegen zeigen kann, ist, dass sich das institutionelle Geschlecht verändert: Während sich das Geschlecht Thatchers kaum von demjenigen Reagans unterscheidet,[17] bewirkt die ökonomische, politische und kulturelle Bewegung von 1968 eine Feminisierung der gesellschaftlichen Institutionen. Im Rahmen einer materialistisch queerfeministischen Analyse interessiert insbesondere das Verhältnis von geschlechtlicher Affektivität und Arbeit. Denn die Bewegungen von 1968ff. haben nicht nur die Bedeutung der Konsumsphäre für den Kapitalismus als Ganzen und dabei die Sphäre der Öffentlichkeit verändert, sie haben vermittels der Kämpfe um Autonomie, Selbstbestimmung und Flexibilität auch die Sphären der Arbeit in ihrer Geschlechtlichkeit transformiert. Diese Bewegung erscheint tatsächlich als spiegelbildlich zu jener der Russischen Revolution. In der Phase vor der Revolution, argumentierte Kollontai, zwänge die »Verschärfung der wirt-

17 Institutionen wie kapitalistische Staaten verändern sich außerhalb von Revolutionsphasen wenig dadurch, dass andere Subjekte in sie eingefügt werden (»Marsch durch die Institutionen«), eher werden andersherum die Subjekte von den Institutionen transformiert. Die Forderung, allen Menschen unabhängig von den ihnen zugewiesenen Identitäten Zugang zu allen gesellschaftlichen Sphären (Regierung, Pflege, Militär, Ehe, Gefängnis, Ponyhof usw.) zu öffnen, bleibt davon unberührt. Insofern ist der Unterschied zwischen Thatcher und Reagan zugleich einer ums Ganze.

schaftlichen Gegensätze« die durch »Vorherrschen des Gefühls« charakterisierte »Frau der Vergangenheit«, dass sie »ihre Gefühle besiegt« (Kollontai 1977 [1918], 27). Die ökonomische Transformation führte dann zu einer affektiven Transformation. Trotz des hohen Arbeitsaufwands erlaube es die traditionelle Hausarbeit, sie für einen emotionalen Moment aufzuschieben, dem Bedürfnis, sich auszuruhen und auszuweinen, nachzugehen und die Arbeit nach der Klage wieder aufzunehmen. Genau dies lässt die dem Gesetz der Stechuhr gehorchende Lohnarbeit nicht zu. Die Arbeiterin braucht »innere Selbstdisziplin«. Sie muss lernen, »ihr persönliches Leben wie hinter einem Riegel« zu verbergen (ebd., 27f.) Die Konsequenz ist logisch: andere Arbeitsökonomie, andere Zeitökonomie, andere Affektökonomie. Eine heteronome, abstrakte, statische Arbeit führt zu einem kontrollierten, rational-verlässlichen, gefühlsbeherrschten Subjekt, während eine flexible, konkrete, eher autonome Arbeit mehr Raum für die Entfaltung von Gefühlen, für Klage und Leid lässt. Entsprechend verschieden fällt die geschlechtliche Subjektivierung im Osten und im Westen aus. Gemessen an den Subjekten, denen ein weibliches Geschlecht zugeschrieben wird, werden die Mitglieder dieser Gruppe in der DDR weniger Psyche haben als in der BRD, weil die Lohnarbeit auf Dinge, Öffentlichkeit und Oberfläche orientiert, während andererseits die Anforderung, ein heimeliges Heim herzurichten und zu repräsentieren, die tiefe Innerlichkeit erzeugt, deren Abgründe dann von Antidepressiva abgedämpft werden müssen. Was aber geschieht, wenn sich die Formen der Lohnarbeit flexibilisieren (vgl. Sennett 2006), sich nicht mehr nach dem rigiden Maßstab abstrakter Zeit bemessen, sich nicht mehr notwendig öffentlich in Fabrik oder im Büroraum abspielen, sondern teilprivatisiert in Café oder Zuhause? Wenn Kollontais materialistische Analyse zutrifft, dass Subjektivität Subjektivierung objektiver Verhältnisse bedeutet und die Arbeitsorganisation die innere Organisiertheit nicht unberührt lässt, dann werden die Transformationen der (post)fordistischen Lohnarbeit im fortbestehenden Raster symbolischer Zweigeschlechtlichkeit verweiblichende Effekte haben (vgl. Hardt 2004, Illouz 2007). Neben dem Primat der Ausführung wird auch die Kommunikation über die Ausführung an Bedeutung gewinnen, die von Kollontai am Beispiel individualisierter Hausarbeit beschriebene Prokrastination wird ebenso bedeutsamer werden wie psychische Prozesse und damit auch Krankheiten (vgl. Hochschild 2002 und Kaindl 2011). Nicht Künstler, sondern Sexarbeiterinnen, Hausfrauen, Mütter sind die Prototypen dieser neuen Arbeitsverhältnisse (Boudry/Kuster/Lorenz 1999, Stüttgen 2007, 142 f.). Ihre Affektivität, flexible Zeitlichkeit und Identifikation sind das Ideal der veränderten Ausbeutungsverhältnisse.[18] Diese sind deswegen als feminisierte richtig benannt, was weder eine monetäre Privilegierung von feminisierten Menschen bedeutet – diese verdienen weiterhin weniger, wenn auch nicht überall so viel weniger wie in Deutschland – noch ein Verschwinden weiblich vergeschlechtlichter Hausarbeit (vgl. Federici 2012a [1975], Pühl/Schultz 2001). Die Prozesse sind aber nicht Erfindungen eines automatischen Kapitalsubjekts, sondern selbst vermittelter Ausdruck der weltrevolutionären Sequenz von 1968 ff. In ihnen werden

18 Aufschub, Kommunikation, Klage bestimmen den neuen Arbeitsmodus, aber ist er deswegen weniger »rational«? Der Begriff der Rationalität, jahrhundertelang männlich vergeschlechtlicht, verändert hier seine vorgeschriebene Bedeutung. Unter den neuen Arbeitsbedingungen erscheint gerade eine Arbeiterin, die nach der Stechuhr zu arbeiten versucht, die sich keine Zeit nimmt für die Befindlichkeiten und Macken der Kundin, die jedes Problem nur nach Vorschrift und abstrakten Regeln zu lösen versucht, als mackenhaft, als irrational.

soft skills, *Teamwork capability*, care, gossip usw. über den Bereich der Hausarbeit hinaus verallgemeinert und Weiblichkeit als *unmittelbar* produktive Ressource für das Kapital erschlossen.[19]

Diesbezüglich argumentiert Alexandra Rau, die Diagnose einer Feminisierung von Arbeit sei irreführend, es handelte sich vielmehr um eine »Remaskulinisierung der Lebensführung«. Zum einen führe die Entgrenzung der Arbeit, die vom ständig schlechten Gewissen, nicht genug gearbeitet zu haben, begleitet sei, zu einer Ausdehnung der Produktion auf Kosten der Reproduktion. Weder für Hausarbeit außerhalb der Lohnarbeit noch für Erholung, ein Schwätzchen oder nur Essen am Arbeitsplatz bliebe noch Zeit. Feminisierung finde also unter Abzug reproduktiver Rationalität statt. Zum anderen verhinderten die fortgesetzten individualisierten Konkurrenzverhältnisse, dass »Sorge für andere und deren Schicksal« oder der Wunsch nach »Harmonie« zu leitenden Handlungsprinzipien würden, stattdessen folgten die Arbeitenden weiterhin klassisch maskulinen »politischen Spielen«. Rau schlussfolgert, dass »die Hoffnungen von Frauen auf gesellschaftliche Emanzipation und die darin investierten kollektiven Kräfte sich im Kontext subjektivierter Arbeitsverhältnisse damit gleichermaßen als aufgenommen und angesichts einer Remaskulinierung der Lebensführung und der Existenzweise als kupiert« (Rau 2010, 412ff.) erwiesen. Diese Kritik an der These einer Feminisierung von Arbeit widerspricht

19 Damit teilt die hier entwickelte Theorie einige Grundannahmen mit der feministischen Care-Diskussion, welche die geschlechtliche Polarisierung gesellschaftlicher Arbeitssphären kritisiert und die in ihr enthaltenen Naturalisierungen zurückweist (Conradi 2001), indem sie das Konzept der Sorge, das weiblich codiert ist (Benjamin 1988), als universalistisches konzipiert (für eine solidarisch-kritische Darstellung Flick 2013, 61f.).

nicht der hier entwickelten Argumentation. Zum einen entspringen die verschiedenen Betonungen dem unterschiedlichen Zeithorizont. Was sich gegenüber den feministischen Hoffnungen der siebziger oder gar neunziger Jahre als Remaskulinisierung ausnimmt, erscheint im weiteren geschichtlichen Rahmen des 20. Jahrhunderts, das heißt im Vergleich mit den zwanziger Jahren trotzdem noch als feminisierende Bewegung. Zum anderen bestätigt gerade Raus am normativen Maßstab der feministischen »Hoffnung auf Emanzipation« ausgerichtete Kritik der gegenwärtigen Arbeitsverhältnisse das hier entwickelte Verständnis der Dialektik von geschlechtlich-ökonomischer Revolution und Konterrevolution. Die Realität der ersten Jahrzehnte des 21. Jahrhunderts kann ebenso wenig als unmittelbare Realisierung der emanzipatorischen Fluchtlinien der siebziger Jahre des 20. Jahrhunderts verstanden werden wie die fünfziger Jahre als Realisierung der zwanziger Jahre des 20. Jahrhunderts. Was sich realisiert, sind zugleich Mischformen und umgeleitete Formen. Es handelt sich, wie Alexandra Rau betont, um das Ergebnis einer (Re-)Kuperation.

Doppelbild. 1917 und 1968

Die Rekonstruktion der revolutionären Konstruktionen von 1917 und 1968 ermöglicht es, die beiden historischen Fluchtlinien der Emanzipation übereinanderzulegen. Während die Schematisierung der Sequenzen in großer Verwandtschaft zu der von Ève Chiapello und Luc Boltanski vorgenommenen Unterscheidung von Sozialkritik und Künstlerinnenkritik steht (Boltanski/Chiapello 2006), geht es hier weniger um Kritikformen als um revolutionäre Konstruktionsformen. Der Vergleich ermöglicht es, die Sequenzen in ein Verhältnis wechselseitiger Kritik zu setzen, um beider Beschränkungen zu entziffern.[20]

Voraussetzung dafür ist, die Möglichkeitsbedingung der hier unternommenen Kritik an der Sequenz von 1917 zu reflektieren und als in der Sequenz von 1968 geschaffene auszuweisen (vgl. Haraway 1995). Die Selbstverständlichkeit, mit der eine Position, die in den zwanziger Jahren des 20. Jahrhunderts als emanzipatorisch galt, heute ohne großen Begründungsaufwand als androzentrisch verworfen werden kann, verweist darauf, dass es sich hier um keine fraktionelle Differenz handelt, sondern um eine epochale. Dass die Kritik von Männlichkeit, die in den Texten Alexandra Kollontais fast vollständig abwesend ist, zu einer emanzipatorischen Selbstverständlichkeit wird, ist Ausdruck einer historischen Transformation. Zugleich hat das hier präsentierte Theorem von

20 Für einen historischen Moment stellte sich diese Möglichkeit einer Begegnung zweier Weltzeiten real ein: in der Konfrontation von Ost- und Westfeministinnen in Deutschland um 1990 – etwa in dem von Carola Möller initiierten Frauenforum Ökonomie und Arbeit. Zwei Konzeptionen standen hier, zugespitzt durch den Kalten Krieg, einander gegenüber (der Vergleich des englischen oder französischen Feminismus mit dem ostdeutschen wäre nicht ebenso drastisch ausgefallen): Sprache, Kultur, Werbung, Sexismus, häusliche Gewalt, Kindererziehung, Aufteilung der reproduktiven Arbeit, Geschlechterrollen, Körperideale auf der einen Seite – gleicher Lohn, gleicher Zugang zu allen Arbeitsbereichen (weibliche Physiker, Chemiker, Militärs) und zu allen Führungsposten (weibliche Professoren, Bürgermeister usw.), Kinderbetreuung auf der anderen Seite (auch Nickel 1999). Die Begegnung fand unter hierarchischen Bedingungen statt, die der Chronozentrismus – alt/neu – bereits nahelegt: Das Gesellschaftsmodell, dem der Westfeminismus entstammte, hatte sich ökonomisch durchgesetzt, und es waren Westfeministinnen, die führende Positionen in den mächtigen Institutionen einnahmen (Professuren). Dennoch errang der Ostfeminismus einen wenig bemerkten mittelbaren Erfolg: Angela Merkel, einen weiblichen Kanzler, hätte der Westfeminismus der BRD auf Jahrzehnte nicht zustande gebracht.

Geschlecht als historisch gewordenes Ensemble gesellschaftlicher Möglichkeiten an Arbeits- und Erlebnisweisen die historische Bedingung seiner Möglichkeit in den Bewegungen, in denen queere und feministische Kämpfe auf die Integrationskraft des Kapitalismus stoßen und dadurch Prozesse der Feminisierung der Arbeit und der Aufwertung des Konsums sowie der Veröffentlichung des Privaten und der Privatisierung der Öffentlichkeit in Gang setzen.

Beim Vergleich der Sequenzen ist der häufige Fehler (etwa bei Laclau/Mouffe 2006) zu vermeiden, das Neuere mit dem Besseren zu identifizieren. Die Aufgabe besteht nicht darin, *state of the art*, auf der Höhe der Zeit zu sein, sondern darin, die unabgegoltene Potenzialität der Geschichte hervorzuholen, die in den welthistorischen Revolutionswellen noch auf Aneignung wartet. Dabei sind die Ideen nicht das im historischen Prozess Bleibende, sich gegen den Strom der Zeit Verwahrende. Nur in Betätigung können sie leben, während sie außerhalb ihrer historischen Umgebung von den wirklichen Begierden schweigen, von denen sie bewegt werden. So ist auch die kommunistische Idee nicht ewig, noch kommt sie in einer Jahrhunderte währenden Entfaltung zu sich. Es gibt nicht den einen »Traum von einer Sache« (Marx, MEW 1a, 346), der von Matriarchat über Urchristentum, Sklavinnen- und Bäuerinnenaufstände bis zu Industrieproletariat, Neuen Sozialen Bewegungen und Multitude in immer gleichen Bildern, Begriffen und Begierden geträumt würde. Und es gibt auch nicht den einen Fortschritt, der sich durch alle ideellen Träume und praktischen Versuche bewegte, um dabei zu sich selbst zu kommen. Dieser Begriff des Fortschritts wurde schon im Ersten Weltkrieg schwer beschädigt und ist seit den nazistischen Vernichtungslagern nicht mehr zu reparieren. Verschwindet mit dem realhistorischen Fortschritt aber auch die rechtfertigbare Hoffnung auf normativen Fortschritt?

Die traditionelle marxistische Theorie, welche die Sequenz von 1917 begleitete, sah in der Übereinstimmung von theoretischer Figur und historischem Prozess den Beleg von deren Richtigkeit, denn die im Fortschrittsglauben gesicherte geschichtsphilosophische Verschränkung von Wahrheit und Macht besagte, dass sich das Richtige zwar dialektisch gebrochen, aber dennoch mit Notwendigkeit durchsetzen würde. Das Falsche hingegen war im gnadenlosen Prozess der Geschichte dem Untergang geweiht. In den mit der Sequenz von 1968 verbundenen Kritiken des Parteimarxismus, jenen etwa von Adorno/Horkheimer oder Deleuze/Guattari, lässt sich die genau entgegengesetzte Figur ausmachen. Der Fortschrittsoptimismus wird nicht nur verworfen, sondern auch für das Ausbleiben seiner Prophezeiungen verantwortlich gemacht (vgl. Benjamin 1992 [1940], VIII). Die Verknüpfung von Theorie mit realgeschichtlicher Tendenz bekommt nun die Funktion, den Gedanken seiner Komplizenschaft mit »dem Bestehenden« zu überführen. Die Verbindung queerer Theorie mit Momenten neoliberaler Subjektivierung wird dem Queerfeminismus vorgeworfen (Trumann 2002 oder Soiland 2011), die Majorisierung minoritärer Politiken und subkultureller Praktiken wird als Integration beklagt. Dagegen besteht die Aufgabe hier nicht in historischer Hierarchisierung, weder in die eine noch in die andere Richtung. Die Technik der Doppelbelichtung zweier historisch virtueller Kommunismen soll vielmehr erlauben, das Bild eines umfassenderen Kommunismus zu zeigen.

Aus der weltrevolutionären Konstellation von 1917 und 1968 lassen sich in der Konfrontation der gesellschaftlichen Geschlechterkonstruktionen zwei Schlussfolgerungen ziehen. Zum einen, dass Emanzipation sich nicht kraft eines dialektischen Automatismus aus der bestimmten Negation ergibt. Schließlich lassen sich verschiedene oder gar entgegengesetzte emanzipatorische Antworten auf etwa das gleiche gesellschaftliche Problem geben. Zum anderen aber, dass beide utopisch-revolutionären Konstruktionen, so historisch verschieden sie auch ausfallen, Antworten auf in etwa das gleiche Problem geben: die gesellschaftliche Spaltung in Produktions- und Reproduktionssphäre, Öffentlichkeit und Privatheit, Rationalität und Emotionalität (vgl. Becker-Schmidt 2000, 25). Der Versuch, dieses Problem zu lösen, machte mehr als die Konstruktion neuer ökonomischer Produktionsweisen oder subjektiver Existenzweisen, die Konstruktion neuer Beziehungsweisen nötig. Die Revolutionskonstruktion von 1917 versuchte den Widerspruch in Richtung von Öffentlichkeit, Produktion und Rationalität aufzulösen und sämtliche Beziehungen nach dem Muster der universellen kameradschaftlichen Beziehungsweise des Parteistaates zu reorganisieren. Den Akteurinnen der Revolutionskonstruktion von 1968 erschien dieser Entwurf als homogenisierende Totalisierung und als Fortschreibung männlicher Herrschaft. Gegen die universelle Maskulinisierung von 1917 setzt 1968 auf eine partikularisierte, lokalisierte Feminisierung. Während das Ideal der Sequenz von 1917 in einer geschlechtslosen Welt besteht, die sich als eingeschlechtliche herausstellt, besteht das Ideal von 1968, durch seine späteren queeren Effekte betrachtet, in einer Welt mannigfaltiger Geschlechter.

Der veränderte Fokus lässt sich aus den gesellschaftlichen Verhältnissen heraus verstehbar machen, aus denen die Revolutionswelle von 1968 hervorgeht und gegen die sie opponiert; Verhältnisse, in denen sich zugleich auch das Scheitern und die integrative Rekuperation der Revolutionswelle von 1917 erkennen lassen. Es handelt sich um Verhältnisse, die gekennzeichnet sind durch bürokratische Organisation, fordistische Produktion, kulturelle Homogenität und niedrige soziale Mobilität. Adorno fasste sie im sprechenden Begriff der »verwalteten Welt« zusammen. Gegen diese Welt, in der das Verhältnis von Allgemeinem und Besonderem, von Objektiven und Subjektiven, statisch als lineare Subordination organisiert war, richtete sich der Ansturm von 1968. Er richtete sich damit gegen ein gesellschaftliches Verhältnis, in dem Familien, Schulen, Psychiatrien, Gefängnisse, Nationen und die ihnen zugehörigen geschlechtlichen, sexuellen und rassistischen Ordnungen Subjekte in einer Weise produzieren, selektieren und disziplinieren, dass sie gemäß der gesellschaftlichen Nachfrage nach Arbeitskräften verteilt werden können. Die queere Bewegung, die in den neunziger Jahren des 20. Jahrhunderts aus Homo-, Frauen- und Schwarzenbewegung hervorgehen wird, ist Teil dieser Kritik, die sie zugleich radikalisiert. Analog zu Michel Foucaults Definition der Kritik als Kunst, nicht dermaßen regiert zu werden (Foucault 1992 [1978], 11f.) lässt sich queer als Begierde fassen, nicht dermaßen identifiziert zu werden (Adamczak/Laufenberg 2012). In gesellschaftlicher Perspektive artikuliert sich in der queeren Kritik von Zwangsidentifizierung der Anspruch einer erweiterten Partizipation am gesellschaftlichen Reichtum möglicher Existenzweisen. Marx formulierte in der *Deutschen Ideologie*, die kommunistische Gesellschaft ermögliche es, »morgens zu jagen, nachmittags zu fischen, abends Viehzucht zu treiben, nach dem Essen zu kritisieren [...], ohne je Jäger, Fischer, Hirt oder Kritiker zu werden« (Marx, MEW 3, 33). Im Anschluss daran lässt sich queer als Begehren nach einer Gesellschaft verstehen, die es ermöglicht, nachmittags den Haushalt zu machen, abends zu verreisen, nach dem Essen zu handwerken oder zu cruisen und morgens zu schlafen, ohne je Frau, Migrantin, Lesbe, Schwuler oder Kommunistin zu werden. Dieses Begehren konnte offensichtlich noch nicht realisiert werden. Die neoliberale Konterrevolution war gerade deswegen so erfolgreich, weil sie das Begehren der revoltierenden Subjekte aufnehmen und es zugleich in die herrschende Ordnung des Eigentums integrieren konnte – und zwar durch den Modus der Individualisierung. Die individualisierenden und subkulturalisierenden Dispositive des Spektakels ermöglichen kein Leben im Überfluss des sexuellen, geschlechtlichen, ethnischen, materiellen Reichtums der Gesellschaft, sondern zunehmende Konkurrenz um die knappen und fließend hierarchisierten Posten, zwischen denen die Wahlmöglichkeiten ausgedehnt wurden. Die neoliberale Rekuperation der Forderungen von 68 verkehrt die Autonomie der Arbeit in ihre Flexibilisierung, die Befreiung der Sexualität in ihre Konsumierbarkeit, die Selbstbestimmung in Selbstoptimierung und die Selbstverwaltung in Selbstausbeutung. Ziehen wir von hier aus die beiden Revolutionssequenzen zusammen, so erscheint vor uns auf der einen Seite eine Universalität, die allerdings normiert und damit hierarchisierend ist, auf der anderen Seite eine Freiheit, die jedoch individualisiert und ökonomisiert bleibt. Auf der einen Seite eine kollektive Gleichheit in Armut – nicht materieller, sondern existenzieller Armut, also Armut der ausschließlich männlichen Möglichkeit – und auf der anderen Seite einen Reichtum, der nur in der abgeschlossenen Form der Identität, gewissermaßen des individuellen Privateigentums an geschlechtlichen oder sexuellen Eigenschaften angeeignet werden kann.

Eine queerfeministische Revolutionstheorie kann die Erfahrungen von 1917 und 1968 zu synthetisieren versuchen. Die Emphase auf kollektive Praxis, die nicht vor allem auf kulturelle Verhältnisse, sondern auf materielle Strukturen zielt, lässt sich mit dem Wissen darum, wie divers und tiefreichend diese Strukturen und ihre Effekte sind, verbinden. So wie kommunistische Arbeiterinnen nicht vor allem für ihre Integration in die bestehenden Eigentumsverhältnisse stritten, sondern für deren Abschaffung, so kämpften weibliche Feministinnen nun nicht mehr ausschließlich für ihre Partizipation an männlicher Lohnarbeit und Öffentlichkeit, sondern zugleich für die Auflösung der gesamten Geschlechterordnung. Wenn Preobraschenski sagt, es gehe nicht um eine gerechtere Verteilung der Hausarbeit, sondern um Abschaffung der Hausarbeit, so lässt sich aus queerfeministischer Perspektive hinzufügen, es gehe nicht um ein gerechteres Verhältnis zwischen Frauen und Männern, sondern um die Abschaffung von Männern und Frauen. Allerdings weder indem alle Menschen zu Männern würden, noch indem eine allgemeine Fluidisierung zu permanenter geschlechtlicher Neuerfindung nötigte. Sondern durch Konstruktion sicherer sozialer Verhältnisse, das heißt stabiler Beziehungsweisen, die Anerkennung von Subjekten nicht an deren künstliche Verarmung koppeln.

Die Konstellation, in der die geschlechtlichen Emanzipationen von 1917 und 1968 stehen, erlaubt es, die Frage zu stellen, wie der universalistische Anspruch des Kommunismus gerettet werden kann, ohne seine maskulinistische Norm zu reproduzieren. Das bedeutet idealtypisch, sowohl jene gleichheitsfeministische Antwort zurückzuweisen, die Emanzipation als Anpassung an das menschlich-männliche Universelle konzipiert, als auch jene differenzfeministische, die darunter die Separation einer vorgefundenen und naturalisierten, also beschränkten Weiblichkeit versteht. Aus revolutionstheoretischer Perspektive kann nach Denaturalisierung der Geschlechtercharaktere das Ensemble vergeschlechtlichter menschlicher Eigenschaften als ein Pool affektiver, habitueller, relationaler etc. Möglichkeiten erscheinen, aus dem eine sich befreiende Menschheit wählen kann. Da Revolutionen wesentlich Konstrukteurinnen von Beziehungsweisen sind, Geschlechterverhältnisse aber Beziehungen von Nah- und Fernbeziehungen über die Grenzen sozialer Sphären hinweg organisieren, befindet sich das Geschlechterverhältnis nicht in der Peripherie, sondern im Herzen der Revolution. Damit ist nicht gesagt, dass alle anderen Beziehungsweisen – Stadt-Land, Mensch-Natur, Innen-Außen – in der Peripherie angesiedelt wären. Das »Herz« der Revolution ist groß. Was sich jedoch aus queerkommunistischer Perspektive erkennen lässt, ist, wie sich die gesamte Fragestellung sozialer Transformation verschiebt, wenn die Existenz von Männern und Frauen nicht mehr vorausgesetzt wird, wenn Differenzen nicht übergangen, aber ihr vorsozialer Status bestritten wird. Die Fragen, die gegen den falschen Universalismus des Bürgertums oder auch des sozialistischen Staatsproletariats in die Welt gezwungen wurden, die Fragen der Frauen, der Jüdinnen, der Kolonisierten, der Migrierten, der Homosexuellen, der Behinderten, der Transgeschlechtlichen, der Intergeschlechtlichen also, sind dann nicht mehr die Fragen der Frauen, der Jüdinnen, der Kolonisierten, der Migrierten, der Homosexuellen, der Behinderten, der Transgeschlechtlichen, der Intergeschlechtlichen, sondern die mittelbar universellen Fragen mindestens der Menschheit selbst. Dies sind nicht die Fragen der Partizipation oder Anerkennung, schon gar nicht der Akzeptanz und Toleranz. Aus der Konstellation von 1917 und 1968 ergibt sich eine Perspektive, welche über die identitäts- und subjektzentrierten Fragestellungen hinausweist. Aus dieser revolutionären Perspektive, die aus den vorgefundenen Möglichkeiten eine Welt zu erschaffen hat, erscheinen alle Identitäten, die die Geschichte der Herrschaft den jeweils Lebenden vor die Füße geschleudert hat, als Reichtum potenzieller Existenzweisen, den diese sich aneignen können, um die Fragen zu beantworten: Wie wollen wir leben, wer wollen wir werden, durch welche Beziehungen wollen wir existieren?

TEIL DREI
BEZIEHUNGSWEISEN

> Das Leiden dieser Zeit ist die Zusammenhanglosigkeit [...]. Es ist eine schwache Zeit. Aber man kann nicht einfach drauflosschreiben und künstlich Zusammenhänge herstellen. Die Möglichkeit, im Zusammenhang zu schreiben, kommt sicher wieder. Im Augenblick kann man nur genau begreifen, dass keine Zusammenhänge da sind
> *Ilse Aichinger*

Im ersten Teil dieses Buches wurde anhand der Russischen Revolution auf die Gefahr der Spaltung von Revolution und Postrevolution aufmerksam gemacht. Eine emanzipatorische Revolution muss, um gelingen zu können, bereits Momente der Utopie, die sie zu realisieren versucht, vorwegnehmen, zugleich aber darf diese Utopie nicht von allen Momenten der Revolution gereinigt werden, um derentwillen die Revolution begehrt wird. Der hier unterbreitete Vorschlag, wie diesem historischen Problem begegnet werden könnte, lautet, die emanzipatorische Revolution nicht als Machterringung, sondern als sozialen Transformationsprozess zu konzipieren, in dessen Zentrum nicht die Destruktion der herrschenden Gesellschaft steht, sondern die Konstruktion einer herrschaftsfreien. Die Argumentation hat in der Russischen Revolution ihren idealen Gegenstand, insofern diese bis in die Gegenwart vor allem als Ereignis der Machteroberung verstanden wird. Demgegenüber wird die Revolution hier als ein komplexer, diverser, missverständlicher Prozess interpretiert, der als praktische transzendentale Reflexion auf dem Terrain der Geschichte die Bedingungen der Politik politisiert und somit historische Möglichkeiten eröffnet, die zuvor systemisch verschlossen waren. Diese Öffnung ist aber nicht Selbstzweck, sondern Voraussetzung zur Schaffung einer neuen sozialen Konstellation, die den Bedürfnissen der gesellschaftlichen Lebewesen angemessener ist. Dabei wurde der revolutionär-utopische Konstruktionsprozess nicht kreationistisch gefasst – Tabula rasa und radikaler Neuanfang –, sondern synaptisch: Die Revolution schafft nicht aus dem Nichts, sie verknüpft bisher Unverbundenes in neuer Weise.

Im zweiten Teil wurde der revolutionäre Konstruktionsprozess 1917 und 1968 am Gegenstand jener Sozialbeziehungen untersucht, die konventionell unter dem Namen Geschlechterverhältnisse fungieren. Im Vergleich der revolutionären Sequenzen von 1917 und 1968 ließ sich eine entgegengesetzte Konstruktionsbewegung ausmachen – universelle Maskulinisierung auf der einen, differentielle Feminisierung auf der anderen Seite. Zugleich wurde deutlich, dass beide revolutionäre Wellen an der Demontage eines ähnlichen sozialen Verhältnisses arbeiteten, das in der Spaltung der Gesellschaft in zwei distinkte Sphären – Öffentlichkeit und Privatheit, Produktion und Reproduktion, Anonymität und Intimität – besteht und die materiell-organisatorische Grundlage einer historisch spezifischen Zweigeschlechtlichkeit bildet. Der revolutionäre Konstruktionsprozess kann deswegen nicht adäquat gefasst werden in Begrifflichkeiten, die nur einer dieser beiden Sphären entstammen und auf diese beschränkt bleiben. Im Zentrum der Revolution steht weder die Totalität (des Staates) noch die Individualität (des einzelnen Menschen), weder die (kalte) Gesellschaft noch die (warme) Gemeinschaft, weder die Produktionsweise noch die Existenzweise, sondern die Beziehungsweise.

Damit rückt eine normative Orientierung ins Zentrum der Aufmerksamkeit, die sowohl im Revolutionszyklus 1917 als auch im Revolutionszyklus 1968 unterthematisiert blieb. Die Losung der Französischen Revolution hatte Freiheit, Gleichheit, Brüderlichkeit gelautet; die Sequenz der Russischen Revolution war hegemonial gleichheitsorientiert, die Sequenz der Achtundsechzigerrevolution hegemonial freiheitsorientiert. Die Solidarität hingegen wurde 1917 und 1968 als Effekt oder Voraussetzung des Kampfes angesehen und somit tendenziell funktionalisiert: »Devided we fall, united we stand.« Das mag damit zu tun haben, dass sich die Solidarität als affektiver Appell leicht erfassen, aber als rationales Konzept schwer greifen lässt. Stärker als Gleichheit und Freiheit, die sich eher an einem äußerlichen Maßstab manifestieren – Verteilung von Gütern, Abwesenheit von direkten Zwängen –, erfordert das Verständnis der Solidarität ein Denken jenes *zwischen*, das den eigentlichen Lebensraum der Beziehungsweise bildet.

Totalität, Singularität, Relationalität

Das Individuum als Einspruchsinstanz gegen die Totalität

Die beiden großen Revolutionssequenzen des 20. Jahrhunderts 1917 und 1968 sind in diesem Buch in ein Verhältnis wechselseitiger Kritik gesetzt. Trotz der von beiden Seiten heftig geführten Auseinandersetzungen zwischen neuer und alter Linker (vgl. Jünke 2011) war diese Kritik historisch, aufgrund der unumkehrbaren Chronologie der Zeit, einseitig. 1968 ging auch aus einer Kritik an 1917 hervor, vor allem an dessen späteren, rekuperierten und teils paradoxen Effekten, die – vor allem 1918, 1921, 1927, 1936, 1939, 1953, 1956, 1968 – zu Spaltungen innerhalb der Linken geführt hatten. Die revolutionäre Welle von 1968 richtete sich auch gegen die Gesellschaftsformation des stalinistischen Staatssozialismus, die globale Situation, aus der sie emporstieg, war diejenige der Systemkonkurrenz, in welcher der postfaschistische Antikommunismus den Gegenpart spielte. Diese historische Situation war geprägt durch eine hohe Konzentration gesellschaftlicher Macht und geringe politische Mobilität, sie zeichnete sich aus durch strenge Hierarchien und vorgezeichnete Biographien, durch Planung, Verwaltung, Bürokratie. In der marxistischen Auseinandersetzung mit dem Realsozialismus wird dies ablesbar an einer Zunahme von Theorien des »bürokratischen Kollektivismus«, die stärker als die konkurrierenden Theorien des »degenerierten Arbeiterstaates« oder des »Staatskapitalismus« sowohl auf den Osten als auch den Westen anwendbar waren (vgl. van der Linden 1992). Die Welt zwischen 1945 und 1968 war eine verwaltete. Unter den Bedingungen der Vorherrschaft des Allgemeinen über das Besondere, der Statik über die Veränderbarkeit fokussierten die Theorien der Neuen Linken auf das Spezifische und Nichtidentische, auf Singularität und Differenz. Gegen die völkische Vergemeinschaftung des Nazismus, die Zwangskollektivierung des Stalinismus und die repressive Integration der fordistischen Disziplinargesellschaft sollte, wie es bei Adorno heißt, »das Individuum [...] gewissermaßen [zum] Prüfstein der Freiheit« werden (Adorno 2006, 247). Dieser Topos, der auch im Existenzialismus eine zentrale Stellung einnahm, findet sich in unterschiedlicher Gewichtung und verschiedener Terminologie in den beiden für 1968 wichtigsten westlichen Theorieströmungen, der Kritischen Theorie und dem Poststrukturalismus.[1] In beiden wurden die Kategorien der Individualität und Singularität, wenn auch stets umkämpft, hegemonial. Ähnliches lässt sich bei anderen linken Intellektuellen, die nicht diesen Theorieströmungen angehören, wie Simone Weil oder George Orwell zeigen. Bei dem sozialistischen Stalinismuskritiker Orwell etwa wird der isolierte Einzelne, der »aus der gesellschaftlichen Konformität [ausbricht], an den großen Mächten seiner Zeit jedoch scheitert und sich am Ende resigniert in dieselben wieder einfügt«, zur zentralen literarischen Figur (Jünke 2013, o. A.). Diese Reduktion des Kampfes, so Christoph Jünke mit Bezug auf Raymond Williams (1971), läuft Gefahr, theoretisch die Bedingungen der Niederlage zu reproduzieren: Gegenüber einem hochgerüste-

1 In der dritten einflussreichen Theorieströmung, dem italienischen Operaismus bzw. Postoperaismus ist er weniger dominant, was vermutlich an der für diesen so zentralen Erfahrung erfolgreicher kollektiver Kämpfe in den siebziger Jahren liegt. Der entscheidende Gegenbegriff zum Marxismus-Leninismus ist hier die Autonomie, nicht die Differenz. Letztere taucht im (Post-)Operaismus als diejenige der »lebendigen Subjektivität« auf, die sich als unkontrollierbare dem Zugriff von Staat und Kapital entzieht (exemplarisch Hartmann 2013, 342 ff.).

ten Staatsapparat müssen die Einzelnen ohnmächtig bleiben. Wie Nora Sternfeld an den deutschen Diskursen der Holocaust-Education kritisiert hat, führt die Fokussierung auf das Individuum immer wieder zur Frage »Was hätte ich gemacht?«, und damit zur Konstruktion ethischer Aporien, in denen das Individuum sich nur entweder wegducken oder den Heldentod sterben kann. Damit wird, wie Sternfeld verdeutlicht, »die kollektive Dimension des Widerstands ausgeblendet (steht doch Kollektivität der pädagogisch-moralischen Vereinfachung gemäß eher für den Nazismus). Ein Grund hierfür mag in der antikommunistischen Hegemonie liegen« (Sternfeld 2013, 21). Tatsächlich handelte einer der erfolgreichsten Antifaschisten, Georg Elser, individuell. In der Regel jedoch sind es Kollektive, die über Handlungsmöglichkeiten verfügen, während der individuelle Ausweg aus der Zwangstotalität des Staates meist in eine Sackgasse führt. Hannah Arendt hat darauf verwiesen, dass das Verlassensein die Kehrseite und Grundlage der totalen Herrschaft sei, die gerade die Bedingungen von Kollektivität zu zerstören trachtet. In *Ursprünge und Elemente totaler Herrschaft* sind fast alle Überlegungen plausibel – bis auf das zentrale Konzept der totalen Herrschaft selbst, mit der sie Nationalsozialismus und Stalinismus unter einen gemeinsamen Begriff zu subsumieren sucht. Beinahe jede im Schlussteil des Buches getroffene Aussage ist falsch, wenn sie für beide Herrschaftssysteme gültig sein soll, und wahr, wenn sie nur auf eines von beiden bezogen wird. Das trifft auch auf die Vereinsamung als Grundlage staatstotalitärer Herrschaft zu. Während in der Endphase des Nationalsozialismus zwar auch die Denunziation von Familienmitgliedern gefördert wurde, unterhielt dieser im Allgemeinen zu »naturwüchsigen« Bindungen wie Familien, soldatischen Männerbünden und sogar Freundschaften ein positives Verhältnis. Im Gegensatz dazu standen im Stalinismus Beziehungen im Zentrum der Aufmerksamkeit des geheimpolizeilichen Repressionsapparates. Zwar war es der einzelne Körper, der gefoltert wurde, aber er wurde auch durch Geiselnahmen von Verwandten oder Freundinnen erpresst. In den Säuberungsprozessen mussten die sich selbst Anklagenden Rechenschaft ablegen nicht nur über die Entscheidungen, die sie anders als die Partei getroffen hatten, sondern vor allem über die Kontakte, die sie zu Genossinnen unterhalten hatten, die in Ungnade gefallen waren oder noch in Ungnade fallen sollten (vgl. Müller 1991). Die stalinistische Herrschaft, die von der paranoiden Phantasie beherrscht wurde, durch eine Verschwörung gestürzt zu werden, stellte Beziehungen unter Strafe: zunächst Fraktionen, dann Strömungen, Plattformen, Zellen, schließlich Verwandtschafts- oder Freundschaftsbeziehungen, kurz »Verbindungen«: »Alle sozialen Beziehungen, soweit sie sich auf Vertrauen gründen, wurden absichtsvoll zerstört. Es entstand eine Gesellschaft der Gleichheit, allerdings einer Gleichheit in Unfreiheit, einer Gleichheit in der Angst, einer Gleichheit in der *Bindungslosigkeit*« (Schütrumpf 2013, 123, kursiv B. A.).

Die Gegenüberstellung von Gesellschaft und Individuum, von Totalität und Singularität, Masse und Monade, wiederholt philosophisch verdichtet die Konstellation der Revolutionswellen von 1917 und 1968 in ihren dominanten Strömungen, ohne damit einen Ausweg aus dem historischen Dilemma anbieten zu können, das sich in deren konterrevolutionären Gestalten von Stalinismus und Neoliberalismus stellt. Indem über tatsächliche wie mögliche Bindungen, auf deren Entmachtung die Macht des Staates präzise beruht, hinweggegangen wird, werden reale historische Alternativen zum Verschwinden gebracht (vgl. Adamczak 2017). Dabei existiert keine theoretische Notwendigkeit, das philosophische Verhältnis von Allgemeinem und Besonderem soziologisch verengt als

Verhältnis von Gemeinschaft und Individuum zu interpretieren, um eine politische Kritik an der Gewalt des homogenisierenden Zwangsverbandes zu formulieren. »Das Ziel der Befreiung und ihr Ausgangspunkt«, schreibt Hendrik Wallat in seiner ideengeschichtlichen Studie über frühe Bolschewismuskritik, die Schlussfolgerung selbst als vorläufige rahmend, »können nur Individuen sein, die sich selbst zu befreien entschließen; auf jegliche transzendente Instanz müssen diese im eigenen Interesse verzichten« (Wallat 2012, 136f.). Formulierungen wie diese stehen in der Gefahr, den bürgerlichen Mythos des Individuums fortzuschreiben und damit dessen Ohnmacht. Warum sollten Ziel und Ausgangspunkt von Befreiung nicht Kommunen, WGs, romantische Dreierbeziehungen, Nachbarschaftstreffen, Betriebsräte sein? Und warum sollte es sich bei diesen Beziehungsweisen um transzendente Instanzen handeln? Es sind immanente Relationen, von denen die Befreiung ausgeht und die befreit werden wollen. Die Bürokratie kann im Namen der Bewegung kritisiert werden, die Diktatur im Namen der Demokratie. Der Zentralismus kann im Namen der Partizipation kritisiert werden, die Partei im Namen des Sowjets. Die Geheimpolizei kann im Namen der Volksbewaffnung kritisiert werden, die Kommissare im Namen der Kommune, der Staat im Namen der freien Assoziation. Wer darüber hinweggeht, leugnet die zentralen Differenzen zwischen Gleichheit und Homogenität, zwischen Solidarität und Subalternität (Cohen 2009, 52). Die bolschewistische Herrschaft war nicht durch ein Zuviel an Gemeinschaftlichkeit gekennzeichnet, sondern durch ein Zuwenig. Die Verfügungsgewalt über die gesellschaftlichen Ressourcen befand sich vermittels eines streng hierarchischen Staatsapparats in den Händen weniger. Der erste Verrat der Sowjetunion galt den Sowjets, den Räten, die auf Kosten der Union, der Einheit geopfert wurden.

Gustav Landauer hatte die Gegenüberstellung von Staat und Individuum schon früh als falsche erkannt und ihr eine andere gegenübergestellt: »Hie Staatsgewalt und Ohnmacht der in Einzelne, Hilflose zerrissenen Massen einerseits, – hie sozialistische Organisation, Gesellschaft von Gesellschaften, Bund von Bünden, Volk anderseits, – das müsste der Gegensatz sein, der als Wirklichkeit gegeneinander steht.« (Landauer 2010 [1910], 234) Gesellschaft von Gesellschaften, Bund von Bünden – diese Formulierungen wiederholen gerade nicht die Opposition von Individualsubjekten auf der einen, von Kollektivsubjekten – Staatssubjekt, Klassensubjekt, Parteisubjekt oder gar ethnischem Volkssubjekt – auf der anderen Seite. Sie erfordern ein Denken diesseits des Subjekts, ein Denken des Dazwischen, der Verbindung, der Assoziation, ein Denken der Beziehung.

Die Subversion als Substitut für die Revolution

Mit der Konzentration auf das Individuum als kritische Einspruchsinstanz gegen das erzwungene Kollektiv verbindet sich eine weitere theoretische Bewegung, die das Denken gesamtgesellschaftlicher Transformation unter Totalitarisierungsverdacht stellt und verabschiedet. An ihre Stelle setzt sie ein Konzept lokal beschränkter Eingriffe, die weniger auf Konstruktion neuer, als auf Destabilisierung der alten Verhältnisse zielen. Sie ersetzt, mit anderen Worten, den Begriff der Revolution durch jenen der Subversion. Diese theoretische Figur findet sich weniger in der Kritischen Theorie, sondern eher in poststrukturalistischen bis postmarxistischen Theorien, in denen die pluralisierten Kämpfe von 1968 ff. einen stärkeren Niederschlag gefunden haben. Die Verschiebung lässt sich schematisch an der Politisierung zeigen, mit der Theorien des

Poststrukturalismus an den Strukturalismus anknüpfen. Dem Revolutionstheoretiker Timothy Wickham-Crowley zufolge liegt die Aufmerksamkeit strukturalistischer Analysen »nicht auf den charakteristischen Merkmalen der betrachteten Einheiten«, sondern »auf den *Beziehungen zwischen den Einheiten*« (Wickham-Crowley 1997, 38). Wesentlich für den Strukturalismus ist die Wesenlosigkeit der einzelnen Teile – seien es Zeichen, Individuen oder Klassen –, die ihre Bedeutung nicht intrinsisch aus sich selbst, sondern aus ihrer Beziehung zueinander gewinnen (vgl. Bourdieu 1998, 48). In der Zeichentheorie Saussures ist es der Referent (das der Sprache äußerliche Objekt), der abwesend ist, während das Signifikat (die Bedeutung) durch das Netz der Signifikanten (der materiellen Zeichen) in ihrer Gesamtheit gestiftet wird. Da es »in der Sprache nur Verschiedenheiten gibt« (Saussure 1967, 143), ergibt sich der Wert des sprachlichen Zeichens differentiell aus seiner Beziehung zu den anderen Zeichen, die bei Saussure in erster Linie innerhalb eines synchronen Systems gedacht werden. Derridas radikalisierende Lektüre Saussures verweist darauf, dass diese Gesamtheit der Zeichen nicht nur synchron, sondern auch diachron zu verstehen ist. Da hier nicht nur vergangene, sondern auch zukünftige Verwendungsweisen eingehen, ist die Gesamtheit der Zeichen wie das einzelne Zeichen nie abschließbar. Die *temporisation* markiert den Übergang von der Differenz zur *différance* (Derrida 1999 [1972], 31 ff.). Sie ist zugleich Anknüpfungspunkt für eine politische Interpretation der strukturalistischen Zeichentheorie. Durch die Zeitlichkeit ist jede Ordnung für ihre Aufrechterhaltung auf permanente Wiederholungen angewiesen. Da das Gelingen der Wiederholungen nicht garantiert werden kann, eröffnet die Quasistruktur der Iterabilität (Derrida 2001 [1972], 24), die jeder Struktur zugrunde liegt, die Option der Subversion.

Daran kann Judith Butlers Dekonstruktion eines biologisch-essentialistischen Geschlechtermodells anknüpfen. Sie entlarvt das geschlechtliche Sein als Effekt eines an Normen ausgerichteten performativen Tuns, das durch beständige Wiederholung verdinglichend wirkt (Butler 1991). Das eröffnet zugleich die Möglichkeit, die Normen der heterosexistischen Matrix »falsch« zu zitieren und sie zu resignifizieren. Zugleich knüpft Butlers Begriff der Performativität an Derridas Lektüre von John Austins Sprechakttheorie (Austin 1979) an, die aufzeigt, wie das Sprechen Wirklichkeit nicht nur repräsentiert, konstatiert, sondern zugleich hervorbringt, performiert. Austin demonstriert, dass der Versuch, spezielle performative Sprechakte von bloß konstativen zu trennen, zum Scheitern verurteilt ist, da alle Sprechakte durch konstative und performative – oder präziser: lokutionäre/illokutionäre/perlokutionäre – Qualitäten charakterisiert sind (ebd., 109). Dennoch dienen immer wieder Taufe, Richterspruch oder Heirat (»Hiermit ernenne ich euch zu Frau und Frau.«) zur Illustration einer politischen Interpretation von Sprechakten. Es sind individuelle Sprechhandlungen, die Wirklichkeit konstruieren, während die relationale Sozialität nur im zweiten Schritt als Bedingung für Gelingen oder Scheitern des Sprechakts hinzutritt, indem sie der Sprecherin die nötige Autorität (etwa den Richtertitel) zuweist oder aberkennt. Das Modell emanzipatorischer Politik, das Butler aus der Theorie der Performativität entwickelt, ist eines der Subversion, das, verstärkt durch die breite Rezeption von der Praxis des *drag* symbolisiert wird (vgl. Redecker 2011, 55, 61 ff.). Die Normen der heterozentrischen Ordnung biologisch fundierter Zweigeschlechtlichkeit können durch performative Akte, die nach dem Vorbild der Performerin auf der Bühne als individuelle Akte gedacht sind, unterlaufen und destabilisiert werden.

Demgegenüber hat Uta Schirmer in ihrer Forschung zu Dragking Communitys zeigen können, dass die Wirklichkeit von Geschlechtern, die diesseits der mythologischen Zweigeschlechtlichkeit existieren, nicht auf der Bühne entsteht, sondern im Publikumsraum bzw. in der spezifischen Beziehung zwischen beiden. Nicht die individuelle Praxis der Subversion verändert die Welt der Geschlechter, sondern die geteilte Praxis kollektiver Gegenöffentlichkeiten (Schirmer 2010). Damit wird die Begrenztheit des politischen Modells der Subversion erfahrbar, dessen Niederschlag in Butlers Theorie als später Effekt der Revolutionssequenz von 1968 interpretiert werden kann. Die traditionellen marxistischen Theorien, die die Sequenz von 1917 prägten, sahen den Sieg der Emanzipation in den ehernen Gesetzen der Geschichte ontologisch verankert. Demgegenüber garantiert für Theoretikerinnen wie Derrida, Butler oder Laclau und Mouffe die quasi-ontologische, grundlos-grundlegende Struktur der Iterabilität lediglich die prinzipielle *Veränderbarkeit* des unabgeschlossenen »Ganzen«. Gegenüber dem Nachweis der Möglichkeit prinzipieller Veränderbarkeit tritt allerdings das Aufsuchen der Möglichkeit tatsächlicher Veränderung auf dem Terrain der Gesellschaftsstruktur in den Hintergrund. Vor der historischen Erfahrung totaler staatlicher Herrschaft verschwindet die soziale Allgemeinheit aus dem emphatischen Handlungsbereich kritischer Theorien und wird implizit zu jenem Schlechten ontologisiert, das lediglich immer wieder neu subvertiert werden kann.[2] Werden die Theoriebewegungen des Poststruktu-

2 Der Gedanke liegt nahe, dass diese Verschiebung auch am Gegenstandsbereich, auf den sich die Theorien beziehen, liegen könnte. Ökonomie braucht Revolution, da der Kapitalismus eine Totalität darstellt, Geschlecht braucht Subversion, da es lokal produziert wird (vgl. Adamczak 2006) – doch ein Vergleich mit dem revolutionär orientierten sozialistischen Feminismus, der in den siebziger Jahren des 20. Jahrhunderts hegemonial war, zeigt, dass diese Erklärung nicht ausreicht. Bei Butler andersrum gilt Geschlecht in einem radikalen Sinn als ver-

ralismus von 1968 her interpretiert, so erscheint der Fokus auf die Subversion als theoretische Konsequenz der Niederlage der Revolution. Einerseits verarbeitet die Reflexion diese Niederlage und versucht politische Möglichkeiten offenzuhalten, nachdem die »Große Erzählung« (Lyotard 2006) gesamtgesellschaftlicher Transformation desavouiert wurde. Andererseits verewigt sie damit ihre eigenen historischen Bedingungen. Die Revolution verschwindet nicht bloß temporär aus der Praxis, ihre Abwesenheit wird auch in der Theorie konserviert.

Das Denken der Differentialität, das im Strukturalismus entwickelt wurde, hätte noch andere politische Anknüpfungspunkte geboten, die bei einem anderen Verlauf der Revolutionsgeschichte vermutlich eher aktualisiert worden wären. So wie der Begriff der Konstellation bei Adorno hätte auch der Begriff des Gefüges bei Deleuze/Guattari oder der Begriff der Machtbeziehung bei Foucault theoretisch schulbildend und praktisch relevant werden können. Das Argument der Relationalität des Sozialen wäre dann nicht fortgeführt worden als Bedingung der Möglichkeit, die herrschende Ordnung zu subvertieren, sondern als Grundlage, eine herrschaftsfreie Un-Ordnung zu konstruieren. Eine Theorie, die eher auf geteilte Beziehungen als auf individuelle Handlungen fokussiert, setzt in der Tradition von Poststrukturalismus im Allgemeinen und Dekonstruktion im Besonderen am *Zwischen* an, kann dieses Zwischen aber unmittelbar als Sozialität interpretieren, um deren solidarische Gestaltung es geht. Sie kann damit wie der Strukturalismus in Relationalitäten denken, diese aber im Sinne des poststrukturalistischen Einwands als bewegliche Relationalitäten fassen.

änderbar, während die Logik von Identität, von Ausschluss und Einschluss transhistorisiert wird.

Von seinen historisch hegemonialen Effekten her betrachtet, stellt der Strukturalismus das Problem so dar: In einem Schachspiel erhält eine Figur ihre Bedeutung nicht durch ihre spezifische Beschaffenheit (Materialität), sondern durch ihre Position. Die Figur ist austauschbar, die Funktion bleibt. Der Poststrukturalismus stellt in seinen geschichtlich dominant gewordenen Linien die Frage der Subversion: Wie kann die Figur ausbrechen, eine andere Bedeutung erlangen und dadurch das Spiel verändern? Beziehungstheoretisch lässt sich das Problem gesellschaftstransformativ reformulieren: Wie lassen sich die Beziehungen der Figuren zueinander neu konstruieren, wodurch sich sowohl das Spiel als auch die Figuren transformieren?[3] Innerhalb der Metapher des Spiels kann dieser Schritt alleine von den Spielerinnen gegangen werden, die aber in der Wirklichkeit als übergeordnete Instanz nicht existieren. Der Moment, in dem die Spielfiguren zu den Spielerinnen werden, in dem die Menschen die vermachteten und verdinglichten Regeln ihres Zusammenlebens verfügbar machen, ist der Moment der Revolution (als Ensemble von Mikrorevolutionen). Was damit in den Blick gerät, ist Praxis, aber keine, in der Intersubjektivität erst im zweiten Schritt berücksichtigt wird, sondern eine, die von Beginn an sozial ist, insofern ihr zentraler Begriff jener der Beziehung selbst ist.

3 Bei Deleuze/Guattari ist es das Go-Spiel, das dem Schach entgegengesetzt wird – bei diesem sind tatsächlich alle Figuren bzw. Steine gleich und rein durch ihre unmittelbare Beziehung zueinander bestimmt (Deleuze/Guattari 1997 [1980], 483 f.). Brian Massumi entwickelt einen ähnlichen Gedanken am Fußballspiel, wobei dieses Spiel sich besser eignet, um nicht nur die Beziehung zwischen Struktur (Spielregeln) und Handlung (spielen), sondern auch die Beziehung zwischen menschlichen (Spielerinnen) und nichtmenschlichen Akteurinnen (Ball, Spielfeld) zu fokussieren (vgl Massumi 2002, 71 ff.).

Bzw.
Der Begriff der Beziehungsweise

> Beziehungsweise. Auf welche Beziehung bezieht sich dieser Begriff, welche Beziehung bezieht er ein und auf welche Weise? Wenn es die Beziehung ist, die bezieht, die sich auf jemanden oder etwas bezieht und jemanden oder etwas aufeinander bezieht, wie lässt es sich dann auf diese Beziehung beziehen, auf die Beziehung selbst, als das Beziehende, das doch außerhalb des Bezogenen sich auf nichts bezieht, nichts ist? Aber andersrum, lässt es sich denn auf etwas beziehen, das außerhalb einer Beziehung wäre, steht nicht alles, auf das sich beziehen lässt, in einer Beziehung? Wenn [...] die Beziehung aber das, was in ihr ist, als solches erst beziehbar, wirklich macht, begeht dann nicht einen schweren Fehler, wer sich auf die Beziehung nur in einem achtlos dahin geworfenen bzw., beziehungsweise bezieht, mit der gleichen Achtlosigkeit also, auf die sich im Allgemeinen auch auf das Besondere bezogen wird, in der Austauschbarkeit eines bspw., beispielsweise, das das Konkrete auf den Nebenschauplatz des bloß Illustrativen verweist?
>
> *diskus-Redaktion*

So wie Marx in einer berühmt gewordenen Formulierung den Menschen als Ensemble der gesellschaftlichen Verhältnisse definierte (Marx, MEW 3, 6), so definierte er in einer bezeichnenderweise weniger berühmt gewordenen Formulierung die Gesellschaft als Ensemble der menschlichen Beziehungen. »Die Gesellschaft«, deklarierte er, »besteht nicht aus Individuen, sondern drückt die Summe der Beziehungen aus, worin diese Individuen zueinander stehen« (MEW 42, 189). In dieser Perspektive setzt sich weder die Gesellschaft direkt aus Individuen zusammen, noch wird das Individuum direkt vom gesellschaftlichen Gesamtzusammenhang determiniert; stattdessen erscheinen die sozialen Beziehungen als vermittelndes Moment zwischen beiden. Die Beziehung, die selbst als Selbstbeziehung per definitionem nur *zwischen* dem Bezogenen existieren kann, wird von Marx so in die *Mitte* der Aufmerksamkeit gerückt. Die Teile der Gesellschaft – seien es Individuen, Gruppen, Institutionen, Ideen, Gefühle – werden sozial und somit auch verständlich durch die Verknüpfungen, in denen sie zueinanderstehen, durch den Kontext, aus dem sie hervorgehen.

Auch wenn die Definition der Gesellschaft als Summe der sozialen Beziehungen in der marxistischen Tradition nicht offen revidiert wurde, so erfuhr der Begriff der Beziehung in ihr auch keine eigenständige Theoretisierung.[1] Teils wurde der zentrale Fokus auf die in der Arbeit verkörperte Beziehung zwischen Mensch und Natur gelegt, womit die Kategorie der Produktivkräfte in den Vordergrund rückte, teils wurden die sozialen Beziehungen ökonomistisch auf ›das‹ Produktionsverhältnis verkürzt, auf die Beziehung zwischen Arbeiterinnen und Kapital. Häufig ließen sich relationale Fragen nicht mehr stellen, weil die zukünftige Gesellschaftsformation mit der Organisation der Partei identifiziert oder Gesellschaft

1 Zwar übernimmt etwa der strukturalistische Marxismus bei seiner Übersetzung zentraler Terme der strukturalistischen Ethnologie oder Linguistik auch die Begriffe »Elemente« oder »Beziehungen« (Althusser/Balibar 1997, insbesondere 209ff.), räumt ihnen jedoch keinen zentralen Stellenwert in der Theoriebildung ein. Auch Oskar Negt und Alexander Kluge arbeiten mit dem Begriff der Beziehungsökonomie, den sie zu Nationalökonomie und Erfahrungsökonomie ins Verhältnis setzen. Allerdings fassen sie hierunter hauptsächlich familiäre und amouröse Nahbeziehungen oder Beziehungen am Arbeitsplatz, keine Waren- oder Staatsbeziehungen (Negt/Kluge 1993). Auch Rahel Jaeggi definiert Entfremdung präzise als Beziehung der Beziehungslosigkeit (Jaeggi 2005), entwickelt darüber hinaus aber keine Kartographie sozialer Beziehungen.

selbst als – antagonistische oder harmonistische – Totalität konzipiert wurde, die zu ihren Teilen in einem Verhältnis der Determination stand. Die hiergegen gerichteten Bewegungen setzten häufig auf die subversive Kraft von Individuum oder Subjektivität, womit sie eine beziehungstheoretische Perspektive weitgehend blockierten.

In den siebziger Jahren rückte eine Zeit lang ein Begriff ins Zentrum der marxistischen Auseinandersetzung, der mit demjenigen der Beziehungsweise einige Annahmen teilt. In der sogenannten Produktionsweisendebatte wurde deutlich, dass sich das bisherige Schema zur abstrakten Klassifikation von Gesellschaftsformationen nicht länger aufrechterhalten ließ (vgl. van der Linden 1992, 170ff.). Das in die Krise gekommene unilineare Modell des traditionellen Marxismus, wonach sich Gesellschaften gemäß der Stufenfolge Sklavenhalterinnengesellschaft – Feudalismus – Kapitalismus – Sozialismus – Kommunismus bewegen, wurde zugunsten multilinearer Bilder aufgegeben. Asiatische und halbasiatische Produktionsweisen traten vermehrt zu den bisherigen Produktionsweisen hinzu, und Begriffe wie Heterogenität, Verflechtung oder Ungleichzeitigkeit zeigten an, dass auch die Vorstellung einer sauberen Abfolge verschiedener Produktionsweisen nicht länger zu überzeugen vermochte.

An diese im Begriff der Produktionsweise aufgespeicherte Erkenntnis kann ein Begriff der Beziehungsweise anknüpfen, ohne jedoch dessen Beschränkungen zu reproduzieren. Kraft einer sprachlichen Ungenauigkeit ermöglicht er es, auch nach den Verhältnissen der Beziehungsweisen zueinander zu fragen, nach den Beziehungen der Beziehungen also. Insofern er nicht auf die abgegrenzte Sphäre des Ökonomischen begrenzt ist, kann er die Trennungen reflektieren, die genealogisch in der Konstruktion der Ökonomie als eigenständiger Disziplin und Sphäre anwesend sind. Eine Erweiterung des marxistischen

Begriffs der Produktionsweise um Begriffe der Regulationsweise oder Reproduktionsweise – wie sie die Regulationstheorie zumindest in ihrer ursprünglichen Fassung vornimmt – würde hierfür nicht ausreichen, da sie analytisch die Zweiteilung des heteronormativen Kapitalismus aufrechterhält, um deren Verschiebung und Aufhebung es geht (vgl. Hauf 2013). Eine beziehungstheoretische Perspektive erlaubt es hingegen, nach den desartikulierten Beziehungen zu fragen, die die ökonomische Beziehungsweise zur juridischen Beziehungsweise, zur familiären, bürokratischen oder amourösen unterhält. Indem sie die Beziehung von Produktionsweise und Reproduktionsweise problematisiert, wäre eine relationale Revolutionstheorie so auch in der Lage, die für die Revolutionswellen von 1917 und 1968 zentrale gesellschaftliche Spaltung in geschlechtliche Sphären zu durchkreuzen.

Beziehungsweise. Es geht darum, sich auf die Beziehung selbst zu beziehen, sie nicht als Effekt, als Funktion des Bezogenen misszuverstehen. Zwar gibt es keine Relation ohne Relata, aber es gibt auch keine Relata, die außerhalb von Relationen existieren könnten (vgl. Schäffter 2014). So verstanden, *setzt* sich die Welt nicht aus Einheiten *zusammen*, sondern aus Beziehungen, nicht aus Atomen also, sondern aus Phänomenen, wie es Karen Barad formuliert. In ihrem Entwurf einer »relationalen Ontologie« definiert die Science-and-Technology-Philosophin Phänomene als »ontologisch einfache Beziehungen – Beziehungen ohne vorhergehende Relata« (Barad 2003, 815).[2] Die Verbindung ergibt sich nicht automatisch aus dem zu Verbindenden und lässt sich auch nicht retrospektiv aus dem Verbundenen ableiten. Die Relation hat vielmehr,

2 Karen Barad geht sogar noch einen Schritt weiter und behauptet die Unabhängigkeit der Relation von den Relata: »Warum denken wir, dass die Existenz von den Relationen Relata erfordert?« (Barad 2003, 812)

wie es der Philosoph Brian Massumi formuliert, »einen von den Termen dieser Relation getrennten ontologischen Status« (Massumi 2002, 69f.). Relationen verbinden so nicht lediglich bereits existierende Elemente, sondern stiften in dieser Verbindung vielmehr deren Bedeutung und Funktion, deren Aktionsweise und Identität (vgl. Emirbayer 1997, 287 sowie Lindemann/Graumann 2010). Nur auf das, was in Beziehung ist, kann Bezug genommen werden. Nur das, was in Beziehung ist, kann agieren. Dies gilt sowohl für die soziale wie die nichtsoziale Welt und für deren spezifische Verbindung. Beziehungen entstehen zwischen menschlichen Akteurinnen ebenso wie zwischen menschlichen und nichtmenschlichen Akteurinnen. Wie von der Actor-Network-Theory demonstriert, kann der relationale Fokus auf Assemblagen aus menschlichen und nichtmenschlichen Akteurinnen die Dichotomien von Natur/Kultur, Subjekt/Objekt, Mensch/Nicht-Mensch einebnen. Entsprechend definiert der Wissenschaftstheoretiker Bruno Latour das Soziale »nicht als besonderes Gebiet, als besonderen Bereich oder Gegenstand, sondern vielmehr als eine sehr eigene Bewegung des Wiederverbindens (*re-association*) und Wiederzusammensetzens (*reassembling*)« (Latour 2005, 5ff.). Im Zentrum von Latours Verständnis von Sozialität stehen so weniger die Elemente und Gegenstände, sondern die Formen der Verbindung oder Verknüpfung (*type of connection*), durch welche Erstere erst zu sozialen werden.

Ohne den Fokus auf nichtmenschliche Akteurinnen hatte dies der Soziologe Leopold von Wiese bereits Anfang des 20. Jahrhunderts erkannt. In einer der Marx'schen nicht unähnlichen Formulierung deklarierte er, dass »das Soziale [...] alle Äußerungen und Bekundungen des *zwischen*menschlichen Lebens« umfasse (ebd., 140, kursiv im Original). Die Soziologie habe folglich »nicht das Produkt, sondern die Beziehungen der Produzenten« als Forschungsgebiet (Wiese 1967,

141). Dementsprechend bezeichnete Wiese seinen eigenen Ansatz als »beziehungswissenschaftliche Soziologie«. Damit richtete er die Aufmerksamkeit auf jene zwischen den Menschen gesponnenen Fäden, die in ihrer Unsichtbarkeit schlechter zu sehen und in ihrer häufigen Flüchtigkeit schwerer *festzustellen* sind als jene Teile, Individuen oder Gruppen, die sich herauslösen, beobachten, befragen und beschreiben lassen (vgl. Stegbauer/Rausch/Bauer/Kartosha 2009, 22). Wiese, der als Formalsoziologe von den Inhalten dieser Beziehungen absah, schlug vor, das Soziale in einem ersten Schritt nur synchron zu betrachten. Sobald die Dimension der Zeit sistiert sei, erscheine das Soziale als Ansammlung von »Abständen (Distanzen), die das Verhältnis der sozialen Akteure (Individuen und Gruppen)« zueinander ausmachten (Wiese 1967, 143). Auf den ersten Blick ähnelt diese Perspektive derjenigen strukturalistischer Theorien, etwa derjenigen Saussures. Aber zum einen liegt der Fokus in der beziehungstheoretischen Perspektive weniger auf der Struktur, dem System, mehr auf den verbindenden bzw. trennenden Elementen, auf den Distanzen, Differenzen oder Beziehungen selbst. Zum anderen ist die diachrone Perspektive der Zeit bei Wiese wie auch bei Bruno Latour, Mustafa Emirbayer oder Brian Massumi von Anfang an integraler und zentraler Bestandteil der Beziehungssoziologie. In Wieses Terminologie verwandelt sie »Abstände« in »soziale Prozesse«. Eine soziale Beziehung lässt sich dann als »durch einen sozialen Prozess oder (meist) durch mehrere soziale Prozesse herbeigeführten labilen Zustand verhältnismäßiger Verbundenheit oder Getrenntheit zwischen Menschen bezeichnen« (Wiese 1967, 142f.). Spezifische Beziehungen entstehen in der Zeit, bilden mehr oder weniger stabile Plateaus aus und verändern sich wieder. Damit ist nicht nur der Begriff der Beziehung temporalisiert, sondern auch ein konkreter Maßstab für gesellschaftliche Veränderungen gegeben: Soziale Transformation bedeutet Verschiebung von Beziehungen.[3]

Die Bewegung der Neu-Verknüpfung und Wieder-Verbindung bei Latour, die Betonung des Werdens bei Massumi, die Annahme eines in »ständiger Bewegung befindliche[n] zwischenmenschlichen Zusammenhangs« bei Wiese helfen, eine verdinglichte Perspektive auf das Soziale aufzulösen. Zugleich steht die Orientierung auf die Stetigkeit von Veränderung in der Gefahr, diese zu ontologisieren, das heißt, zu fetischisieren und so eher auf Geschichtlichkeit denn auf Geschichte zu fokussieren (vgl. Massumi 76f.). Als wäre Werden – das im Übrigen nie ohne Vergehen zu haben ist – ein emanzipatorischer Wert an sich unter Absehung jener Beziehungen, die verändert werden sollen. Aus Perspektive einer relationalen Revolutionstheorie braucht es dagegen einen Begriff konkreter Zeit, um Veränderungen unterschiedlicher Tiefe und Richtung zu unterscheiden. Dort, wo die am stärksten verdinglichten und verfestigten Beziehungsweisen, jene, die kaum überhaupt als Beziehungen erscheinen, reflexiv zur Disposition gestellt werden, lässt sich von Revolution sprechen. Revolutionen zielen so weder auf die Transformation der Totalität, durch die alle Teile gezwungen wären, sich mitzuverändern – eine Politik, die sich meist auf den Staat konzentriert –, noch auf die Veränderung der Subjekte – ein pädagogisches Dispositiv, das historisch in der Erzählung vom Neuen Menschen mündete.

3 Auch bei Wiese werden Beschränkungen der Theorie durch die Arbeitsteilung der Wissenschaft sichtbar. Eine Vielzahl seiner Aussagen bezieht sich weniger auf die Wirklichkeit der Gesellschaft als auf das Aufgabengebiet der Soziologie. Obwohl die Beziehungssoziologie explizit antiessenzialistisch angelegt ist, hält er einer Reihe von »Substanzen« die Tür offen, indem er sie zu den Aufgabenbereichen anderer wissenschaftlicher Disziplinen erklärt. Dazu gehören bei ihm sogar »Rassen« (vgl. Wiese 1955).

Weder das Einzelne noch das Ganze wird in ihnen verändert. Sondern jene Verbindungen, aus denen die Gesellschaftlichkeit der Gesellschaft besteht. Die Veränderung selbst steht somit nicht außerhalb der Geschichte. Postrevolutionäre Ensembles solidarischer Beziehungsweisen dürfen sich auch vom Imperativ permanenter Veränderung emanzipieren.

Damit stellt sich die Frage, wie sich diese Veränderungen bestimmen, wie sich Beziehungsweisen voneinander unterscheiden lassen. Für den Formalsoziologen Wiese ist das zentrale Differenzierungskriterium die mehr oder minder große Distanz bzw. Nähe, die eine Beziehung stiftet. Sie verbindet Menschen, wie sie sie trennt. Damit ist soziale Transformation ein Prozess, durch den Menschen »mehr miteinander verbunden oder mehr voneinander gelöst werden« (Wiese 1967, 144). Um dem Begriff der Beziehungsweise gerecht zu werden, ist das ausschließliche Kriterium des Abstands jedoch zu formal. Ohne zwingend auf kohärente und homogene Kriterien zurückgreifen zu müssen, lassen sich Beziehungsweisen auch danach unterscheiden, ob sie engere oder weitere Netze bilden (Wiese 1955, 158ff.), mehr oder weniger Akteurinnen miteinander verbinden, ob sie dynamischer oder statischer, harmonischer oder konfliktuöser, ritualisierter oder unstrukturierter, hierarchischer oder egalitärer sind und von welcher materiellen und affektiven Qualität sie gekennzeichnet sind. Der Charakter einer Bindung kann etwa formal, rationalisiert und versachlicht sein oder informell, emotionalisiert und entmaterialisiert. Dennoch erlaubt Wieses Formulierung einer Theorie der sozialen Beziehungen, auch nach den sozialen Trennungen zu fragen und danach, in welchem Verhältnis beide zueinander stehen. Sie kann fragen, aus welchen Trennungen eine spezifische Beziehung hervorgeht und welche aufrechterhaltenen Trennungen jene Beziehung stabilisieren. Daraus lässt sich schließen, welche Beziehungen geknüpft werden müssten, um jene Trennungen zu überwinden und andere Beziehungen zu ermöglichen.

Das erlaubt es zugleich, theoretisch jene Grenze zu passieren, deren praktische Überschreitung im Zentrum der Revolutionen von 1917 wie 1968 steht: die Grenze zwischen sozialen Sphären – Produktion und Reproduktion, Öffentlichkeit und Privatheit, Anonymität und Intimität, Ware und Liebe. Diese Fähigkeit entsteht, weil der Begriff der Beziehungsweise sowohl für Nah- wie für Fernbeziehungen Gültigkeit beansprucht und es ermöglicht, intime und informelle wie institutionalisierte und formalisierte Beziehungen auf einem terminologischen Niveau zu diskutieren. Sie entsteht, weil der Begriff der Beziehungsweise innerhalb einer Serie von binären Oppositionen angesiedelt ist, deren Ausschließlichkeit er unterwandert: Individuum/Kollektiv, Gesellschaft/Gemeinschaft, Struktur/Handlung, Privatheit/Öffentlichkeit, Subjekt/Objekt, Einheit (Harmonie)/Zweiheit (Freund/Feind), Affektivität/Rationalität. Gleichzeitig weist der Begriff der Beziehungsweise eine größere Nähe zum semantischen Feld der Reproduktion als zu jenem der Produktion auf: Die Warenbeziehung ist eine unübliche, die Liebesbeziehung eine übliche Bezeichnung. Die Wortwahl folgt somit auch einem universalistischen Feminismus in strategischer Absicht. Sie wertet den abgewerteten Pol innerhalb der binären Struktur auf und bestimmt ihn als maßgeblich für das gesamte Feld; eine klassische Dekonstruktion. Die affektive »Nahbeziehung«, bisher eher an den Rand geschoben, als biologische mystifiziert, als Sozialisationsinstanz integriert oder dem Begriff der »Gemeinschaft« zugeordnet, wird in der hier eingenommenen Perspektive zum zentralen Paradigma des Gesellschaftlichen selbst.[4] Allerdings nicht, indem diese Sphäre als ›Res-

4 Die empirische Soziologie, wo sie als Familiensoziologie oder Freund-

source‹, ›lebensweltliche Grundlage‹, ›Primärbindung‹, ›Keimzelle‹ usw. romantisch überhöht oder der kalten bürgerlichen Öffentlichkeit als widerständige entgegengestellt wird,[5] sondern indem die Grenzen, die sie als Sphäre markieren, in Zweifel gezogen und die zu ihrer Abgrenzung und Abwertung herangezogenen Kriterien zu allgemeinen Charakteristika des Sozialen erklärt werden.

Damit wird ein anderer Blick auf kapitalistische Vergesellschaftung möglich. Dieser beansprucht nicht, wahrer oder wesentlicher zu sein als andere Kapitalismustheorien. Er behauptet nicht, radikaler oder umfassender zu sein als andere Kapitalismuskritiken. Er verlangt allerdings danach, die Überwindung von Kapitalismus anders zu konzipieren als in Begriffen der Negation, der Reform oder der Subversion. Nicht darum, Kapitalismus besser zu verstehen, geht es, sondern darum, ihn leichter zu verändern. Aus einer beziehungstheoretischen Perspektive erscheint Kapitalismus weder als geschlossenes System noch als Antagonismus unverbundener Klassenblöcke, sondern als Gefüge von ineinandergreifenden Beziehungsweisen, lebendiger wie dinglicher. Die Warenbeziehung etwa, die die komplexen Beziehungsweisen des Gelds, des Kredits, des Kapitals voraussetzt und in sich aufnimmt,

---

schaftssoziologie eben jene affektiven Bindungen untersucht, setzt die Spaltung der Gesellschaft in rational-materielle Fern- und affektiv-intime Nahbeziehungen in der Regel voraus und kann so schwer die transformationstheoretische Frage untersuchen, wie affektive Bindungen über diese Grenzen hinweg geknüpft werden und wie in revolutionären Prozessen Beziehungsweisen entstehen können, in denen diese Teilungen an Bedeutung verlieren.

5 Paradigmatisch hierfür Horkheimer, der in der Familie »auf Grund der durch die Frau bestimmten menschlichen Beziehungen ein Reservoir von Widerstandskräften gegen die völlige Entseelung der Welt« sieht (Horkheimer 1936, 67, vgl. auch Habermas 1981 oder Parsons 1968, 269f.).

erscheint dann als eine, die Menschen verbindet, indem sie sie trennt. Einerseits verknüpft sie die Bewohnerinnen der Erde in globalem Maßstab und setzt sie in ein Verhältnis allseitiger Abhängigkeit, weil es zur Füllung eines einzigen metropolitanen Warenkorbes mehr Menschen braucht, als eine einzelne in ihrem ganzen Leben kennenlernen wird: von Nahrungsmitteln, Kleidungsstücken und Pflegekraft über Wasserversorgung, Elektrizität und Schienennetz bis zu Smartphone, Mailserver und Onlinedienst. Die globalen Produktions- und Distributionsketten beziehen durch Infrastruktur und Reproduktion, durch Rohstoffabbau und Maschinenbau, durch Verarbeitung, Verpackung und Versand weltweit die Arbeiten von Milliarden von Menschen aufeinander. Wer arbeitet, arbeitet für andere, für die Befriedigung der Wünsche anderer. Andererseits stellt die Warenbeziehung diese allgemeine Abhängigkeit nicht in Form einer kollektiven Aushandlung über die arbeitsteilige Befriedigung von Bedürfnissen her, sondern in Form eines verdinglichten Verhältnisses, nicht in Form eines gemeinsamen *Miteinander*, sondern in Form einer individuellen Unabhängigkeit *voneinander*. Die Warenbeziehung erschafft Warenmonaden. Wer innerhalb dieser Beziehung arbeitet, arbeitet nicht für andere, sondern für sich selbst, nicht für die Befriedigung der Bedürfnisse anderer, sondern für das Geld, das die Befriedigung aller Bedürfnisse verspricht. Die allseitige Abhängigkeit aller erscheint so als Abhängigkeit aller vom allgemeinen Äquivalent. Insofern das Geld im Kapitalismus a priori knapp ist (vgl. Postone 2003), verwandelt sich das gemeinschaftliche *Miteinander* somit nicht nur in individualisierte Autonomie *voneinander*, sondern auch in rivalisierenden Kampf *gegeneinander*. Die allgemeine Indifferenz bedeutet zugleich allseitige Konkurrenz.

Eine beziehungstheoretische Perspektive kann die affektiven Qualitäten der Warenbeziehung als Getrenntheit oder

Feindseligkeit gegenüber den in der Warenbeziehung miteinander Verbundenen, als Hilflosigkeit, Austauschbarkeit und Unsicherheit gegenüber dem durch sie hergestellten gesellschaftlichen Zusammenhang beschreiben. Sie kann zugleich nach den Beziehungen fragen, die die Beziehungsweise der Ware zu den Beziehungsweisen der Klasse, der Familie, der Liebe oder der Nation unterhält, indem sie auf den Modus fokussiert, durch den Akteurinnen in ihnen miteinander verbunden oder voneinander getrennt werden (vgl. Adamczak 2012).

Das Denken in Beziehungen ist nicht neu, im Gegenteil. Es bildet eine traditionsreiche Strömung innerhalb kritischer Theorien. Eine Strömung jedoch, die immer Unterströmung geblieben ist und sich nie als hegemoniale Politik etablieren konnte. Mit ihrer Propagierung im Begriff der Beziehungsweise verbindet sich so die Hoffnung, einen Ausweg zu finden einerseits aus der Strukturfixiertheit der alten Linken, etwa des klassischen Marxismus – der Staat, das Kapital, die Determination, die Klasse –, andererseits aus der Singularitätszentriertheit der Neuen Linken, etwa der klassischen Queer Theory – das Subjekt, die Markierung, die Subversion, das Ereignis.[6] Epistemologisch fokussiert der Begriff der Bezie-

---

6 Siehe paradigmatisch Benhabib/Butler/Cornell/Fraser 1993. Die Schwierigkeit, diesen Rahmen zu verlassen, demonstrierte die Konferenz »Kollektivität nach der Subjektkritik« 2012 in Berlin, bei der die meisten Referentinnen im Rezeptionsschema der Subjektkritik verblieben, aber nicht den Weg zur Kollektivität öffneten. Auch die Theorien der Intersektionalität, die der Vielfältigkeit moderner Herrschaftsverhältnisse Rechnung tragen und sich von deren Hierarchisierung verabschieden, stellen meist keinen Ausweg aus dem neoliberalen Dispositiv der Identitätspolitik dar. Dies zeigt sich auch an der Kategorie des Klassismus, die die diskursiven, symbolischen, linguistischen Methoden der Cultural Theory auf das Gebiet der Klassenverhältnisse überträgt, die in der Ordnung von 1917 sozial-ökonomisch interpretiert wurden (Kemper 2013). Explizit gegen die Romantisierung von Singularität und für die Stärkung eines rela-

hungsweise gerade etwas, das zwischen den Polen angesiedelt ist. Eine Beziehungsweise ist weder Subjekten innerlich, noch bildet sie ein von diesen getrenntes Objekt. Die Perspektive wirkt in ihrer Fokusverschiebung so entsubjektivierend (Psyche, Über-Ich, Gewissen), ohne objektivierend (Institution, Gesetz, Regel, Polizei) zu sein.

Gegenüber einer Sichtweise, die das Ganze, die Totalität, die Struktur in den Vordergrund rückt, kann sie Transformationspotenziale aufzeigen, die nicht auf einen radikalen Bruch setzen müssen, der verbal eingefordert, aber nicht konkret konzipiert werden kann. Während Institutionen aus »strukturalistischer« Perspektive als stabile und regelförmige Objekte beschrieben werden können und aus »poststrukturalistischer« Perspektive als Praxisschleifen, die nur durch die Wiederholung Bestand haben, lassen sie sich mit einem beziehungstheoretischen Ansatz als verfestigte oder verdinglichte, kodifizierte, materialisierte und ritualisierte Beziehungsweisen verstehen (vgl. Wiese 1967, 144). Die Untersuchung von Revolutionen ermöglicht dies in besonderer Weise, insofern in ihnen Institutionen restrukturiert werden, sich ausfransen und auflösen, woraufhin neue entstehen, die in widersprüchlichen Verhältnissen zueinander koexistieren, wieder verschwinden oder sich verfestigen.

Gegenüber einer Perspektive, die Subjekt oder Identität in den Fokus rückt, kann eine relationale Theorie an die Formulierung von Marx und Engels anknüpfen, »dass der wirkliche geistige Reichtum des Individuums ganz von dem Reichtum seiner wirklichen Beziehungen abhängt« (Marx/Engels, MEW 3, 37), und vermag diese Perspektive zu radikalisieren. Nicht

---

tionalen und utopischen Verständnisses von queer als Kollektivität argumentiert hingegen José Esteban Muñoz in *Cruising Utopias* (Muñoz 2009, 10f.).

nur der Reichtum des Subjekts, das Subjekt selbst wird erst in Beziehungen hervorgebracht, in sozialisatorischen und allgemein sozialen, in vergangenen und abgelagerten, schematisch wiederholten wie gegenwärtig aktuellen (vgl. Butler 2007 [2002]). Die Vergangenen, die Toten bleiben anwesend wie die vielschichtige Gegenwart. So wie bei vielen Gesellschaften, etwa den Nadi in Kairo, Geschlecht direkt durch Praxen bestimmt wird – grob gesagt: Wer sich ums Vieh kümmert, ist Mann, wer sich um Kinder kümmert, Frau (vgl. Schröter 2002, 120f.) –, so ist es in dieser Perspektive die Beziehungsform, die die Identität als ihren Effekt hervorbringt. Nicht Charaktere sind entscheidend, sondern relationale Positionalitäten. Das soziale Sein (Beziehung) bestimmt das Selbstbewusstsein (Identität). Die vietnamesische Sprache kann helfen, diesen Gedanken zu konkretisieren. Sie kennt keinen stabilen Begriff für die erste Person Singular – ich –, sondern relationale Begriffe, die abhängig vom sozialen Status des Gegenübers variieren. Dabei sind die artikulierten Beziehungen sämtlich nach dem Modell des Familialen gebildet, während das zentrale Hierarchisierungskriterium dasjenige des Alters ist. Unterhalten sich zwei Bekannte, sagt die eine: »Große Schwester fragt kleinen Bruder, wie geht es ihm?«, während eine Bürgerin unabhängig von ihrem Alter einen Polizisten kraft dessen Autorität als »Onkel« anspricht. Die kommunistische Partei Vietnams versuchte ohne Erfolg, diese sprachlichen Artikulationen familialer und hierarchischer Beziehungsweisen abzuschaffen und sie zugunsten des egalitären und homogenen »Genossen« zu ersetzen.

Beziehungstheoretisch verschiebt sich die Frage nach dem Kern der Identität – als wirkliches Wesen oder ideologischer Schleier – zu jener danach, aus welchen Beziehungen sie als Effekt hervorgeht, das bedeutet auch, auf welches spezifische und spezifisch unbefriedigte Begehren sie eine Antwort darstellt. Schließlich entsteht Begehren aus Beziehungen, wie Beziehungen andersherum von Begehren gestiftet werden. Der hier unterbreitete Vorschlag lautet, die Bindungstheorie ebenso wenig auf die Wissenschaft der Psychologie zu begrenzen[7] wie die Differenztheorie auf Linguistik und Philosophie. Beide haben ihren zentralen Platz in der Gesellschaftstheorie. Die Perspektivverschiebung vom Subjekt zur Beziehung erlaubt, die Frage, wer wir sind, zu transformieren in die Frage, welche Beziehungen wir führen. Wesentlich ist dann weniger, welchen Namen wir uns geben, zu welchem Kreis wir uns zählen, sondern wie wir uns aufeinander beziehen, wie wir aufeinander bezogen sind. Wir »sind« dann Kolleginnen, Eltern, Verkäuferinnen, Kinder, Gekaufte, Warenbesitzerinnen, Waren, Partnerinnen, Liebhaberinnen, Geliebte, Geschwister, Nachbarinnen, Parteimitglieder, Bürogängerinnen, Freundinnen, Genossinnen, Ensembles.

Beziehungen verbinden, trennen und weisen Positionen zu. Die Klassenbeziehungen, die sich nicht zuletzt durch eine Warenbeziehung (Verkauf der Arbeitskraft) reproduzieren, wirken auf die Beziehungsweise der Ware zurück. Trotz und

7 Paul Watzlawick formulierte dementsprechend, dass in der Paartherapie nicht die Partnerinnen seine Patientinnen seien, »sondern die Beziehung zwischen diesen beiden Menschen [...]. Das ist mein Patient. An der Beziehung will ich arbeiten« (Watzlawick 2007, 55). In dieser relationalen Perspektive werden etwa in Familientherapien die Familienmitglieder, die in der Familie als krank gelten – etwa der magersüchtige Sohn –, als Indexpatientinnen bezeichnet, an denen sich die Schädigung des Beziehungsgefüges zeigt. Laut Rainer Gross gewann die Beziehung, auch die zwischen Analytikerin und Analysandin, innerhalb der psychoanalytischen Tradition an Bedeutung mit der Objektbeziehungstheorie und vor allem mit der intersubjektiven Psychoanalyse, eine Entwicklung vom Intrapsychischen zum Interpersonellen. Gross schlussfolgert: »Von Anfang an konstituieren nur die Beziehungen Identitäten, nicht umgekehrt« (Gross 2011, 7).

wegen der homogenisierenden Kraft des Geldes affizieren die Warenbeziehungen die in ihr aufeinander Bezogenen nicht in gleicher Weise. Verschiedene Experimente konnten nicht nur zeigen, dass Menschen umso weniger bereit sind, Hilfsbedürftige zu unterstützen, je reicher sie sind (vgl. Sußebach 2011 u. 2012), schneller hupen und umso seltener an Zebrastreifen halten, je mehr ihre Autos kosten (vgl. Jann 2009, Piff u. a. 2012, 4087), sondern auch, dass sie mit zunehmendem Vermögen immer weniger in der Lage sind, die emotionalen Gesichtsausdrücke ihrer Mitmenschen zu lesen (Kraus u. a. 2010). Das Prinzip der Autonomie, mit welcher die Warenbeziehung die von ihr konstruierte allseitige Abhängigkeit aller zerschneidet, wird so ergänzt durch das Prinzip der Hierarchie. Nicht alle brauchen im gleichen Maß, nicht alle werden im gleichen Maß gebraucht. Je höher der soziale Status, umso größer die Unabhängigkeit, die Nichtsozialität. Menschen werden jedoch nicht reich, weil sie rücksichtslos sind, sondern rücksichtslos, weil sie reich sind. Ein Experiment in der University of California, Berkeley, konnte das demonstrieren (Piff 2013). In ihm wurden die Teilnehmerinnen gebeten, ein Monopoly-Spiel zu spielen, das so manipuliert war, dass von Anfang an für alle einsichtig feststand, wer gewinnen würde: Die eine Spielerin beginnt das Spiel mit doppelt so viel Kapital wie die andere, spielte mit doppelt so vielen Würfeln und bekam auch pro Runde doppelt so viel frisches Geld dazu. Dennoch waren die Siegerinnen des Spiels am Ende nicht nur der Meinung, dass sie die richtigen Spielentscheidungen getroffen hatten, sie verfügten auch während des Spiels über den größeren Redeanteil und aßen deutlich mehr von den auf dem Spieltisch bereitstehenden Brezeln als die Verliererinnen. Das Experiment bestätigt auf den ersten Blick eine strukturalistische Perspektive, die auf Institutionen fokussiert, gegenüber einer subjektivistischen Perspektive, die nach Charakteren sucht:

»Böse« Strukturen sind nicht Ausdruck des Wirkens böser Menschen, sondern »böse« Menschen sind der Effekt böser Strukturen. Auf dem freien Feld der Geschichte jedoch führt diese Interpretation zurück in das Dilemma der Dialektik von Subjekt und Objekt. Wenn die Subjekte von objektiven Verhältnissen hervorgebracht werden, welches Subjekt bringt dann veränderte objektive Verhältnisse hervor? Mit anderen Worten: Wer schreibt die Spielregeln von *Omni*poly? Die strukturalistische Interpretation führt so erstens zur Gewalt des Utopiefetischs, die eine perfekte Welt imperfekten Bewohnerinnen aufzwängen möchte, und zweitens zur Gewalt der Avantgarde, die die Bevölkerung zu ihrem Glück zwingen will.

Die beziehungstheoretische Perspektive versucht, aus diesem Dilemma herauszusteuern. Wie Brian Massumi argumentiert, kann das Denken der Beziehung als »dritter Strang« zwischen individualistischem und gesellschaftlichem *foundationalism* fungieren, der versucht, das Henne-und-Ei-Paradox zu verlassen. Theorien, die sich an Begriffen wie »Hybridität, Bordering und Border Culture sowie Queering« orientierten, verfolgten damit vor allem das Ziel, wieder einen Ort für gesellschaftliche Veränderung zu finden, der zwischen verschiedenen Determinismen verschwunden sei. Damit werde es möglich, »Veränderung als etwas zu konzeptualisieren, das anders oder mehr ist als Negation, Abweichung, Bruch oder Subversion« (Massumi 2002, 69f.). Eine beziehungstheoretische Perspektive geht wie die Actor-Network-Theory davon aus, dass Handlungsmacht nicht aus einzelnen Akteurinnen entsteht, sondern aus Verbindungen hervorgeht.

Der Begriffsvorschlag der Beziehungsweise wird von den Erfahrungen der Revolutionssequenzen von 1917 und 1968 aus vier Gründen nahegelegt. Erstens wird ein Begriff gesucht, der zugleich für die sozialen Verhältnisse der Produktionssphäre wie der Reproduktionssphäre Gültigkeit hat. Der Begriff der Beziehungsweise erlaubt es, Mikro- und Makroebene zugleich zu fassen, intime, informelle wie versachlicht formalisierte, Nah- wie Fernbeziehungen auf einem terminologischen Niveau zu diskutieren, wobei die Wortwahl einem universalistischen Feminismus in strategischer Absicht folgt. Zweitens braucht es einen Begriff, der weder wie 1917 auf die Totalität, das heißt den Staat fixiert ist, noch wie 1968 auf das Individuum bzw. das Subjekt, sondern auf die Verhältnisse fokussiert, die sich dazwischen ereignen. Weder die Struktur noch die Singularität steht im Zentrum der Perspektive, weder die Verdinglichung von Institutionen noch die von Identitäten wird durch sie reproduziert. Damit ist es drittens möglich, Veränderung als Ergebnis pluraler kollektiver Praxis zu verstehen, das heißt weder als Regierung eines zentralistisch verfassten Staatsubjekts noch als voluntaristische Aktion widerständiger Individuen. Sowohl die Idee des totalen Bruchs als auch der ewigen Subversion lässt sich so überwinden. Es geht darum, eine doppelte Idee zurückzuweisen, die Idee des Einzelnen und die Idee des Ganzen, oder in die Sprache des Politischen übersetzt: die Idee des Individuums und die Idee des Staates, die als negative Fluchtpunkte der Rekuperationsbewegungen der Revolutionssequenzen von 1917 und 1968 erscheinen. Es geht darum, Kollektivität nicht zu »dem Kollektiv« zu essenzialisieren, das wie »die Partei« zum Subjekt wird – und mit einer einzelnen Stimme spricht: von einer Grenze umrandet, vom nächsten Kollektiv getrennt. Nicht um den Punkt geht es also und nicht um den Kreis, sondern um Linien, Knoten oder Schlaufen: Verbindungen. Der Begriff der Beziehungsweise soll helfen, Bewegungen in Worte zu fassen, die durch Praxis, Kultur und Theorie beider Revolutionen laufen, ohne jemals in deren Zentren vorzustoßen. Damit wird es viertens möglich, nach der Gleichheitsorientierung von 1917 und der Freiheitsorientierung von 1968 die Solidarität ins Zentrum zu rücken, die wesentlich ein Beziehungsgeschehen ist.

Gleichheit, Freiheit, Solidarität

Ansteckungsverhältnisse

Der Massenstreik von 1905 in Russland, der nicht nur eine breite Diskussion in der deutschen Sozialdemokratie um das Konzept des Generalstreiks lostrat, sondern vor allem mit zur ersten russischen Revolution führte, wurde von der Entlassung zweier Arbeiter des Petrograder Putilow-Werks ausgelöst. Die Information war von sozialdemokratischen Agitatorinnen weiterverbreitet worden und führte zur Solidarisierung von 140 000 Arbeiterinnen, die geschlossen die Arbeit niederlegten (vgl. Luxemburg 1906). Kim Moody bezeichnet das als ein allgemeines Schema (Moody 2013). Massenstreiks, so kann er in der Analyse verschiedener Streikbewegungen, vor allem in den USA, zeigen, entstehen nicht weil zu ihnen aufgerufen wird, nicht, weil sie ordentlich beschlossen werden, nicht, weil ihre Führer mit mutigem Beispiel vorangehen oder im richtigen Moment die richtige Entscheidung treffen. Sondern weil sich Arbeiterinnen mit anderen, solchen, die ungerecht behandelt werden oder solchen, die bereits streiken, solidarisieren (ebd., 58). Mit dieser Beobachtung verschiebt Moody den Fokus von der Avantgarde, dem Aufruf, der existenziellen Entscheidung Einzelner, zur Bewegung der Solidarisierung, von der Handlung weniger Entschlossener hin zu einem Beziehungsgeschehen, aus dem kollektive Handlungen erwachsen. Solidarität ist in der Geschichte der Streiks und Rebellionen nichts, was von oben verordnet wird, nichts, was von weisen Lehrerinnen anerzogen wird, sondern eine zunächst spontane Bewegung, die sich gleichzeitig horizontal und von unten ausbreitet. Dabei entsteht die Solidarisierung nicht aus dem Nichts, sondern hat selbst Beziehungen zur Bedingung, an die sie anknüpfen, auf deren Kommunikationswegen sie sich ausbreiten kann.[1] Zugleich aber transformiert die Bewegung der Solidarisierung diese Beziehungen, indem sie sie intensiviert, verdichtet und ihre Abstände verringern kann. Aus Fremden werden dann Unterstützerinnen, aus Kolleginnen Genossinnen, aus im Arbeitsprozess Getrennten und Hierarchisierten werden Vereinte und Gleiche. Die Bewegung der Solidarisierung überschreitet Millieu-, Schicht- und Klassengrenzen, wenn sich, wie 1917, Arbeiterinnen mit Bäuerinnen oder, wie 1968, Arbeiterinnen mit Studentinnen solidarisieren (vgl. Müller 2006, 33). Im Mai 1968 entwickelte sich so »mitten in einer Gesellschaft, die die Individuen atomisiert [...] ein echtes Gefühl kollektiver Stärke [...] eine einzige protestierende Kraft [...] Das Ziel des Kampfes war dagegen unbedeutend« (Cohn-Bendit 1968, 66). Solidarität ist hier weder eine theoretische Forderung noch eine bloße Funktion des Kampfes, sondern *dasjenige, um dessentwillen Revolutionen gemacht werden*. Die Barrikaden »waren kein Mittel der Selbstverteidigung mehr« (ebd.), weil die Konstruktion von Beziehungen, die sich hinter ihnen vollzieht, in den Vordergrund rückt. In dem Moment, in dem die Bewegung vom Mai 1968 die Universitäten verließ, bildeten sich spontan Aktionskomitees, die eine neue Form der Praxis mit sich brachten. »Solidarität und Einigkeit« waren »keine ideologischen Imperative der revolutionären Theorie mehr«, sondern die »endlich möglich gewordene Verwirklichung der

1 Von hier aus kann Moody mutmaßen, dass das Entstehen bzw. Ausbleiben von Massenstreiks von Veränderungen in diesen Beziehungsweisen abhängig ist, von den informellen Netzwerken in den Arbeiterinnenvierteln, von der Bürokratisierung und Zentralisierung der Gewerkschaften, der Stärke linker politischer Netzwerke ebenso wie von den rechtlichen Grundlagen, die in den USA seit 1947 »Sympathie-Streiks« verbieten.

Kommunikation und des Einsatzes einzelner für eine gemeinsame Sache. Alles vermischt sich miteinander. Aus atomisierten Individuen entstehen Gruppen, entsteht eine Gemeinschaft« (Cohn-Bendit 1968, 86). Solidarität ist nicht bloß Mittel, sondern bereits Zweck.

Diese Erfahrung ist mehr als das erhebende Gefühl einer extraordinären Situation, sie stellt nicht nur die affektive Qualität eines historischen Ereignisses dar, sondern ist auch ein Verlangen nach und zugleich ein Ausdruck von veränderten Beziehungen. Aus revolutionärer Perspektive, die nicht Politik unter bestehenden Bedingungen meint, sondern Politisierung dieser Bedingungen, geschieht das Entscheidende in dem Moment, in dem sich nicht nur bestehende Beziehungen verändern, in dem sie enger und egalitärer werden, freundlicher und weniger instrumentell, sondern auch neue Beziehungen geknüpft und andere gelöst werden, Verbindungen aufgegeben und Elemente neu miteinander verbunden werden. Praktiken der alltäglichen Reproduktion, die zuvor in der privatisierten Form der Familie oder der bürokratischen Form des Unternehmens organisiert wurden, müssen in Situationen von Besetzung oder Streik kollektiv organisiert werden, in Beziehungen, die zuvor gerade durch den Ausschluss dieser Aufgaben konstituiert wurden. Das trifft bereits auf die Besetzung eines Hauses, einer Fabrik, eines Parks oder eines Platzes zu (vgl. Dörfler 2013) und zeigt sich in noch stärkerem gesellschaftlichem Ausmaß in Situationen des Generalstreiks. Wie aus jenem im Mai und Juni 1968 in Frankreich neue Beziehungsweisen hervorgingen, die ein rein kämpferisches Konzept von Solidarität weit hinter sich ließen, analysieren Gabriel und Daniel Cohn-Bendit minutiös:

> Die Kollektivverwaltung kann nur aus dem Kampf hervorgehen. Ein Kampf zur Durchsetzung materieller Forderungen (Löhne und Gehälter, Arbeitszeit, Urlaub, Renten) wirft, wenn er sich nicht auf Kom-

promisse einlässt [...], wenn er sich wie der Streik im Mai und Juni über das ganze Land erstreckt, rasch Probleme auf, die über die unmittelbaren Probleme des Streiks hinausgehen.

Einerseits kann es nicht zu einer vollständigen Einstellung jeglicher Tätigkeit kommen: Lebensmittelversorgung, medizinische Betreuung, Transportwesen usw. sind Probleme, die auf der Stelle gelöst werden müssen, und sei es nur für die Streikenden und ihre Familien. Je länger der Streik dauert, desto dringender und wichtiger werden die Probleme, die mit der Notwendigkeit der Wiederaufnahme der Arbeit in bestimmten Sektoren zusammenhängen, bis sie dann das ganze Land betreffen: Die Probleme stellen sich zunächst in ganz begrenztem Rahmen (Versorgung eines Krankenhauses mit Strom, Milchlieferungen usw.), dann auf lokaler (Versorgung einer Stadt mit Lebensmitteln) oder auf nationaler Ebene (Gewährleistung von Informationsmöglichkeiten zum Beispiel) [...] Je härter die Maßnahmen zur Niederwerfung des Streiks werden, desto notwendiger wird es zur Fortsetzung des Kampfes, dass bestimmte öffentliche Dienste ihren Betrieb wieder aufnehmen: Rundfunk, Post, Transportwesen. Diese Gebiete [...] scheinen voneinander unabhängig zu sein, hängen aber in Wirklichkeit eng miteinander zusammen; es ergibt sich die Notwendigkeit, Koordinationsorgane zu schaffen. Diese Notwendigkeit führt auf lokaler und nationaler Ebene zur Ersetzung der polizeiartigen Verwaltungsapparate durch Selbstverwaltungsorgane, wobei die Mitglieder dieser Organe den verschiedenen Berufen angehören werden. So entstehen die Grundlagen einer neuen Gesellschaft durch die Initiative und unter der Kontrolle der Basisgruppen in den Betrieben, der Aktionsgruppen in den Stadtvierteln und der Komitees in den Universitäten [...] Die Übernahme der Produktion durch die Produzenten, die Schaffung von Verbindungs-, Koordinations- und Planungsorganismen, all das ist Sache der ›Kämpfer‹, denn sie sind es, die die materiellen Probleme lösen müssen, die der Streik und seine Aufrechterhaltung und Fortführung aufwerfen, sie selbst geben die Antwort. Die Erfordernisse des Kampfes erzwingen eine Lösung der praktischen gesellschaftlichen Probleme und damit die Übernahme der Führung der Gesellschaft. (Cohn-Bendit 1968, 118f., vgl. Müller 2006, 42f.)[2]

2 Angesichts der Besetzung des Taksimplatzes wirft Noah Fisher einen ähnlichen Blick zurück auf die Occupy-Bewegung und ihre historischen Bedingungen: »Seit einer Generation verdrängt der private den

Die neue Gesellschaft entsteht im Kampf gegen die alte. Sie wird nicht am Reißbrett entworfen, nicht vom Zentralkomitee dirigiert und erfordert vor allem keine vorhergehende Machtübernahme. Der Widerstand enthält die Bewegung der sozialen Transformation, die über ihn hinausgeht. Sie lässt sich auf drei Weisen beschreiben. Zunächst auf der Ebene der Subjekte, der »Streikenden und ihrer Familien«, der »Kämpfer«. Sie verlieren im revolutionären Prozess ihre Angst – vor den Autoritäten wie voreinander, erlernen Selbstvertrauen und ungekannte Fähigkeiten. Dort, wo sie zuvor Befehle an- und eine undurchsichtige Arbeitsteilung hinnahmen, verweigern sie nun den ihnen zugewiesenen Platz und entwerfen miteinander einen neuen. Dann die Ebene der Institutionen, der »Kollektivverwaltung«, der »Koordinations-« und »Selbstverwaltungsorgane«. In substanzialisierender Sprache mit militärischem Unterton entstehen sie als praktische Erfordernisse des Kampfes, schicken sich aber zugleich an, die alten Institutionen zu ersetzen: die städtischen Verwaltungen, die staatlichen Bürokratien. Die dritte Ebene, auf der sich der revolutionäre Konstruktionsprozess beschreiben lässt, ist die der Beziehungen. In den Betrieben treten die nach Lohngruppen hierarchisierten Arbeiterinnen zu »Basisgruppen« zu-

---

öffentlichen Sektor zunehmend und verstärkt dabei die Vorstellung, dass individuelle Ziele auf Kosten des Gemeinwohls verfolgt werden müssen. Die Mainstream-Unterhaltungs- und Nachrichtenmedien stellen uns als Menschen dar, die Fremden misstrauen und die Sphäre der Öffentlichkeit mit Armut verbinden. Die Besetzung eines Parks fordert diese Annahmen heraus – durch Praxis. In einem Park gemeinsam zu essen, zu singen oder Aktionen mit Menschen zu organisieren, die man gerade erst getroffen hat, erzeugt eine Kultur, die auf geteiltem, statt privatisierten Raum basiert. So entsteht das großartige Gefühl, mit Demonstranten auf der ganzen Welt verbunden zu sein.« (Fischer 2013) sammen, in den Stadtvierteln die einander unbekannten Mieterinnen zu »Aktionsgruppen«, in den Universitäten bilden sich »Komitees«, die sich miteinander verbinden, koordinieren und gemeinsam planen. Aus Rivalinnen werden Genossinnen, aus Vereinzelten Verbündete. Im selbst von Solidarisierungen hervorgebrachten und getragenen Kampf weiten sich solidarische Beziehungen auf Gebiete der materiellen Produktion und Reproduktion, der Zirkulation, Distribution und Kommunikation aus, die zuvor in privateigentümlicher Arbeitsteilung in getrennter, verdinglichter und herrschaftlicher Form organisiert waren. Wenn diese Prozesse nicht von straffen und hierarchischen Organisationen wie Gewerkschafts- und Parteiapparaten übernommen werden, wovor die Cohn-Bendits explizit warnen, können so selbstorganisierte Kollektivverwaltungen entstehen, die ihre Geschicke selbst in die Hand nehmen. Damit werden solidarische Beziehungsweisen konstruiert, die überkommene Spaltungen überwinden. Solange die Reproduktionsarbeiterinnen nicht an den Generalstreiks beteiligt werden, sondern statt wie zuvor ihren arbeitenden Ehemännern jetzt ihren streikenden Ehemännern Brote schmieren, sind diese Generalstreiks freilich nur halbe und deswegen keine Generalstreiks. Es reicht nicht, dass »die Streikenden und ihre Familien« in neue Beziehungen treten, es müssen auch neue Beziehungen zwischen »den Streikenden« und »ihren Familien« entstehen. Dann wären es weder »ihre« Familien noch vielleicht überhaupt noch »Familien«. Der synaptische Konstruktionsprozess löst herrschaftliche Verbindungen, um andere zu knüpfen. Damit verändern sich auch die Beziehungen zu den Dingen. Die glatten Räume des Kapitalismus, an denen seine Bewohnerinnen abrutschen, an denen sie keine Spuren hinterlassen, keine Veränderungen vornehmen können, beginnen, Noppen und Kerben auszubilden, Synapsen und Schaltstellen.

Obwohl die Aufgabe der gesellschaftlichen Selbstorganisierung, der Konstruktion solidarischer Beziehungen von den Brüdern Cohn-Bendit richtig gestellt wird, bleiben sie der Matrix des Revolutionsfetischs verhaftet, der den Zweck des Kampfes zu einem Mittel verkehrt. Die Praxis der Selbstverwaltung wird von ihnen als Appendix des Kampfes, als dessen notwendiger Effekt konzipiert, eine Verkehrung, die sie mit bekannten antiutopischen Argumenten als emanzipatorische Selbstbeschränkung anpreisen: Wie Selbstverwaltung in einer solidarischen Gesellschaft aussehen könne, dürfe nicht von Theoretikerinnen antizipiert werden, sondern müsse den Kämpfenden überlassen bleiben. Die Frage zu beantworten führe notwendig in ein avantgardistisches Politikmodell, in dem eine Minderheit sich an die Spitze der Masse stelle. Das Argument wirkt auf den ersten Blick plausibel, ist aber trügerisch. *Erstens* ist es gespeist von einer Selbstüberschätzung der Theoretikerinnen, die phantasieren, sie bräuchten nur auszusprechen, wie eine mögliche Zukunft auszusehen habe, um die Massen gewissermaßen dazu zu zwingen, den formulierten Plan in die Tat umzusetzen. Die Gefahr, dass eine Fraktion der Bewegung sich in dieser dogmatischen Weise um ein Programm organisiert und in dessen Sinne versucht, führend auf die Bewegung Einfluss zu nehmen, existiert. Allerdings brauchen diese dogmatischen Splittergruppen hierfür kein utopisches Modell – Parteiprogramm, Analyse, sogar Jargon reichen vollkommen. Die Differenz zwischen autoritärer und nichtautoritärer Politik existiert so nicht zwischen antiutopischer und utopischer Politik, sondern auf dem Feld von Analyse und Kritik wie auf dem Terrain der utopischen Organisation. Organische Intellektuelle können Vorschläge für die Zukunft unterbreiten, die, wenn sie zu überzeugen vermögen und zudem das Glück des Zufalls auf ihrer Seite haben, vielleicht angenommen werden. Die Gefahr einer

Diktatur der utopischen Phantasie über die Gegenwart ist begrenzbar. Ein breiter und transparenter Diskurs über mögliche Wege in die Zukunft kann sogar helfen, Autorität abzubauen. *Zweitens* verschwindet die Differenz zwischen langjährigen Aktivistinnen und spontanen Bewegungsteilnehmerinnen, in traditioneller Terminologie zwischen Kadern und Masse, nicht einfach durch Verzicht auf Reflexion über Wege und Formen der Selbstorganisation. Allerdings reduzieren sich die Handlungsoptionen der Revolutionärinnen damit darauf, Situationen des Kampfes herbeizuführen, in denen sich die Masse dann selbst emanzipieren kann. Die politische Strategie der Utopiekritikerinnen wird eine der Provokation sein, für deren Effekte sie keine Verantwortung zu übernehmen brauchen, da ein handlungsleitendes Bewusstsein über das angestrebte Ziel der Interventionen nicht existiert. Es fällt nicht schwer, hier die Beschränktheit der historischen »Provos« zu erkennen, die gekleidet in die Lederjacken jener bolschewistischen Vorbilder, die sie überwinden wollten, das Mackerimage des Kämpfers reproduzieren. Solidarität wird damit wieder zu einem Effekt, zu einer Funktion des Kampfes reduziert (vgl. Cohn-Bendit 1968, 91-94). Die Konstruktion solidarischer Beziehungsweisen, um derentwillen die revolutionäre Aktion überhaupt unternommen wird, gerät aus dem Blick.

Doch sind die solidarischen und deswegen befriedigenden Beziehungsweisen weder bloß das Mittel einer emanzipatorischen Transformation noch deren bloßes Ziel, das sich zum Mittel indifferent verhielte, sondern beides zugleich in einem Transformationsprozess, der revolutionär gerade darin ist, dass er den Prozess einer synaptischen Konstruktion bezeichnet. Es ist nicht zielführend, die Offenheit des Kampfes zu hypostasieren und jede Diskussion über dessen erwünschten Ausgang zu tabuisieren. Ebenso wenig wie sich eine emanzipatorische Gesellschaft mit reaktionären Mitteln erreichen lässt. Emanzipierende Revolution und emanzipierte Postrevolution dürfen, wenn die eine zur anderen führen soll, nicht voneinander abgespalten werden, sondern müssen eng miteinander vermittelt bleiben. Das gelingt, wenn die postrevolutionäre Gesellschaft als Ensemble solidarischer Beziehungsweisen gefasst wird und die Revolution als Knüpfen genau dieser Beziehungen. Diese Erkenntnis war als praktische und kollektive sowohl in der Revolution von 1917 als auch in jener von 1968 anwesend – und wurde immer wieder aus ihr herausgedrängt.[3]

... that we do matter to each other

Solidarisch ist, wer sagt und es auch meint:
Du bist nicht allein!
Arnd Pollmann

Noch in einem seiner autoritärsten Texte, in dem er 1919 »die nächsten Aufgaben der Sowjetmacht« unter anderem als bedingungslose Unterordnung der Massen unter betriebliche Diktatoren beschrieb, erkannte Lenin eine fundamentale Differenz zwischen bürgerlichen und sozialistischen Revolutionen. Sie unterscheiden sich im Verhältnis der Massen zu re-

3 »Das wahre Rätesystem [...] ermöglicht jedem Arbeiter, ob einzeln oder in einer Kommune, in völliger Freiheit seinem eigenen Glück und Wohlergehen innerhalb der Gemeinschaft nach den Gesetzen der Solidarität, der Freundschaft und Gleichheit zu leben.« (Manifest der Machno-Bewegung, zitiert nach Cohn-Bendit 1968, 243f.) Für eine würdigende Kritik der Beziehungsweise der Räte aufgrund ihrer Selbstbeschränkung auf einen Teilbereich der Gesellschaft und den Versuch einer Aktualisierung vgl. Hardt/Negri 2013, 103f. Eine ausführliche Diskussion des Rätekonzepts bei Arendt 1968, 335ff.

volutionärer Destruktion und revolutionärer Konstruktion. Bei den bürgerlichen Revolutionen, notierte Lenin, habe »die Hauptaufgabe der arbeitenden Massen in der Ausführung der negativen oder zerstörenden Arbeit der Vernichtung des Feudalismus, der Monarchie« bestanden. »Die positive oder die aufbauende Arbeit für die Organisation der neuen Gesellschaft« hingegen wurde von der besitzenden Minderheit übernommen. Diese Aufgabe sei ihnen leichtgefallen, »weil als organisierende Grundkraft in der anarchisch aufgebauten kapitalistischen Gesellschaft der elementar in die Breite und Tiefe wachsende nationale und internationale Markt« fungierte. Demgegenüber bestehe »die positive oder die aufbauende Arbeit« in der sozialistischen Revolution darin, »ein außerordentlich kompliziertes und feines Netz von neuen organisatorischen Beziehungen herzustellen, die die planmäßige Produktion und Verteilung der Produkte erfassen, wie sie für die Existenz von Dutzenden Millionen Menschen notwendig sind.« (Lenin 27, 231)

Tatsächlich hatte Lenin für die Massen auch in diesem Transformationsprozess nur die Rolle von ausführenden Befehlsempfängern vorgesehen. Das außerordentlich komplizierte, wenn auch eher grobe als feine Netz von Organisationsbeziehungen sollte die Menge zwar verknüpfen, nicht jedoch von ihr geknüpft werden. Es wurde von einem zentralen Punkt oberhalb der Gesellschaft auf diese herabgelassen. Dennoch benannte Lenin in seiner Analyse der bürgerlichen Revolution präzise jene Beziehungsweise, die zu ersetzen eine der größten Schwierigkeiten bei der Überwindung des Kapitalismus darstellt: die kapitalistische Warenbeziehung des »elementar in die Breite und Tiefe« wachsenden nationalen wie internationalen Marktes. Deren historische Plausibilität erwächst aus einer spezifischen Vermittlung von Besonderem und Allgemeinem. Sie erschafft eine allseitige Abhängigkeit aller, allerdings nicht durch die Zentralisierung eines partikularen Willens, dem eine jede sich zu unterwerfen hat, sondern durch Konstruktion einer Infrastruktur, in der eine jede ihr individuelles Interesse verfolgt. Die Tauschende gibt weg, was sie nicht braucht und erhält, was sie braucht, und gerade in der Vergrößerung dieses je privaten Nutzens konstituiert sich ein gesellschaftliches Verhältnis von globalem Ausmaß. Gerade der private Tausch, der sich im Konkreten als Win-win-Situation präsentiert, konstituiert die Allgemeinheit; eine allgemeine Privatheit oder privatisierte Allgemeinheit. Obwohl das Ensemble scheinbar neutraler Tauschakte auf einer massiven repressiven wie disziplinierenden Gewalt beruht, die am Ursprung der kapitalistischen Produktionsweise steht und seitdem stetig wiederholt werden muss (vgl. Federici 2012c), ist es diese Vermittlung von Besonderem und Allgemeinem, durch welche die kapitalistische Warenbeziehungsweise ihre Überzeugungskraft gewinnt. Davon zeugt nicht zuletzt die Durchsetzungsgeschichte des Staatssozialismus (vgl. Mats 2012, 65 f.). Victor Serge erlebte die grundlegende organisatorische wie demokratische Schwäche des staatssozialistischen Plans bereits zu Anfang der Russischen Revolution. Angesichts der beschlagnahmten Lager von Buchhändlerinnen, deren Bestände in den nassen Kellern vermoderten, »segnete« Serge »die Diebe, die eine große Zahl von Werken retteten und heimlich in Umlauf setzten«, weil »Vereinigungen von Bücherfreunden« nicht zugelassen waren. Gegen den bürokratischen Staatskommunismus empfahl er »einen ›Kommunismus der Vereinigungen‹«, der »aus der Harmonisierung der Initiativen von unten mit Hilfe von Kongressen und Sonderkonferenzen hervorgehen sollte« (Serge 1991 [1951], 168). Durch diese Vermittlung der Initiativen von unten, Beziehung der Beziehungen, hätte der zentralistische und autoritäre Plan ersetzt werden können. Denn die Zuteilung ohne Partizipation ist nicht attraktiver als die Verfolgung privater Interessen. Attraktiver als der Tausch – »gibst du mir dies, geb ich dir das« – ist lediglich das Teilen – »nimm, was du brauchst, ich nehm, was ich brauche«. Eine Arbeit verrichten auf Grundlage von Freiwilligkeit, Interesse und Einsicht ohne Drohung, Angst und Zwang. Ein Bedürfnis befriedigen auf Grundlage von kollektiver Verständigung ohne Gegenleistung, ohne Schuld – das ist der kommunistische Reichtum, der den kapitalistischen borniert ausschauen lässt (vgl. Marx, MEW 40, 465 f.). Genau diese spontane Plausibilität ist es, die den Commons eine so hohe Anziehungskraft verleiht. Warum ein Lexikon kaufen, wenn lexikalisches Wissen auch ohne Zusatzkosten zugänglich ist, zumal solches, an dessen Produktion Millionen mal mehr Produzentinnen beteiligt waren als an der warenförmigen Alternative (vgl. Siefkes 2008 und www.keimform.de)? Dabei ist weniger entscheidend, dass die *common based peer production* schneller, effizienter, produktiver ist als ihre kapitalistische Konkurrenz, sondern dass sie andere, solidarischere, befriedigendere Beziehungen unter den Produzentinnen und unter den Konsumentinnen sowie zwischen Produzentinnen und Konsumentinnen stiftet: Beziehungen der Kooperation statt Beziehungen der Konkurrenz. Der Streit zwischen Produktionsweisen wird so nicht hauptsächlich auf der Ebene der Produktivkräfte ausgetragen, sondern auf jener der Beziehungsweisen (vgl. Maak 2012). Statt um die Commons, die sachlichen Gemeingüter, geht es um das *commonizing*, die Praxis des Vergemeinschaftens (vgl. www.commoner.org.uk, www.contraste.org). Statt um das Produkt, das Objekt, geht es um die intersubjektive Praxis, das Verhältnis. Nicht »für die Sache« lohnt es sich zu kämpfen, sondern für befriedigende Beziehungen.

Laut Daniel Brudney ist dies exakt die Perspektive, die der Kommunist Karl Marx in zumindest einer seiner Bestimmungen kommunistischer Produktionsverhältnisse einnahm. In den Mill-Exzerpten entwarf er unter utopischen Bedingungen – »Gesetzt, wir hätten als Menschen produziert« – die Skizze eines nicht entfremdeten Lebens, die zwischen den philosophischen Figuren von »Individualität«, »Eigentümlichkeit«, »Gattung«, »Gemeinwesen«, »Liebe« auch Umrisse postkapitalistischer Beziehungen enthält (Marx, MEW 40, 462). Das Prinzip, nach dem die kommunistische Produktion Marx zufolge strukturiert sein soll, nennt Brudney Solidarität. Produzierten die Menschen nicht für das Geld, sondern *»für* einander«, so existierten zwischen ihnen Beziehungen, die freundschaftlich wären, ohne persönlich zu sein (Brudney 1998, 183).[4] So verstanden, lässt sich die Frage, was Solidarität ist, nicht wie Richard Rorty meinte (vgl. Rorty 1989), moralphilosophisch beantworten, sondern nur sozialtransformatorisch. Es ist keine Frage der Haltung, sondern eine Frage der Beziehung. Nicht, wie soll ich mich den anderen gegenüber verhalten, lautet sie, sondern, in welches Verhältnis wollen wir uns setzen? Für Brudney bedeutet Solidarität, »dass wir füreinander wichtig sind [*that we do matter to each other*]«. Dass wir einander also nicht – wie in der Gleichheit des Warentauschs – egal sind, dass wir uns nicht – wie im »Wettbewerb« des Marktes – als Konkurrentinnen begegnen. Diese zwischenmenschliche Bindung aber ist, zumal in der marxistischen Diskussion, bisher wenig theorisiert worden. Die meisten Interpretationen des Marx'schen Konzeptes der Selbstverwirk-

4 »Aber setzt die Freundschaft nicht doch Präsenz voraus, fragt beharrlich Derrida. Nur so lange unsere Beziehungen auf in Geld und Recht materialisiertem Misstrauen beruhen, antworten die besten Freunde Marx & Engels. Könnte für jemanden zu produzieren, den wir nicht kennen, nicht etwas sehr Freundschaftliches sein? *Community without unity* eben.« (Adamczak 2008, 160)

lichung konzentrieren sich auf das vielseitige Individuum, das im Kommunismus einer Vielzahl von Tätigkeiten nachgehen kann, statt auf einige wenige reduziert zu werden. In diesen Interpretationen wird »die Stärke der Verbindungen zwischen den kommunistischen Individuen« (Brudney 1998, 146) auf das Subjekt zurückgespiegelt. Das Bedürfnis nach befriedigenden Beziehungen erscheint dann als eins von vielen Bedürfnissen des kommunistischen Individuums (ebd., 147).[5] Solidarische Beziehungen, freie und gleiche Assoziationen, stellen allerdings kein Bedürfnis dar, das den individuellen lediglich noch hinzugefügt werden müsste. Stattdessen befriedigen die Menschen »in der wirklichen Gemeinschaft« ihre zentralen Bedürfnisse »in und durch ihre Assoziation« (Marx/Engels, MEW 3, 74). Die freie Assoziation bildet somit nicht nur Mittel, sondern zugleich Zweck und Lebensatmosphäre dieser Bedürfnisbefriedigung. Das unterscheidet, wie Brudney richtig anmerkt, die Bestätigung kommunistischer Beziehungen von zusammenhaltenden externen Zielen, wie dem Wohl einer Nation, dem Königreich Gottes usw. Das Ziel der menschlichen Beziehung liegt nicht außerhalb von ihnen, sondern innerhalb. Damit wird es auch überflüssig, auf die

5 Gleichwohl bleibt Brudney in seiner Interpretation der Bedeutung des »Gattungswesens« in der Marx'schen Kritik der kapitalistischen Entfremdung auf der Perspektive des Individuums stehen, wenn er danach fragt, wie sich das Individuum im Kommunismus mit der Gattung identifiziere und eine »gemeinschaftliche Identität (*communal identity*)« ausbilde. In dieser Frage taucht philosophisch jener Komplex auf, der auf ökonomischem Terrain als »Motivationsproblem« diskutiert wird: Wie können Menschen in einer Planwirtschaft ohne Geldanreize zur Partizipation (zum Arbeiten) motiviert werden, nachdem sie aus der Gestaltung des gesellschaftlichen Prozesses einmal ausgeschlossen wurden? In dieser Formulierung wird offenkundig, dass die Frage falsch gestellt ist.

Sprache des frühen Marx zu rekurrieren, der das die menschliche Natur nennt. Es ist keine innermenschliche Natur, die veräußerlicht und verwirklicht zu werden braucht. Es ist die zwischen den Menschen liegende Beziehung, die das Ziel der Beziehung darstellt.

Die Frage, »welche *Art* von Beziehung«, welche Beziehungs*weise* also, als erstrebenswert, als emanzipatorisches Ziel, fungieren kann, bezeichnet Brudney als »weitgehend unerforscht« (Brudney 1998, 190). Zwischen der Analyse und Kritik des Bestehenden (Kapitalismus), der Forderung nach dessen Abschaffung (Negation des Privateigentums) und der Diskussion des richtigen Wegs dorthin (Fortschritt, Machteroberung) wurde diese Frage auf Parolen, Refrains und Nebensätze verschoben. Alles, was uns fehlt, ist die Solidarität. In einem dieser Nebensätze schrieb Trotzki im Rückblick auf die auch von ihm selbst verratene Russische Revolution, »Sozialismus bedeutet, wenn er überhaupt diesen Namen verdient: menschliche Beziehungen ohne Gewinnsucht, Freundschaft ohne Neid und Intrigen, Liebe ohne niedrige Berechnung« (Trotzki 2009 [1936], 177). Auch wenn er hierbei an mindestens drei verschiedene Formen von Beziehungen gedacht haben mag und nicht daran, dass Beziehungen, um menschlich zu sein, ebenso sehr freundschaftlich und liebevoll wie materiell gesättigt sein müssten, erkannte er in dieser Formulierung doch zugleich, dass die eigentliche Bedeutung der Emanzipation nicht im Wachsen der Produktivkräfte zu finden ist, sondern in der Ermöglichung befriedigender Beziehungen. Kollontai sah hier noch klarer. Die kommunistische Gesellschaft, formulierte sie, werde auf dem Prinzip der Kameradschaft oder Genossenschaftlichkeit und Solidarität aufgebaut. Auf die Frage, was aber Solidarität sei, antwortete sie, dass diese nicht nur »im *Bewusstsein* von der Gemeinsamkeit der Interessen bestehe«, sondern vor allem in einem »geistigseelischen Zusammenhalt, der zwischen den Mitgliedern des Arfbeitskollektivs« entstehe (Kollontai 1979b [1923], 116f.). In der »verwirklichten kommunistischen Gesellschaft«, schrieb sie,

> werden die ›Bande der Sympathie‹ zwischen allen Mitgliedern der neuen Gesellschaft wachsen und erstarken, das ›Liebespotential‹ wird sich vergrößern, und Liebe als Solidarität wird als jener Motor wirken, der als Konkurrenz und Eigenliebe die bürgerliche Gesellschaft antrieb [...] Die ›Kälte der seelischen Einsamkeit‹, vor der sich die Menschen nicht selten in Liebe und Ehe retteten, wird verschwinden, es werden vielfältige Verbindungen entstehen, die die Menschen durch geistige und seelische Bande miteinander verknüpfen. (Kollontai 1979 [1923], 123)

Die vielfältigen Verbindungen, die Kollontai für die kommunistische Gesellschaft prognostizierte, waren so materiell wie affektiv. Es waren plurale Beziehungsweisen der Solidarität, die an die Stelle der atomisierenden und konkurrenten Beziehungsweise des Kapitalismus treten sollten. Damit würde zugleich die mit dem Kapitalismus gleichursprüngliche Beziehungsweise der romantischen Zweierbeziehung aufgehoben. In dieser Perspektive war die Revolutionärin Kollontai zugleich eine der prägnantesten Vertreterinnen einer relationalen Revolutionstheorie. Sie blieb diesbezüglich auf lange Zeit allein. Einer der wenigen Intellektuellen, die in der gegenwärtigen Diskussion transformatorischer Bewegungen explizit »soziale Bindungen« ins Zentrum der Analyse stellen, ist Raúl Zibechi. In seiner Untersuchung lateinamerikanischer Bewegungen der Armen und Ausgeschlossenen bestimmt er nichtkapitalistische Beziehungen unter anderem als solche, die nicht auf »der Unterteilung zwischen denen, die Befehle erteilen und denen, die sie ausführen« beruhen, die keine Spaltung in intellektuelle und manuelle (weibliche und männliche, junge und alte, inländische und ausländische usw.) Arbeit beinhalten, sich durch ein nichthierarchisches Verhältnis zur Natur auszeichnen und statt eines instrumentalisierenden, ein selbstbestimmtes Handeln ermöglichen (Zibechi 2011, 149ff.). In dieser Weise kann eine relationale Revolutionstheorie die Richtung bestimmen, die eine emanzipatorische Entwicklung zu nehmen hätte: von einer hierarchischen Beziehung zu einer egalitären, von einer versachlichten zu einer sachbezogenen, von einer unsicheren Beziehung zu einer sicheren. Von einer indifferenten oder konkurrenten, zu einer kooperativen und solidarischen Beziehung. Wie gezeigt darf dabei das, worauf die Revolution zielt, nicht von dem gereinigt werden, was an der Revolution selbst begehrt wird. Wenn alle Momente von Aufstand und Action, Trennung und Befreiung, von Kampf und Konflikt aus dem Bild einer finalen Harmonie gelöscht sind, verfängt sich das revolutionäre Begehren in einem Paradox: Die Revolutionäre können den Erfolg der Revolution nicht wollen. Befriedigende Beziehungsweisen, die keinem Utopiefetisch aufsitzen, müssen so auch Möglichkeiten zu Differenz und Dissenz, zu Aggression und Aufbruch enthalten. Sie dürfen nicht als harmonistisch konzipiert werden, sondern als konfliktfähig, nicht als reibungslos, sondern als knarzig-flirrend (Hörbe 1999).

Im chronomatischen Zerrspiegel

Die Machtfrage wird nicht dadurch gelöst, dass man den Regierungspalast übernimmt – was das Einfachste ist und was oft geschehen ist –, sondern, indem man die sozialen Beziehungen verändert.
João Pedro Stédile

Einen Tisch kann man umwerfen und eine Fensterscheibe zertrümmern; aber die sind eitle Wortemacher [...], die den Staat für so ein Ding oder einen Fetisch halten, den man zertrümmern kann, um ihn zu zerstören. Staat ist ein Verhältnis, ist eine Beziehung zwischen den Menschen, ist eine Art, wie die Menschen sich zueinander verhalten; und man zerstört ihn, indem man andre Beziehungen eingeht, indem man sich anders zueinander verhält.
Gustav Landauer

Gustav Landauers Erkenntnis, dass sich der Staat nicht zertrümmern, sondern nur durch andere soziale Beziehungen ersetzen lässt, ist nicht auf den Staat beschränkt. Sie trifft ebenso auf das Kapital zu, auf die Liebe, das Geschlecht, die Nation. Und so weiter. In den großen Revolutionswellen des 20. Jahrhunderts, jener von 1917ff. und jener von 1968ff., wurde das erkannt. Mehr oder weniger implizit, mehr oder weniger programmatisch wurde mehr verlangt als die Konstruktion einer veränderten Produktionsweise, einer veränderten objektiven ökonomischen Struktur und mehr verlangt als die Konstruktion neuer Menschen, anderer Bedürfnisse, neuer Subjektivitäten. Tatsächlich bemühten sich die Revolutionärinnen beider Revolutionswellen – ohne entsprechendes begrifflich-epistemologische Instrumentarium – darum, neue Beziehungsweisen zu schaffen. Darin sollten die Spaltung und die damit einhergehende Verkümmerung der herrschenden Beziehungsweisen aufgehoben werden. Wie bereits für die ersten

Sozialistinnen drehte sich »die Achse der Veränderungen um die Herstellung neuer sozialer Beziehungen, unabhängig von den Verbindungen zwischen den Bewegungen und den Staaten« (Zibechi 2011, 147ff.). Rückblickend treten an diesen Versuchen zunächst ihre Beschränkungen hervor. Doch sind die Ergebnisse der Revolutionen ebenso wenig identisch mit ihren Ansprüchen, wie diese Ansprüche als missverständliche mit sich selbst identisch sind. Erst im historischen Abstand lassen sich durch einen äußerlichen Vergleich – etwa von 17 mit 68 – die groben Linien ausmachen, die sich in den Kämpfen verschlingen und verknoten, in den Auseinandersetzungen mit den herrschenden Kräften abschwächen, ohne jedoch gänzlich zu versiegen. Aus der Entfernung betrachtet, erscheint die neoliberale Konterrevolution als Zerrspiegel der Revolutionswelle von 1968 wie die stalinistische Konterrevolution als Zerrspiegel der Revolution von 1917. In diesen chronomatischen Spiegeln werden Momente zu schmerzlicher Kenntlichkeit vergrößert, die als Tendenzen bereits in den revolutionären Bewegungen präsent waren, ohne dass diese jedoch jemals auf jene hätten reduziert werden können.

In dieser Perspektive steht 1968 für eine Bewegung der Verflüssigung und Auflösung verfestigter Verhältnisse, der Pluralisierung und Differenzierung homogenisierter Beziehungsformen. Die Zwangsgehäuse der patriarchalen Familie wie der staatlichen Bürokratie, des Normalarbeitsverhältnisses wie der Zwangsheterosexualität auf Lebenszeit werden aufgebrochen. Nur in begrenztem Maße allerdings treten neue stabile Beziehungsweisen an die Stelle der alten. Die Gründerinnen der größten bis heute existierenden europäischen Landkommune Longo maï greifen in Folge von 1968 auf die Frühsozialisten und Utopistinnen zurück, weil sie »neue Formen des Zusammenlebens finden wollten« (Graf 2005, 22). Der Suchprozess gilt historischen Modellen und will zugleich die bereits gemachten Fehler vermeiden (ebd., 107). Die meisten Kommuneprojekte aber bleiben temporär oder lokal begrenzt, viele Genossenschaften gehen unter dem Druck des Marktes entweder pleite oder werden gezwungen, sich selbst zu kapitalisieren, nichtheteronormative Verwandtschaftsmodelle bleiben weiter marginalisiert oder erkaufen Anerkennung durch ihre Heterosexualisierung (vgl. Hark/Laufenberg 2013). Weit durchsetzbar ist lediglich die Beziehungsweise der WG, von der Zweck-WG bis zur kollektiven Lebensform, wenn auch hegemonial als Lebensabschnittmodell konzipiert. Durch den Zerrspiegel des Neoliberalismus gesehen, verstärkt 1968 so eine moderne Bewegung, die von der Großfamilie über die Kleinfamilie zum Singlehaushalt führt. Die Befreiung aus der verwalteten Welt des Fordismus geht mit Fragmentierung einher. Das gilt auch für die Sphären von Arbeit und Kultur. An die Stelle großer autoritärer Fabriken mit gleichen Arbeitsverhältnissen – Grundlage großer Streiks und Rätebewegungen – treten Auslagerung, Flexibilisierung, Heimarbeit; an die Stelle einer hierarchischen bürgerlichen Kultur treten vielzählige Subkulturen und Nischenmärkte, die ungezählte Distinktionen erlauben. Die Beziehungen zu den Dingen, zu nichtmenschlichen Aktanten, sind zunehmend vom Paradigma der Konsumtion her organisiert. Ihre Einverleibung erlaubt Identifizierung über Differenzmarker, über geschlechtliche oder sexuelle, nationalistische oder klassenförmige Zeichen und Marken. 1968 steht so für eine Vervielfältigung von Beziehungsweisen, die zugleich so weit fragmentierend ist, dass sie auch als Auflösung von Beziehungen lesbar wird. Margaret Thatchers immer wieder aktualisiertes Diktum, es gäbe keine Gesellschaft, erscheint so als Anspruch von Beziehungslosigkeit.

Im Gegensatz dazu entwirft 1917 in einer hegemonialen Linie die Utopie *einer* egalitären solidarischen Beziehungsweise, die alle Spaltungen von Klasse, Geschlecht, Nation überschreitet, die Trennungen zwischen Familie und Staat, Liebe und Ware hinter sich lässt, die Hierarchien von Außen und Innen, von Oben und Unten überwindet. Es ist der Versuch, die ganze Gesellschaft im Modus einer egalitären, nach dem Vorbild von Lohnarbeit und Parteiarbeit gebildeten Beziehungsweise einzurichten. Durch sie und in ihr würden alle Menschen zu Genoss*en*. Die Beziehung zu den Dingen, zu nichtmenschlichen Aktanten, ist vom Paradigma der Produktion geprägt, das als Herrschaft über die äußere Natur konzipiert ist. Bereits vor der Staatswerdung des Bolschewismus, in Lenins *Staat und Revolution* trägt diese Utopie für die erste Stufe des Sozialismus – vor dem endgültigen Absterben des Staates – den Charakter einer autoritären Ordnungsvorstellung, die verlangt, dass »die gesamte Gesellschaft [...] ein Büro und eine Fabrik mit gleicher Arbeit und gleichem Lohn« werde und damit »*alle* Bürger [...] Angestellte und Arbeiter *eines* das gesamte Volk umfassenden Staats›syndikats‹« (Lenin, LW 25 [1917], 488). Nach 1917 wird das Ideal einer egalitären Beziehungsweise immer wieder abgeschwächt und durch die Realität einer homogenisierenden und autoritären Beziehungsweise rekuperiert. Obwohl der Stalinismus die Familie als Kernzelle des Staates rehabilitiert, ist es auch die Utopie ihrer Überwindung, die 1937 als Dystopie wiederkehrt: als Gesellschaft, in der alle zwischenmenschlichen Bindungen zerschlagen sind und nur noch die Loyalität gegenüber Staat und Stalin existiert, in der Kommunistinnen ihren Fraktionen abschwören, Verwandte einander ins Gulag einliefern, beste Freundinnen behaupten, sich nie gekannt zu haben, Kolleginnen einander bespitzeln, Geliebte sich gegenseitig liquidieren (vgl. Grossman 2007 [1959], Müller 1991). Diese mit »Polizeimethoden« betriebene Zerstörung politischer Beziehungen erzeugt eine »völlige Atomisierung der russischen

Massengesellschaft« und legt um jede einzelne die »Aura von hilfloser Verlassenheit« (Arendt 2008 [1951], 697). Auch wenn Hannah Arendt mit dieser Diagnose den Umfang des tatsächlichen Widerstands gegen die stalinistische Bürokratie wie die ungebrochene Bedeutung der informellen Ökonomien desartikuliert, demonstriert sie doch die absurde Pointe der Russischen Revolution. Statt einer Kommune erschafft der stalinistische Staatskommunismus eine Antigemeinschaft, statt einer freien Assoziation eine Gesellschaft der Verlassenen. Damit realisiert er auch eine negative Utopie des Kapitalismus, die Atomisierung unter einem Kapital, das nun wirklich kaum einen Unterschied in Herkunft, Religion, Familie, Geschlecht, Erfolg oder Gesinnung mehr macht; ein Staatskapital, das auf den Namen Stalin hört. Dies allerdings nicht in dem Sinn einer psychologisierenden Personalisierung (vgl. Baberowski 2012), sondern in dem Sinn, den Stalin ihm selbst gab. Seinem Sohn erklärte er: »Du bist ebenso wenig Stalin wie ich. Stalin *ist* die Sowjetmacht. Stalin ist sein Abbild in den Zeitungen und den Porträts – nicht du, nicht einmal ich« (Montefiore 2006, 15).

Ähnlich radikal ist dem Kapital die Realisierung seiner Utopie nie gelungen. Alle Bindungen zu zerstören und durch die eine des Geldes zu ersetzen, hat es nirgends geschafft. Kapitalistische Gesellschaften zeichnen sich historisch hegemonial vielmehr durch streng voneinander getrennte Beziehungsweisen aus – monetäre Warenbeziehung, familiale Liebesbeziehung, rassistische Segregationsbeziehung und so fort. Sie werden eindeutig hierarchisiert, ihre Vermischung von konservativer Politik blockiert. Erst das neoliberale Projekt, das sich mit dem Aufbruch von 1968 aus dem Konservatismus herauslöst, expliziert den in der Warenform impliziten Totalitätsanspruch politisch. Alle sozialen Verhältnisse – auch diejenigen, die wie häusliche Reproduktion bisher nicht kommerziell konzipiert wurden – sollen nach dem Vorbild des Marktes rekonstruiert werden. Der Anspruch einer nicht-egalitären Homogenisierung bleibt aber hier ebenfalls unrealisiert, weil er mit dem Klasseninteresse des Bürgertums kollidiert. Auch in der frühen Sowjetunion gab es de facto weibliche Wäsche-Kommissare, die Bügeltätigkeiten männlicher Kommunarden überwachten, und es gab studentische Kommunen, die bäuerliche Putzkräfte engagierten und dies als Spezialisierung von Arbeit legitimierten (Stites 1989, 215). Den sozialistischen Plänen zufolge aber sollten Putzkolonnen unterschiedslos durch alle Wohnanlagen ziehen. Demgegenüber verfügt die migrantische Care-Arbeiterin, die inmitten des Kapitalismus den Haushalt einer weißen Mittelschichtsfamilie als Lohnarbeit organisiert, aus Prinzip selbst nicht über eine bezahlte Haushaltshilfe. Die universelle Monetarisierung findet eine Grenze in den partikularen Interessen der herrschenden Klasse.

Auch im Staatssozialismus misslang der Versuch, alle gesellschaftlichen Verhältnisse nach dem Modus einer maskulin-egalitären (später zunehmend zentralistisch-autoritären) Beziehungsweise einzurichten. Allein schon, weil auch der Staatssozialismus ohne die informellen Beziehungen von Nachbarschaftshilfe und sogenanntem Schwarzmarkt keine siebzig Jahre lange hätte bestehen können. Aber im ersten Jahrzehnt der Sowjetrepublik, während Revolution, Kriegskommunismus und Neuer Ökonomischer Politik, war es dieses Ideal einer wirklichen Kollektivität, das kommunistische Aktivistinnen unter großen Anstrengungen als revolutionäre Konstruktion zu realisieren suchten. Die emotionale Aufladung des Öffentlichen wurde erhöht, die des Privaten reduziert. In allen Sphären des Sozialen und bis in die Nischen des Alltags hinein. Vom Partei- zum Arbeitsleben, über Vereins-, Familienleben bis hin zu Wohn- und Liebesformen. So wurde die Erziehung von Kindern in Kleinfamilien abgelehnt, weil hier nicht die kollektiven Beziehungsweisen eingeübt werden konnten, die den »Neuen Mensch« auszeichnen sollten. Alexandra Kollontai benannte deren Bindungskräfte als »Solidarität, Kameradschaftlichkeit, gegenseitige Hilfe und Loyalität gegenüber dem Kollektiv« (zitiert nach Naiman 1997, 87). In ihrer Formulierung aber erschienen sie zugleich als pädagogische Inhalte, in deren Sinne »weise Erzieherinnen« Kinder formen könnten. Eine horizontale Beziehung, die vertikal instituiert werden sollte – dieses Paradox prägte den gesamten staatssozialistischen Versuch. Doch wurde die Bewegung nicht nur als eine zu mehr Kollektivität, sondern auch zu mehr Rationalität verstanden. Gleichermaßen betraf dies sexuelle, freundschaftliche wie familiäre Bindungen. Elternliebe etwa wurde nicht nur als privatistisch, sondern auch als irrational und unobjektiv verworfen. Wie von Sergej Tretjakow in seinem Theaterstück *Ich will ein Kind haben!* exemplarisch vorgeführt, sollte die Gattung nach rationalen und das hieß auch nach eugenischen Kriterien reproduziert werden. Solange die technischen Möglichkeiten nichts anderes zuließen, musste dies durch die Initiative individueller Körper geschehen. Die geborenen und abgestillten Kinder jedoch würden gesellschaftlichen Erziehungsinstitutionen übergeben (vgl. Clements 1985, 227).

Die angestrebte Bindung der neuen Beziehungsweisen war erstens keine individuelle, sondern eine kollektive und zweitens keine affektive, sondern eine rationale. Das Modell der Freundschaft, das dementsprechend in der frühen Sowjetunion als revolutionär-utopische Konstruktion angestrebt wurde, zeichnete sich durch eine Versachlichung aus, die auch als Maskulinisierung beschrieben werden kann. Die vorbildliche Freundinnenschaft privilegierte die Vernunft gegenüber den Gefühlen. Sie stellte Nähe her auf Grundlage gemeinsamer Anschauungen und Interessen, gemeinsamer Lebensverhältnisse und Aktivitäten (Borenstein 2000, 23). Die angestrebte Beziehungsweise war nicht diejenige von Freundinnen, sondern von Genossinnen. Dabei setzte sich die kalte, rational-distanzierte Genossinnenschaft gegen eine warme, emotional-nahe Genossinnenschaft durch, wie sie etwa der Antifeminist Nikolai Fedorov vertreten hatte (vgl. Fedorov 2005 [1906]). Der zärtlich-solidarische Bedeutungsgehalt der Genossinnenschaft, der sich auch affektiv-ästhetisch anrufen ließ, blieb allerdings als Unterströmung erhalten.

Die Logik des Bolschewismus bestand darin, das Feld der politischen Differenz auf einen binären Antagonismus zu reduzieren. In einer historischen Spirale wurden zunächst alle anderen revolutionären Strömungen – von marxistischen, anarchistischen zu sozialrevolutionären – eliminiert, dann innerparteiliche Oppositionen verboten, schließlich alle Abweichungen von der eindimensionalen Linie der Parteiführung unter Strafe gestellt. Die materielle Realität dieses Antagonismus im internationalen Klassenkampf, zuerst gegen den Imperialismus, dann gegen den Faschismus, schließlich gegen den kapitalistischen Westen, erschwerte oder blockierte eine Kritik dieses Schemas. Unter der Bedingung, dass der »Feind meines Feindes mein Freund ist«, musste jede Kritik in den eigenen Reihen als schädlich erscheinen (vgl. Leonhard 1956). Mit den Revolutionen in Vietnam, China, Jugoslawien oder Kuba, dem Tod Stalins, den Aufständen in Ungarn, Polen und der Tschechoslowakei, der Etablierung »blockfreier Staaten« wurde das Schema des binären Antagonismus realgeschichtlich durchbrochen, wovon die maoistische »Drei-Welten-Theorie« ein Zeugnis ablegt. Im gleichen Maße, in dem die Sowjetunion feministische, sexualemanzipatorische, antirassistische Forderungen aus ihrem Geltungsbereich ausgeschlossen hatte, wurden diese als partikulare Ansprüche erfahrbar, deren Beziehung zur Transformation der Eigentumsverhältnisse nicht mehr selbstverständlich den Charakter einer Subordination trug, sondern erklärungs- und aushandlungsbedürftig geworden war. Innerhalb der Bewegungen von 1968 ff. wurde die Notwendigkeit des Bündnisses zwischen den internationalen und intersektionalen Kämpfen betont; aber mit den Niederlagen der Bewegungen im kapitalistischen Westen zerfielen die Bündnisse nicht zuletzt auch deshalb, weil es nun hoffnungsvoller erschien, durch Verzicht auf umfassende Radikalkritik Teilforderungen durchzusetzen. Die Einheit war zerbrochen, an ihre Stelle war die Vielheit getreten, so wie an die Stelle der Gleichheit die Freiheit (vgl. Arendt 1968, 9). Während die Forderung nach Gleichheit, kennzeichnend für die Sequenz von 1917, ihre materielle Basis auch in der Erfahrung der unmittelbaren Nähe von kapitalistischem Reichtum und proletarischer Armut hatte, war die Emphase der Freiheit, kennzeichnend für die Sequenz von 1968, auch aus den antikolonialen Kämpfen entstanden und wurde zugleich verstanden als Freiheit von der totalen Verwaltung des Lebens. In den Hintergrund getreten waren damit wieder Gemeinsamkeit und Solidarität, die sich unter totalitären Bedingungen ebenso wenig zu entfalten vermögen wie unter atomisierten.

Vor dem Hintergrund der doppelten historischen Erfahrung der Revolutionswellen von 1917 und 1968 lässt sich die Frage danach, auf welche Weise die sozialen Beziehungsweisen rekonstruiert werden müssten, präzisieren. Gesucht werden Modi solidarischer Kollektivierung, welche die gesellschaftlichen Trennungen etwa zwischen Produktion und Reproduktion, intimer Privatheit und politischer Öffentlichkeit nicht reproduzieren, sie aber auch nicht einseitig auflösen. Weder die hegemoniale Beziehungsweise einer maskulinen Staatsökonomie noch diejenige einer femininen Subsistenzökonomie kann den sozialen Reichtum erhalten, der in heterosexistischen Gesellschaften mit kapitalistischer Produktionsweise in gespaltener und somit identitär begrenzter Weise akkumuliert wurde. Gegenüber 1917 lautet diese Frage, wie der universelle Anspruch des Kommunismus gerettet werden kann, ohne die männliche Norm zu wiederholen, die sich in ihm versteckte. Gegenüber 1968 lautet dieselbe Frage, wie dem Anspruch nach Differenz und Freiheit Rechnung getragen werden kann, ohne den Fliehkräften der Individualisierung und Desozialisierung zu erliegen. Das Kommunistische ging zweimal verloren: einmal in der Totalität, dann zwischen den Singularitäten.

Wenn Solidarität in beiden Revolutionswellen als affektive angerufen, aber nicht als programmatische formuliert wurde, dann eröffnet ihre Rekonzeptualisierung ein normatives Dreieck, das es erlaubt, faktische wie kontrafaktische Konstellationen nach ihren Beschränkungen zu kategorisieren: Führt Freiheit ohne Gleichheit zu Ausbeutung und Unterdrückung, so führt Freiheit ohne Solidarität zu Individualisierung. Führt Gleichheit ohne Freiheit zu Zwangskollektivierung bzw. Homogenisierung, so führt Gleichheit ohne Solidarität zu Bindungslosigkeit bzw. Autoritarismus. Das Gleiche lässt sich antizipativ auch für Konstellationen sagen, in denen die Solidarität bestimmend ist: Solidarität ohne Gleichheit führt in den Paternalismus, Solidarität ohne Freiheit in Loyalität und repressive Vergemeinschaftung.

In der Perspektive der Beziehungsweise, die diese dreifache normative Orientierung der Französischen Revolution berücksichtigt, lässt sich die »freie Assoziation« entschlüsseln, die seit dem 19. Jahrhundert als Antwort auf die Frage nach dem Ziel einer emanzipatorischen Transformation fungiert. Dabei ist klar, dass gesellschaftliche Beziehungsweisen nur dann wirklich solidarisch sein können, wenn sie nicht auf einen sozialen Teilbereich beschränkt bleiben. Die revolutionäre Rekonstruktion kann nicht bei den Beziehungsweisen Ware und Liebe, Markt und Familie verharren, sondern wird zugleich die Beziehungsweisen Staat, Bürokratie, Partei, Verein, Freundinnenschaft durchkreuzen, mischen, rekombinieren, kurz *queeren* wollen. Die solidarischen Beziehungsweisen, die dabei entstehen sollen, sind solche, in denen Abhängigkeit nicht geleugnet und verdinglicht, sondern als auch konfliktuöse anerkannt wird. Nur so wird es möglich, auf Grundlage differenter Positionalitäten das Verhältnis von Abhängigkeit und Freiheit egalitär zu gestalten. Statt Einheit des Zwangs und bindungsloser Differenz kann das Gemeinsame dann als das erscheinen, was die Vielen miteinander teilen. Als Gleiche und Freie in Solidarität.

Das Begehren nach solidarischen Beziehungsweisen motivierte emanzipatorische Revolutionen und wurde von ihnen mobilisiert. Wiederholt angerufen und für Jahrzehnte aufbewahrt, fand es doch selten Eingang in den politischen Diskurs. In Folge der ersten siegreichen sozialistischen Revolution zeigte es sich in einer postrevolutionären Depression, in einer nostalgischen Sehnsucht nach Revolution und Bürgerkrieg. Die Revolution war zu einem Fetisch, von einem Mittel zum Selbstzweck geworden. Die affektive Spaltung von Revolution und Postrevolution, in der die eine Zerstörung und Spaltung, die andere Harmonie und Einheit konnotiert, ließ beide Konzepte entleert zurück. In der historisch hegemonialen Interpretation bestand das einzige Gegengift zur postrevolutionären Depression in der Wiederaufführung von Revolution und Bürgerkrieg. Sie diente so auch als Motiv für den stalinistischen Terror. Verschwiegen und verschüttet blieb so, dass die nostalgische Sehnsucht auch der Erfahrung einer solidarisch-egalitären Beziehungsweise galt. Bei aller patriarchalen Beschränktheit hob sich deren Bindungskraft deutlich von der autoritär-technokratischen der realsozialistischen Wirklichkeit ab. Doch die Erfahrung der Solidarität, die die Revolutionärinnen im Kampf hatten machen können, blieb auf den Kampf beschränkt. Aus dieser Beschränkung müsste die Solidarität gelöst werden, um auch in der postrevolutionären Gesellschaft wirken zu können. Historisch war das Begehren nach solidarischen Beziehungsweisen nicht intelligibel, weil es über keine politische Sprache verfügte, um sich zu artikulieren. Es flüchtete in den Bereich des Religiösen, des Träumerischen, des Rauschs, des Wahnsinns. Die hier unternommene Arbeit hatte auch den Zweck, jenem unartikulierten Begehren zu einer Sprache zu verhelfen, um den traurigen Revolutionärinnen einen anderen Trost und der tragischen Geschichte der Revolutionen ein alternatives Ende anzubieten.

Beteiligungen

Danksagungen werden häufig mit dem Satz eingeleitet, ein Buch ließe sich nicht alleine schreiben. Die freundliche Feststellung des mittlerweile Bekannten verschweigt den eigentlichen Skandal: dass es dennoch die Norm bleibt. Die Aufrechterhaltung des Phantasmas individueller Autorinnenschaft desartikuliert eine Vielzahl von Beziehungen, ohne die sie nicht existieren könnte: freundschaftliche Beziehungen wie kollegiale, neugierige wie aufmunternde, formelle wie informelle, erwünschte Beziehungen wie störende, aufdringliche wie entschwindende, disziplinierende Beziehungen und ermutigende, stützende und belastende, nähere und fernere. Beziehungen des Bezahlens, des Chattens, Kaffeetrinkens und Korrigierens, Beziehungen des Kritisierens, Diskutierens und Lamentierens, Beziehungen des Ritualisierens, des Ablenkens, des Aufschiebens und Aufgreifens, Beziehungen des Einübens und Verlernens, Beziehungen des Rumtrinkens, Rumsitzens und des zusammen Essens: Daniel Loick, Eva von Redecker, Christoph Jünke, Felicita Reuschling, Willi Bischof, Jens Dobler, Martin Mettin, Sarah Speck, Chris Tedjasukmana, Cornelia Möser, Roland V., Thomas Lemke, Nadine Teuber, Nina Rabuza, Anna Dost, Daniel Kulla, Vera Dost, Willi Hayek, Bernd Gehrke, Waltraut Schälike, Renate Hürtgen, Julia König, Oliver Schupp, T. Adamczak, Doris Liebscher, Jeanette Ehrmann, Dascha Klingenberg, Philippe Kellermann, Konstanze Schmitt, Sebastian Gebhard, Rahel Jaeggi, Jakob Müller, Annmarie Bernhard, Elfriede Müller, Guido Kirsten, Alexander Behr, Andreas Folkers, Boris Zdravkovski, Axaram, Hannah Holme, Michael Bucher, die Stabi-Crew, Michael Brie, C. Adamczak, Markus Zwecker, Elske Rosenfeld, Anna Kellermann, Fatma Kar, Anne Ware, Anni Pfeffi, Nora Sternfeld,

Kornelia Kugler, Susanne Behr, Judith Braband, J. C. Lanca, ari Bode, Felix Axter, Borjana Gaković, Hark Machnik, Alice Romoli, Nina Helm, Jule Jakob Govrin, Dmitri Heerdegen, Jan Ole Arps, Joscha Hendrix Ende, die Rosa-Luxemburg-Stiftung, die Selbsthilfegruppe Ei des Kommunismus, die jour fixe initiative berlin, der queerfeministische Lesekreis materialistischer Differenzfeminismus, der Lesekreis Reading Red Russian Revolution, der Frauenarbeitskreis Revolution an der Universität Frankfurt, die Trisse, die Lause.

Literatur

Siglen

LW: Wladimir Iljitsch Lenin, *Werke*, herausgegeben vom Institut für Marxismus-Leninismus beim ZK der SED, 40 Bände und zwei Register- sowie zwei Ergänzungsbände, Berlin [Ost], 1956ff.

MEW: Karl Marx/Friedrich Engels, *Werke*, herausgegeben vom Institut für Marxismus-Leninismus beim ZK der SED, 43 Bände und zwei Verzeichnisbände sowie ein Registerband, Berlin [Ost], 1956ff.

Adamczak, Bini (2017), *Der schönste Tag im Leben des Alexander Berkman. Vom womöglichen Gelingen der Russischen Revolution*, Münster.

Dies. (2016a), »Come On. Über die Erfindung eines neuen Wortes, das sich aufdrängt – und unser Sprechen über Sex revolutionieren wird«, in: *Missy Magazine* 1/2016.

Dies. (2016b), »Die Versammlung. Kommunismen 1917-1968-2017«, in: *Das Kommunistische. Oder: Ein Gespenst kommt nicht zur Ruhe*, herausgegeben von Michael Brie und Lutz Brangsch, Hamburg.

Dies. (2012), »Maskierte Gesellschaft. Über die Beziehung von Ware und Liebe«, in: *Bossing Images. Macht der Bilder, queere Kunst und Politik*, herausgegeben von Antke Engel und Jess Dorrance, Berlin.

Dies. (2008), »Freundinnen werden. Zur Konstruktion neuer Beziehungen diesseits von Abstammung und Markt«, in: *polar. Politik, Theorie, Alltag* 5.

Dies. (2007), *Gestern Morgen. Über die Einsamkeit kommunistischer Gespenster und die Rekonstruktion der Zukunft*, Münster.

Dies. (2006), *Sprache der Ökonomie der Zeit*, unveröffentlichte Magistra-Arbeit, Frankfurt am Main.

Dies. (2004), *Kommunismus. Kleine Geschichte, wie endlich alles anders wird*, Münster.

Adamczak, Bini/Mike Laufenberg (2012), »Zur unmöglichen Möglichkeit queerer Kollektivität«, in: *Kulturrisse. Zeitschrift für radikaldemokratische Kulturpolitik* 1.

Adorno, Theodor W. (2006), *Zur Lehre von der Geschichte und von der Freiheit. Vorlesung 1964/1965*, herausgegeben von Rolf Tiedemann, Frankfurt am Main.

Ders. (1994), Brief an Walter Benjamin vom 18. März 1936, in: Theodor

W. Adorno, *Briefe und Briefwechsel*, Band 1: Theodor W. Adorno/ Walter Benjamin, *Briefwechsel 1928-1940*, herausgegeben von Henri Lonitz, Frankfurt am Main.

Ders. (1970), *Minima Moralia. Reflexionen aus dem beschädigten Leben*, Frankfurt am Main [1951].

Ders. (1966), *Negative Dialektik*, Frankfurt am Main.

Ders./Max Horkheimer (1970), *Dialektik der Aufklärung. Philosophische Fragmente*, Frankfurt am Main [1947].

Agamben, Giorgio (2006), *Die Zeit, die bleibt. Ein Kommentar zum Römerbrief*, Frankfurt am Main [2000].

Aichinger, Ilse (1996), »Ilse Aichinger wird 75. Ein ZEIT-Gespräch mit der österreichischen Schriftstellerin. Von Iris Radisch«, in: *Die Zeit* 45.

Althusser, Louis/Étienne Balibar (1997), *Reading Capital*, London [1968].

Altrichter, Helmut (1997), *Russland 1917. Ein Land auf der Suche nach sich selbst*, Paderborn/München/Wien/Zürich.

Amin, Samir (1974), *Accumulation on a World Scale. A Critique of the Theory of Underdevelopment*, New York.

Arbeitsgruppe Marxismus (Hg.) (2006), *Kommunismus und Frauenbefreiung* [Marxismus Nr. 28], Wien.

Arendt, Hannah (2008), *Elemente und Ursprünge totaler Herrschaft. Antisemitismus, Imperialismus, totale Herrschaft*, München [1951].

Dies. (1968), *Über die Revolution*, München [1963].

Aulenbacher, Brigitte (2005), *Rationalisierung und Geschlecht in soziologischen Gegenwartsanalysen*, Wiesbaden.

Baberowski, Jörg (2012), *Verbrannte Erde. Stalins Herrschaft der Gewalt*, München.

Ders. (2003), *Der rote Terror. Die Geschichte des Stalinismus*, München.

Ders./Robert Kindler/Christian Teichmann (2007), *Revolution in Russland 1917-1921*, Erfurt.

Badiou, Alain (2008), *Wofür steht der Name Sarkozy?*, Zürich [2007].

Ders. (2007), »One Divides Itself into Two«, in: *Lenin Reloaded*, herausgegeben von Sebastian Budgen, Stathis Kouvelakis und Slavoj Žižek, Durham/London.

Badiou, Alain (1998), »Of an Obscure Disaster. On the End of the Truth of State«, in: *lacanian ink* 22.

Bakunin, Michael (1977), *Sozial-Politischer Briefwechsel mit Alexander Iw. Herzen und Ogarjow*, Berlin [1895].

Baldwin, James (1969), Statement aus dem Dokumentarfilm »Baldwin's Nigger« von Horace Ové (8:03-8:32), YouTube-Video, gepostet von Mikhael Moshe Dawid (12. September 2010), online verfügbar unter:

{http://www.youtube.com/watch?v=DeFpzp1pBjc} (Stand: 23. Mai 2012).
Balestrini, Nanni (2008), *Die große Revolte*, Berlin [1971-89].
Barad, Karen (2003), »Posthumanist Performativity. Toward an Understanding of How Matter Comes to Matter«, in: *Signs* 28/3.
Baumeister, Zwi Negator (2005) Biene, *Situationistische Revolutionstheorie. Eine Aneignung*, Stuttgart.
Bebel, August (1979), *Die Frau und der Sozialismus*, Berlin [1879].
Becker-Schmidt, Regina (2000), »Frauenforschung, Geschlechterforschung, Geschlechterverhältnisforschung«, in: *Feministische Theorien zur Einführung*, herausgegeben von Regina Becker-Schmidt und Gudrun-Axeli Knapp, Hamburg.
Beer, Ursula (1990), *Geschlecht, Struktur, Geschichte. Soziale Konstituierung des Geschlechterverhältnisses*, Frankfurt am Main/New York.
Dies. (1983), »Marx auf die Füße gestellt? Zum theoretischen Entwurf von Claudia v. Werlhof«, in: *PROKLA* 50 (März).
Behrens, Diethard (2012), »Vom Scheitern eines Versuchs gesellschaftlicher Modernisierung. Thesen zum Stalinismus«, in: *Nie wieder Kommunismus? Zur linken Kritik an Stalinismus und Realsozialismus*, herausgegeben von der Gruppe Inex, Münster.
Benhabib, Seyla/Judith Butler/Drucilla Cornell/Nancy Fraser (1993), *Der Streit um Differenz. Feminismus und Postmoderne in der Gegenwart*, Frankfurt am Main.
Benjamin, Jessica (1988), *Die Fesseln der Liebe. Psychoanalyse, Feminismus und das Problem der Macht*, Frankfurt am Main.
Benjamin, Walter (1992), »Über den Begriff der Geschichte«, in: ders., *Sprache und Geschichte. Philosophische Essays*, Stuttgart [1940].
Ders. (1980), *Moskauer Tagebuch*, aus der Handschrift herausgegeben und mit Anmerkungen von Gary Smith. Mit einem Vorwort von Gershom Scholem, Frankfurt am Main [1926-27].
Bennholdt-Thomsen, Veronika (1988), »Die stumme Auflehnung der Bauersfrauen«, in: *Frauen, die letzte Kolonie. Zur Hausfrauisierung der Arbeit*, herausgegeben von Maria Mies, Claudia von Werlhof und Veronika Bennholdt-Thomsen, Reinbek bei Hamburg.
Dies. (1981), »Subsistenzproduktion und erweiterte Reproduktion. Ein Beitrag zur Produktionsweisendiskussion«, in: *Gesellschaft. Beiträge zur Marxschen Theorie* 14, herausgegeben von Hans-Georg Backhaus u. a., Frankfurt am Main.
Berkman, Alexander (2004), *Der bolschewistische Mythos*, Frankfurt am Main [1920-22].

Bettelheim, Charles (1975), *Die Klassenkämpfe in der UdSSR*, Band 1: 1917-1923, Berlin.

Bibikova, Irina/Catherine Cook/Vladimir Tolstoy (1990), *Street Art of the Revolution. Festivals and Celebrations in Russia 1918-1933*, London.

Blatt, Sidney (2004), *Experiences of Depression: Theoretical, Clinical, and Research Perspectives*, Washington.

Bloch, Ernst (1978), »Etwas fehlt. Über die Widersprüche der utopischen Sehnsucht. Ein Rundfunkgespräch mit Theodor W. Adorno, 1964«, in: ders., *Ergänzungsband zur Gesamtausgabe: Tendenz – Latenz – Utopie*, Frankfurt am Main.

Ders. (1974), *Das Prinzip Hoffnung*, 3 Bände, Frankfurt am Main [1938-47].

Bock, Gisela/Barbara Duden (1977), »Arbeit aus Liebe – Liebe als Arbeit. Zur Entstehung der Hausarbeit im Kapitalismus«, in: *Frauen und Wissenschaft. Beiträge zur Berliner Sommeruniversität für Frauen*, Berlin.

Boltanski, Luc/Ève Chiapello (2006), *Der neue Geist des Kapitalismus*, Konstanz [1999].

Borenstein, Eliot (2000), *Men Without Women. Masculinity and Revolution in Russian Fiction. 1917-1929*, Durham/London.

Botchkareva, Maria (1919), *Yashka. My Life as Peasant, Soldier and Exile*, London.

Boudry, Pauline/Brigitta Kuster/Renate Lorenz (Hg.) (1999), *Reproduktionskonten fälschen! Heterosexualität, Arbeit und Zuhause*, Berlin.

Bourdieu, Pierre (1998), *Praktische Vernunft. Zur Theorie des Handelns*, Frankfurt am Main [1994].

Braig, Marianne/Carola Lentz (1983), »Wider die Enthistorisierung der Marxschen Werttheorie. Kritische Anmerkungen zur Kategorie ›Subsistenzproduktion‹«, in: *PROKLA* 50.

Brie, Michael (2004), »Rosa Luxemburg und Alexandra Kollontai – Parteinahme für einen demokratischen Sozialismus«, in: *Utopie kreativ* 162.

Ders. (1994), »Marx und der Terror der Moderne. Streitgespräch zwischen Michael Brie und Thomas Neumann, Moderation Regina General«, in: *Marx Mega Out?*, herausgegeben von Regina General und Michael Jäger, Berlin.

Brown, Wendy (2008), *Regulating Aversion. Tolerance in the Age of Identity and Empire*, New Jersey.

Dies. (2005), »Feminism Unbound. Revolution, Mourning, Politics«, in: dies., *Edgework*, New Jersey.

Dies. (1999), »Resisting Left Melancholy«, in: *boundary* 226.
Dies./Christina Colegate/John Dalton/Timothy Rayner/Cate Thill (2006), »Learning to Love Again. An Interview with Wendy Brown«, in: *Contretemps. An Online Journal of Philosophy* (Januar).
Brudney, Daniel (1998), *Marx's Attempt to Leave Philosophy*, Cambridge/London.
Buber, Martin (1958), *Paths in Utopia*, London [1949].
Bucharin, Nikolai (1970), *Ökonomik der Transformationsperiode*, Hamburg [1920].
Buchli, Victor (2000), *Archaeology of Socialism*, Oxford/New York.
Bulgakow, Michail (1988), *Hundeherz*, Berlin [1925].
Judith Butler (2010), *Raster des Krieges. Warum wir nicht jedes Leid beklagen*, Frankfurt am Main [2009].
Dies. (2007), *Kritik der ethischen Gewalt. Adorno-Vorlesungen 2002*, Frankfurt am Main [2002].
Dies. (2002), *Psyche der Macht. Das Subjekt der Unterwerfung*, Frankfurt am Main [1997].
Dies. (1995), *Körper von Gewicht. Die diskursiven Grenzen des Geschlechts*, Frankfurt am Main [1993].
Dies. (1991), *Das Unbehagen der Geschlechter*, Frankfurt am Main [1990].
C. K., Louis (2010), »Dr. Ben/Nick«, *Louie*, Season 1, Episode 3, FX network.
Cardorff, Peter (1980), *Irrationalismus und Rationalismus in der sozialistischen Bewegung*, Hamburg.
Carleton, Gregory (2004), *Sexual Revolution in Bolshevik Russia*, Pittsburgh Series in Russian and East European Studies, Pittsburgh.
Ders. (1997), »Writing-Reading the Sexual Revolution in the Early Soviet Union«, in: *Journal of the History of Sexuality* 8/2.
Carter, David (2004), *Stonewall. The Riots that Sparked the Gay Revolution*, New York.
Chitty, Andrew (2013), »Menschliche Anerkennung und wahres Eigentum beim jungen Marx«, in: *Nach Marx. Philosophie, Kritik, Praxis*, herausgegeben von Rahel Jaeggi und Daniel Loick, Frankfurt am Main.
Clements, Barbara (1997), *Bolshevik Women*, Cambridge.
Dies.(1989), »The Effect of the Civil War on Women and Family Relations«, in: *Party, State and Society in the Russian Civil War. Explorations in Social History*, herausgegeben von Diane P. Koenker, William G. Rosenberg und Ronald Grigor Suny, Bloomington.
Dies. (1985), »The Birth of the New Soviet Woman«, in: *Bolshevik Cul-*

ture. Experiment and Order in the Russian Revolution, herausgegeben von Abbott Gleason, Péter Kenéz und Richard Stites, Indiana.
Cockburn, Cynthia (1988), *Brothers. Male Dominance and Technological Change*, London.
Cohen, Robert (2009), *Exil der frechen Frauen*, Roman, Berlin.
Cohn-Bendit, Gabriel/Daniel Cohn-Bendit (1968), *Linksradikalismus. Gewaltkur gegen die Alterskrankheit des Kommunismus*, Reinbek bei Hamburg.
Conradi, Elisabeth (2001), *Take Care. Grundlagen einer Ethik der Achtsamkeit*, Frankfurt am Main/New York.
Crimp, Douglas (1989), »Mourning and Militancy«, in: *October* 51.
Dahlmann, Dittmar (1986), *Land und Freiheit. Machnowščina und Zapatismo als Beispiele agrarrevolutionärer Bewegungen*, Wiesbaden.
Dalla Costa, Mariarosa (1976), »Die Produktivität der Passivität. Die unbezahlte Sklaverei als Grundlage für die Produktivität der Lohnsklaverei«, in: *Grundlagentexte zur Emanzipation der Frau*, herausgegeben von Jutta Menschik, Köln.
Dath, Dietmar (2008), *Maschinenwinter. Wissen, Technik, Sozialismus. Eine Streitschrift*, Frankfurt am Main.
Deleuze, Gilles/Félix Guattari (1997), *Tausend Plateaus. Kapitalismus und Schizophrenie*, Berlin [1980].
Demirović, Alex (2003), »Revolution und Freiheit. Zum Problem der radikalen Transformation bei Arendt und Adorno«, in: *Arendt und Adorno*, herausgegeben von Dirk Auer, Lars Rensmann und Julia Schulze-Wessel, Frankfurt am Main.
Der Spiegel (1968), »Liebe anders. Cohn-Bendit«, 40/1968.
Derrida, Jacques (2001), »Signatur Ereignis Kontext«, in: ders., *Limited Inc*, Wien [1972].
Ders. (1999), »Die différance«, in: ders., *Randgänge der Philosophie*, Wien [1971].
diskus-Redaktion (2006), »Editorial«, in: *diskus. Frankfurter StudentInnen-Zeitschrift* 1.
Ditfurth, Jutta (2000), *Das waren die Grünen. Abschied von einer Hoffnung*, Berlin.
Dörfler, Sebastian (2013), »Occupy: Von den Plätzen in den Alltag«, in: *Blätter für deutsche und internationale Politik* 6.
Duden, Barbara (1991), *Geschichte unter der Haut*, Stuttgart.
Dutschke, Gretchen (1996), *Wir hatten ein barbarisches, schönes Leben. Rudi Dutschke. Eine Biographie*, Köln.
Dutschke, Rudi (1984), *Versuch, Lenin auf die Füße zu stellen*, Berlin.
Ders./Günter Gaus (1967), Gespräch zwischen Günter Gaus und Rudi

Dutschke, 3. Dezember, Sendereihe *Zu Protokoll*, Transkript online verfügbar unter: {http://www.puwendt.de/files/Gaus%20-%20Dutschke%203_%20Dez_%201967.pdf} (Stand: 22.02.2013).
Ebermann, Thomas (o.J.), »Ohnmacht und Scheitern«, Vortrag, online verfügbar unter: {http://audioarchiv.k23.in/Referate/thomas_ebermann-ohnmacht_und_scheitern.MP3} (Stand: 27.02.2013).
Eckhardt, Wolfgang (2011), »Bakunin und Marx in der Ersten Internationale. Zerstörung oder Eroberung der politischen Macht?«, in: *Begegnungen feindlicher Brüder. Zum Verhältnis von Anarchismus und Marxismus in der Geschichte der sozialistischen Bewegung*, herausgegeben von Philippe Kellermann, Münster.
Engels, Friedrich (MEW 21), *Der Ursprung der Familie, des Privateigentums und des Staates* [1884].
Ders. (MEW 19), *Die Entwicklung des Sozialismus von der Utopie zur Wissenschaft* [1880].
Ders./Karl Marx (MEW 4), *Manifest der Kommunistischen Partei* [1847/48].
Dies. (MEW 3), *Die Deutsche Ideologie. Kritik der neuesten deutschen Philosophie in ihren Repräsentanten Feuerbach, B. Bauer und Stirner und des deutschen Sozialismus in seinen verschiedenen Propheten* [1847/48].
Enzensberger, Hans Magnus (1977), *Der kurze Sommer der Anarchie. Buenaventura Durrutis Leben und Tod*, Frankfurt am Main [1972].
Fajardie, Frédéric H. (2003), *Rote Frauen werden immer schöner*, Berlin [1987].
Federici, Silvia (2012a), »Why Sexuality is Work«, in: dies., *Revolution at Point Zero. Housework, Reproduction, and Feminist Struggle*, New York [1975].
Dies. (2012b), »Der Feminismus und die Politik der Commons«, in: dies., *Aufstand aus der Küche. Reproduktionsarbeit im globalen Kapitalismus und die unvollendete feministische Revolution*, herausgegeben von Kitchen Politics. Queerfeministische Interventionen, Münster.
Dies. (2012c), »Die Reproduktion der Arbeitskraft im globalen Kapitalismus und die unvollendete feministische Revolution«, in: dies., *Aufstand aus der Küche*, a.a.O.
Dies. (2012d), »Wages Against Housework«, in: dies., *Revolution at Point Zero.* Common Notions 2012, New York [1975].
Fedorov, Nikolaj (2005), »Die Frage der Bruderschaft oder der Verwandtschaft, der Ursachen des unbrüderlichen und unverwandtschaftlichen, d.h. des unfriedlichen Weltzustandes und der Mittel zur Wiederherstellung der Verwandtschaft. Memorandum der Nichtgelehrten an die Gelehrten, die geistlichen und weltlichen, an die Gläubigen und Nicht-

gläubigen«, in: *Die Neue Menschheit. Biopolitische Utopien in Russland zu Beginn des 20. Jahrhunderts*, herausgegeben von Boris Groys und Michael Hagemeister, Frankfurt am Main [1906].

Feinberg, Leslie (2003), *Träume in den erwachenden Morgen. Stone Butch Blues*, Berlin [1993].

Ferro, Marc (1976), *La Révolution de 1917. Octobre – Naissance d'une Société*, Paris.

Figes, Orlando (2008), *Tragödie eines Volkes. Die Epoche der Russischen Revolution 1891 bis 1924*, Berlin.

Ders./Boris Kolonitskii (1999), *Interpreting the Russian Revolution. The Language and Symbols of 1917*, New Haven.

Fischer, Noah (2013), »Where Is Occupy Now?«, in: *artfcity* [06.07.2013], online verfügbar unter: {http://artfcity.com/2013/06/07/where-is-occupy-now/} (Stand: 23.09.2013).

Fisher, Ralph Talcott (1959), *Pattern for Soviet Youth. A Study of the Congresses of the Komsomol. 1918-1954*, New York.

Fitzpatrick, Sheila (1989), »New Perspectives on the Civil War«, in: *Party, State and Society in the Russian Civil War. Explorations in Social History*, herausgegeben von Diane P. Koenker, William G. Rosenberg und Ronald Grigor Suny, Bloomington.

Dies. (1985), »The Civil War as a Formative Experience«, in: *Bolshevik Culture. Experiment and Order in the Russian Revolution*, herausgegeben von Abbott Gleason, Peter Kenez und Richard Stites, Indiana.

Dies. (1978), »Sex and Revolution. An Examination of Literary and Statistical Data on the Mores of Soviet Students in the 1920s«, in: *Journal of Modern History* 50.

Flick, Sabine (2013), *Leben durcharbeiten. Selbstsorge in entgrenzten Arbeitsverhältnissen*, Frankfurt am Main.

Flierl, Thomas (2012), »Utopie und Architektur«, Vortrag im Rahmen der Reihe *Etwas fehlt. Utopie, Kritik und Glücksversprechen* der jour fixe initiative berlin in der Neuen Gesellschaft für Bildende Kunst (NGBK), 1. Juli 2012, unveröffentlichtes Manuskript, Berlin.

Foran, John (2007), »Revolutions«, in: *The Blackwell Encyclopaedia of Sociology*, Band 8, herausgegeben von George Ritzer, Malden/Oxford/Carlton.

Ders. (2005), *Taking Power. On the Origins of Third World Revolutions*, Cambridge.

Foucault, Michel (1999), *In Verteidigung der Gesellschaft. Vorlesungen am Collège de France 1975/1976*, Frankfurt am Main.

Ders. (1992), *Was ist Kritik?*, Berlin [1978].

Ders. (1984), »Von der Freundschaft als Lebensweise. Gespräch mit ›Gai

Pied‹«, in: ders., *Von der Freundschaft. Michel Foucault im Gespräch*, Berlin.
Ders. (1983), *Der Wille zum Wissen. Sexualität und Wahrheit 1*, Frankfurt am Main [1976].
Frank, André Gunder (1968), *Kapitalismus und Unterentwicklung in Lateinamerika*, Frankfurt am Main.
Frank, Stephen P. (1987), »Popular Justice, Community and Culture Among the Russian Peasantry, 1870-1900«, in: *Russian Review* 46/3.
Freud, Sigmund (1917), »Trauer und Melancholie«, in: *Gesammelte Werke X*, herausgegeben von Anna Freud, Marie Bonaparte, E. Bibring, W. Hoffer, E. Kris und O. Osakower, Frankfurt am Main.
Fried, Erich (1993), »Bevor ich sterbe«, in: ders., *Gründe. Gesammelte Gedichte*, Berlin.
Gehrke, Bernd/Gerd-Rainer Horn (Hg.) (2007), *1968 und die Arbeiter. Studien zum »proletarischen Mai« in Europa*, Hamburg.
Geuss, Raymond (2011), *Kritik der politischen Philosophie. Eine Streitschrift*, Hamburg [2008].
Gietinger, Klaus (2002), »Die Kommune von Kronstadt«, in: *trend onlinezeitung* 02/02, online verfügbar unter: {http://www.trend.infopartisan.net/trd0202/t090202.html} (Stand: 23.03.2013).
Gilcher-Holtey, Ingrid (2008), »Kritische Theorie und Neue Linke«, in: *1968. Vom Ereignis zum Mythos*, herausgegeben von ders., Frankfurt am Main.
Gilman, Charlotte Perkins (1903), *The Home. Its Work and Influence*, New York.
Glaser, Georg (1990), *Geheimnis und Gewalt*, Frankfurt am Main [1951].
Goldman, Emma (2010), *Gelebtes Leben*, Hamburg [1931-34].
Goldman, Wendy Z. (1993), *Women, the State & Revolution. Soviet Family Policy & Social Life, 1917-1936*, Cambridge.
Goldner, Loren (1999), »Der Kommunismus ist die materielle menschliche Gemeinschaft. Amadeo Bordiga heute«, in: *Wildcat-Zirkular* 46/47.
Gorki, Maxim (1974), *Unzeitgemäße Gedanken über Kultur und Revolution*, Frankfurt am Main [1917-18].
Gorsuch, Anne E. (1997). »NEP be damned, Young Militants in the 1920s and the Culture of Civil War«, in: *Russian Review* 56/4.
Dies. (1996), »A Woman is Not a Man. The Culture of Gender and Generation in Soviet Russia 1921-1928«, in: *Slavic Review* 55/3.
Graf, Beatriz (2005), *Longo maï – Revolte und Utopie nach '68. Gesellschaftskritik und selbstverwaltetes Leben in den Europäischen Kooperativen*, Schweiz.

Graf, Julia/Kristin Ideler/Sabine Klinger (Hg.) (2013), *Geschlecht zwischen Struktur und Subjekt*, Opladen/Berlin/Toronto.

Gräfe, Karl Heinz (2010), »Auf- und Abbruch einer erneuerten Sozialismusentwicklung in Osteuropa«, in: *Pankower Vorträge, Zäsur '68. Langzeitwirkungen einer Weltrevolution*, Band 151: *1968 – Alte und neue Bewegungen zwischen Widerstreit und gemeinsamem Handeln*, herausgegeben von Helle Panke e. V., Berlin.

Gross, Rainer (2011), »Affektive Bekanntschaft mit sich selbst«, Referat Psychosomatiktagung in Graz (22. 01. 2011), online verfügbar unter: {http://www.lsf-graz.at/cms/dokumente/10227278_2172212/c1b199bf/Gross_Affektive%20Bekanntschaft%20mit%20sich%20selbst%2C%20Graz%2022.01.2011.pdf} (Stand: 16. 01. 2014).

Grossman, Wassili (2007), *Leben und Schicksal*, Berlin [1959].

Habermas, Jürgen (1981), *Theorie des kommunikativen Handelns*, 2 Bände, Frankfurt am Main.

Hagemeister, Michael (2005), »›Unser Körper muss unser Werk sein.‹ Beherrschung der Natur und Überwindung des Todes in russischen Projekten des frühen 20. Jahrhunderts«, in: *Die Neue Menschheit. Biopolitische Utopien in Russland zu Beginn des 20. Jahrhunderts*, herausgegeben von Boris Groys und Michael Hagemeister, Frankfurt am Main.

Halberstam, Judith Jack (1998), *Female Masculinity*, Durham.

Haraway, Donna (1995), »Situiertes Wissen«, in: dies., *Die Neuerfindung der Natur. Primaten, Cyborgs und Frauen*, Frankfurt am Main [1988].

Hardt, Michael (2004), »Affektive Arbeit«, in: *Immaterielle Arbeit und imperiale Souveränität. Analysen und Diskussionen zu Empire*, herausgegeben von Thomas Atzert und Jost Müller, Münster [1999].

Ders./Antonio Negri (2013), *Demokratie. Wofür wir kämpfen*, Frankfurt am Main/New York [2012].

Hark, Sabine/Mike Laufenberg (2013), »Sexualität in der Krise. Heteronormativität im Neoliberalismus«, in: *Gesellschaft: Feministische Krisendiagnosen*, herausgegeben von Erna Appelt u. a., Münster.

Hartmann, Detlef (2013), »Was tun mit Kommunismus? Mitkämpfen! Die Chancen der globalen Weltrevolution in der Krise der Innovationsoffensive«, in: *Was tun mit Kommunismus?! Kapitalismus, Realexistierender Sozialismus, Utopie heute*, herausgegeben von der Selbsthilfegruppe Ei des Kommunismus (SEK), Münster.

Hauf, Felix (2013), »Regulationstheorie, Cultural Political Economy und feministische Gesellschaftstheorie«, in: *Femina Politica* 1.

Hausen, Karin (1976), »Die Polarisierung der ›Geschlechtscharaktere‹. Eine Spiegelung der Dissoziation von Erwerbs- und Familienleben«, in: *Sozialgeschichte der Familie in der Neuzeit Europas*, herausgegeben von Werner Conze, Stuttgart.

Healey, Dan (2001), *Homosexual Desire in Revolutionary Russia*, Chicago.

Hedeler, Wladislaw (1997), »Russische sozialistische Parteien im Kampf um die Macht«, in: *Die Russische Revolution 1917. Wegweiser oder Sackgasse?*, herausgegeben von Wladislaw Hedeler, Horst Schützer und Sonja Striegnitz, Berlin.

Hennig, Marina/Steffen Kohl (2012), »Fundierung der Netzwerkperspektive durch die Habitus und Feldtheorie von Pierre Bourdieu«, in: *Die Integration von Theorie und Methode in der Netzwerkforschung*, herausgegeben von Marina Hennig und Christian Stegbauer, Wiesbaden.

Herfurth, Hubert (2008), »Kommunismus ist keine Angelegenheit der Kommunistinnen! Ein grundsätzlicher Einwand gegen eine in falscher Tradition befangene Realitätsdeutung«, in: *trend. onlinezeitung* 5.

Ders. (2005), »Zur kommunistischen Utopie-Kollision. Weiter als abschreckendes Gespenst oder endlich als begehrenswerte Möglichkeit?«, in *trend. onlinezeitung* 11.

Herrn, Rainer (2005), *Schnittmuster des Geschlechts. Transvestitismus und Transsexualität in der frühen Sexualwissenschaft*, Gießen.

Hildermeier, Manfred (1989), *Die russische Revolution 1905-1921*, Frankfurt am Main.

Hirsch, Joachim (1995), *Der nationale Wettbewerbsstaat. Staat, Demokratie und Politik im globalen Kapitalismus*, Amsterdam/Berlin.

Ders./Philippe Kellermann (2012), »Vereinfachte Emanzipationskonzepte der Vergangenheit hinter sich lassen«, in: *Anarchismus, Marxismus, Emanzipation. Gespräche über Vergangenheit und Gegenwart sozialistischer Bewegungen*, herausgegeben von Philippe Kellermann, Berlin.

Hobsbawm, Eric (1995), *Age of Extremes. The Short Twentieth Century 1914-1991*, London.

Hochschild, Arlie Russell (2002), *Keine Zeit. Wenn die Firma zum Zuhause wird und zu Hause nur Arbeit wartet*, Wiesbaden [1997].

Holloway, John (2010), *Die Welt verändern, ohne die Macht zu übernehmen*, Münster [2002].

Honegger, Claudia (1991), *Die Ordnung der Geschlechter. Die Wissenschaften vom Menschen und das Weib 1750-1850*, Frankfurt am Main.

Hörbe, Kim [t.a.f.k.a. Hörbe, Wolfgang/Monika Mecha] (1999), »Trans Queerrr Express *(you make me) feel like ...*«, in: *diskus. Frankfurter StudentInnen-Zeitschrift* 3/99, online verfügbar unter: {http://www.copyriot.com/diskus/3_99/5.htm}.

Horkheimer, Max (1936), »Theoretische Entwürfe über Autorität und Familie. Allgemeiner Teil«, in: *Autorität und Familie*, Band 1, herausgegeben von dems. u. a., Paris.

Illouz, Eva (2007), *Gefühle in Zeiten des Kapitalismus. Frankfurter Adorno-Vorlesungen 2004*, Frankfurt am Main.

Jaeggi, Rahel (2005), *Entfremdung. Zur Aktualität eines soziaphilosophischen Problems*, Frankfurt am Main.

James, C. L. R. (1984), *Die schwarzen Jakobiner. Toussaint Louverture und die Unabhängigkeitsrevolution in Haiti*, Köln [1949].

Jameson, Fredric (2004), »The Politics of Utopia«, in: *New Left Review* 25.

Jann, Ben (2009), »Sozialer Status und Hup-Verhalten. Ein Feldexperiment zum Zusammenhang zwischen Status und Aggression im Straßenverkehr.«, in: *Klein aber fein! Quantitative empirische Sozialforschung mit kleinen Fallzahlen*, herausgegeben von Peter Kriwy und Christiane Gross, Wiesbaden.

Johnson, Chalmers (1966), *Revolutionary Change*, Boston.

Jung, Franz (2000), *Der Weg nach unten. Aufzeichnungen aus einer großen Zeit*, Hamburg [1961].

Jünke, Christoph (2013), »Der Fall Victor Serge«, in: ders., *Streifzüge durch das rote 20. Jahrhundert*, Hamburg.

Ders. (2011), »Wolfgang Harichs Widersprüche. Anmerkungen zur Kritik der revolutionären Ungeduld«, in: *Begegnungen feindlicher Brüder. Zum Verhältnis von Anarchismus und Marxismus in der Geschichte der sozialistischen Bewegung*, herausgegeben von Philippe Kellermann, Münster.

Kaindl, Christina (2012), »Subjekte der Transformation. Probleme beim Denken von Übergängen«, in: *Transformation im Kapitalismus und darüber hinaus*, herausgegeben von Michael Brie und Mario Candeias, Berlin.

Dies. (2011), »Subjekte im Neoliberalismus – zwischen Selbstbestimmung und Erschöpfung«, in: *Mechanismen psychosozialer Zerstörung. Neoliberales Herrschaftsdenken, Stressfaktoren der Prekarität, Widerstand*, herausgegeben von Burkhard Wiebel, Alisha Pilenko und Gabriele Nintemann, Hamburg.

Kant, Immanuel (1974), »Kritik der reinen Vernunft«, in: *Werke in 12 Bänden*, herausgegeben von Wilhelm Weischedel, Frankfurt am Main [1781].

Karlinsky, Simon (1989), »Russia's Gay Literature and Culture. The Impact of the October Revolution«, in: *Hidden from History. Reclaiming the Gay and Lesbian Past*, herausgegeben von Martin B. Duberman, Martha Vicinus und George Chauncey, New York.

Kautsky, Karl (1990a), »Die Diktatur des Proletariats«, in: *Demokratie oder Diktatur*, Band 1, herausgegeben von Hans-Jürgen Mende, Berlin [1918].

Ders. (1990b), »Terrorismus und Kommunismus. Ein Beitrag zur Naturgeschichte der Revolution«, in: *Demokratie oder Diktatur*, Band 2, herausgegeben von Hans-Jürgen Mende, Berlin [1918].

Kemper, Andreas (2013), »Zur Klassismus-Debatte«, März 2013, auf andreaskemper.wordpress.com, online verfügbar unter: {http://andreaskemper.wordpress.com/2013/03/14/zur-klassismus-debatte/} (Stand: 21.08.2013).

Kerenski, Alexander (1966), *Die Kerenski-Memoiren. Rußland und der Wendepunkt der Geschichte*, Wien/Hamburg [1965].

King, David (2010), *Roter Stern über Russland. Eine visuelle Geschichte der Sowjetunion von 1917 bis zum Tode Stalins*, Essen [2009].

Klauda, Georg (2008), *Die Vertreibung aus dem Serail. Europa und die Heteronormalisierung der islamischen Welt*, Hamburg.

Klein, Thomas (2013), »Linke in Deutschland und der ›real-existierende Sozialismus‹ in der DDR«, in: *Was tun mit Kommunismus?! Kapitalismus, Realexistierender Sozialismus, Utopie heute*, herausgegeben von der Selbsthilfegruppe Ei des Kommunismus (SEK), Münster.

Koestler, Arthur (2005), [o. A.], in: *Ein Gott, der keiner war. Arthur Koestler, Ignazio Silone, André Gide, Louis Fischer, Richard Wright, Stephen Spender schildern ihren Weg zum Kommunismus und ihre Abkehr*, herausgegeben von Wolfgang Leonhard und Richard Crossman, Zürich [1949].

Kokolevská, Inga (2007), »Woman or Man? Androgynous Bodies in the Soviet Culture of the 1930s«, in: *Prague Perspectives III. A New generation of Czech East European Studies*, Prag.

Kollontai, Alexandra (1992), »Die Liebe der drei Generationen«, in: dies., *Wege der Liebe. Drei Erzählungen*, Berlin [1923].

Dies. (1992a), »Wassilissa Malygina«, in: dies., *Wege der Liebe*, a. a. O.

Dies. (1979a), »Vom ›Drachen‹ und vom ›Weißen Vogel‹. Dritter Brief an die arbeitende Jugend«, in: dies., *Der weite Weg. Erzählungen, Aufsätze, Kommentare*, herausgegeben von Christiane Bauermeister, Helene Imendörffer und Krisztina Mänicke-Gyöngyösi, Frankfurt am Main [1923].

Dies. (1979b), »Ein Weg dem geflügelten Eros! Vierter Brief an die arbeitende Jugend«, in: dies., *Der weite Weg. Erzählungen, Aufsätze, Kommentare*, Frankfurt am Main [1923].

Dies. (1977), *Die neue Moral und die Arbeiterklasse*, Münster [1918].

Dies. (1921), *Thesis on Communist Morality in the Sphere of Marital Rela-*

tions, online verfügbar unter: {http://www.marxists.org/archive/kollonta/1921/theses-morality.htm} (Stand: 23.09.2013).
Dies. (1926), *Autobiographie einer sexuell emanzipierten Kommunistin*, Berlin.
Konecny, Peter (1999), *Builders and Deserters. Students, State, and Community in Leningrad 1917-1941*, London.
Korsch, Karl (1912), »Die sozialistische Formel für die Organisation der Volkswirtschaft«, in: *Karl Korsch. Politische Texte*, herausgegeben von Erich Gerlach und Jürgen Seifert, Wien.
Kößler, Reinhard (2010), »Pläne mit Zukunft. Sowjetische Erfahrung, Unmögliches und Mögliches«, in: *Phase Zwei. Zeitschrift gegen die Realität* 36.
Kossok, Manfred (1988), »1789 – Versuch einer Positionsbestimmung«, in: *Marxistische Studien. Jahrbuch des IMSF* 14.
Krätke, Michael R. (2011), »Ökonomie und Politik im Denken Rosa Luxemburgs«, in: *Zwischen Klassenstaat und Selbstbefreiung. Zum Staatsverständnis von Rosa Luxemburg*, herausgegeben von Michael Brie und Frigga Haug, Baden-Baden.
Kraus, Michael W./Stéphane Côté/Dacher Keltner (2010), »Social Class, Contextualism, and Empathic Accuracy«, in: *Psychological Science* 25 (Oktober).
Kuster, Brigitta/Renate Lorenz (2007), *Sexuell arbeiten. Eine queere Perspektive auf Arbeit und prekäres Leben*, Berlin.
Kuusinen, Otto Wille (1921), *Die Revolution in Finnland*, Hamburg.
Laclau, Ernesto/Chantal Mouffe (2006), *Hegemonie und radikale Demokratie. Zur Dekonstruktion des Marxismus*, Wien [1985].
Landauer, Gustav (2010), »Schwache Staatsmänner, schwächeres Volk!«, in: *Ausgewählte Schriften*, Band 3.1: *Antipolitik*, herausgegeben von Siegbert Wolf, Lich/Hessen [1910].
Ders. (1924), *Beginnen. Aufsätze über Sozialismus*, Köln.
Lang, Bianca/Tina Schraml/Lena Elster (2009), *Der Minirock. Die Revolution. Die Macher. Die Ikonen*, Hamburg.
Laqueur, Thomas (1996), *Auf den Leib geschrieben*, München [1990].
Latour, Bruno (2005), *Reassembling the Social. An Introduction to Actor-Network-Theory*, Oxford.
Laue, Theodore von (1961), »Russian Peasants in the Factory 1892-1904«, in: *The Journal of Economic History* 21.
Leader, Darian (2009), *The New Black: Mourning, Melancholia, and Depression*, Minneapolis.
Lebedew, Valerian P. (1961), »Vorwort des Übersetzers«, in: Boris Pilnjak, *Mahagoni und andere Erzählungen*, München.

Lenin, Wladimir Iljitsch (LW 25), *Staat und Revolution. Die Lehre des Marxismus vom Staat und die Aufgaben des Proletariats in der Revolution* [1917].

Ders. (LW 31 [1920a]), »Die Aufgaben der Jugendverbände«, Rede auf dem III. Gesamtrussischen Kongress des Kommunistischen Jugendverbandes Russlands [2. Oktober 1920].

Ders. (LW 31 [1920b]), *Der »linke Radikalismus«, die Kinderkrankheit im Kommunismus* [1920].

Ders. (LW 33), »Die Neue Ökonomische Politik und die Aufgaben der Ausschüsse für politisch-kulturelle Aufklärung«, Referat auf dem II. Gesamtrussischen Kongress der Ausschüsse für politisch-kulturelle Aufklärung [17. Oktober 1921].

Ders. (LW 27), »Die nächsten Aufgaben der Sowjetmacht« [1919].

Leonhard, Susanne (1956), *Gestohlenes Leben*, Frankfurt am Main.

Lew Kopelew (1979), *Und schuf mir einen Götzen. Lehrjahre eines Kommunisten*, Hamburg [1978].

Lindemann, Gesa/Sigrid Graumann (2010), »Die triadische Struktur der Anerkennung sozialer Personen. Eine relationistische Theorie der Grenzen des Sozialen«, Diskussionspapier zur Ad-hoc-Arbeitsgruppe auf dem 35. Kongress der Deutschen Gesellschaft für Soziologie, online verfügbar unter: {http://www.janfuhse.de/LindemannGraumann_Dritter.pdf} (Stand: 08.03.2016).

Linden, Marcel van der (1992), *Von der Oktoberrevolution zur Perestroika. Der westliche Marxismus und die Sowjetunion*, Frankfurt am Main [1989].

Liska, Vivian (2008), *Giorgio Agambens leerer Messianismus*, Wien.

Loick, Daniel (2012a), »Immunität und Ansteckung. Roberto Espositos Kritik des Sicherheitsdenkens«, in: *Sicherheit vs. Freiheit. Verteidigung der staatlichen Ordnung um jeden Preis?*, herausgegeben von Rüdiger Voigt, Berlin.

Ders. (2012b), *Kritik der Souveränität*, Frankfurt am Main.

Ders. (2007), »Let it be. Towards a post-sovereign concept of revolution«, in: *Revolutions. Revisited, Revised, Redesigned*, herausgegeben von Anke Bartels und Raj Kollmorgen, Bern.

Lorenz, Richard (1976), *Sozialgeschichte der Sowjetunion*, Band 1: 1917-1945, Frankfurt am Main.

Lukács, Georg (1975), *Taktik und Ethik. Politische Aufsätze I. 1918-1920*, Darmstadt/Neuwied.

Luke, Louise E. (1959), »Die marxistische Frau: sowjetische Varianten«, in: *Der Mensch im Spiegel der Sowjet-Literatur*, herausgegeben von E.J. Simmons, Stuttgart.

Luxemburg, Rosa (1968), »Organisationsfragen der russischen Sozialdemokratie«, in: *Politische Schriften I–III*, Band III, Frankfurt am Main [1904].

Dies. (1918a), »Die Sozialisierung der Gesellschaft«, in: *Die junge Garde* [Berlin] 2 (4. Dezember), nachgedruckt in: *Gesammelte Werke*, Band 4, Berlin.

Dies. (1918b), »Zur russischen Revolution«, in: *Gesammelte Werke*, Band 4, Berlin.

Dies. (1906), »Massenstreik, Partei und Gewerkschaften«, in: *Gesammelte Werke*, Band 2, Berlin.

Lyotard, Jean-François (2006), *Das postmoderne Wissen*, Wien [1979].

Maak, Flo/Dascha Klingenberg (2006), »Good Mourning. Über die Bedeutung von Verlust und Trauerarbeit für eine emanzipatorische Politik«, in: *diskus. Frankfurter StudentInnen-Zeitschrift* 2.

Maak, Niklas (2012), »Kritik der zynischen Vernunft. Grass und Auschwitz to go und ein Occupy-Camp zum Gaffen: Die Berlin-Biennale verspielt mit Zynismus und Politkitsch ihre wichtigste Idee«, in: *Frankfurter Allgemeine Zeitung* (9. Mai).

Machno, Nestor (1926), *Das ABC des revolutionären Anarchisten*, Berlin.

Maguire, Robert A. (1968), *Red Virgin Soil. Soviet Literature in the 1920's*, New Jersey.

Maihofer, Andrea (1995), *Geschlecht als Existenzweise*, Frankfurt am Main.

Marchart, Oliver (2005), *Neu beginnen. Hannah Arendt, die Revolution und die Globalisierung*, Wien.

Ders. (2004), »Auf der Bühne des Politischen. Die Straße, das Theater und die politische Ästhetik des Erhabenen«, in: *eipcp, european institute for progressive cultural policies* 4, online verfügbar unter: {http://eipcp.net/transversal/0605/marchart/de} (Stand: 23.09.2013).

Marcuse, Herbert (1968), »Ethik und Revolution«, in: *Kultur und Gesellschaft 2*, Frankfurt am Main.

Markard, Morus (2008), »Wer braucht Erziehung?«, in: *Utopie kreativ* 218.

Marx, Karl (MEW 1a), Brief von Marx an Ruge, Kreuznach, September 1843, Briefe aus den Deutsch-Französischen Jahrbüchern.

Ders. (MEW 1b), *Zur Judenfrage* [1843].

Ders. (MEW 3), *Thesen über Feuerbach* [1845].

Ders. (MEW 7), *Die Klassenkämpfe in Frankreich 1848-1850*« [1850].

Ders. (MEW 8), *Der achtzehnte Brumaire des Louis Bonaparte* [1852].

Ders. (MEW 13), »Einleitung zur Kritik der Politischen Ökonomie« [1857].

Ders. (MEW 19 [1881a]), Brief an V.I. Sassulitsch, 8. März 1881.
Ders. (MEW 19 [1881b]), Entwürfe einer Antwort auf den Brief von V.I. Sassulitsch [Februar–März], erster Entwurf.
Ders. (MEW 19 [1875]), *Kritik des Gothaer Programms* [1875].
Ders. (MEW 40 [1844]), *Ökonomisch-philosophische Manuskripte* [1844].
Ders. (MEW 40 [1837-1844]), »Auszüge aus James Mills Buch *Elémens d'économie politique*« [1837-44].
Ders. (MEW 42), *Grundrisse der Kritik der politischen Ökonomie* [1857/58].
Massumi, Brian (2002), *Parables for the Virtual. Movement, Affect, Sensation*, Durham/London.
Mats, Rüdiger (2012), »Mit ›wissenschaftlichem Sozialismus‹ in den Staatsbankrott. Eine Analyse der realsozialistischen Wirtschaft zeigt, dass eine kommunistische Ökonomie nicht mit Befehl und Gehorsam, Geld und Markt auf den Weg gebracht werden kann«, in: *Nie wieder Kommunismus? Zur linken Kritik an Stalinismus und Realsozialismus*, herausgegeben von der Gruppe Inex, Münster.
McDermid, Jane/Hillyar, Anna (1999). *Midwives of the Revolution. Female Bolsheviks and Women Workers in 1917*, Ohio: Taylor & Francis.
McRobbie, Angela (1999), *In the Culture Society. Art, Fashion, and Popular Music*, London/New York.
Mehnert, Klaus (1973), »Die Jugend in Sowjetrussland«, in: ders., *Amerikanische und russische Jugend um 1930. Neudruck zweier Frühwerke*, Stuttgart [1932].
Mies, Maria (1983), »Subsistenzproduktion, Hausfrauisierung, Kolonisierung«, in: *Beiträge zur feministischen Theorie und Praxis* 9/10.
Miller, Martin A. (Hg.) (2001), *The Russian Revolution. The Essential Readings*, Malden/Oxford.
Mironov, Boris (1985), »The Russian Peasant Commune After the Reforms of the 1860s«, in: *Slavic Review* 44/3.
Moghadam, Valentine M. (1997), »Gender and Revolution«, in: *Theorizing Revolution*, herausgegeben von John Foran, London.
Montefiore, Simon Sebag (2006), *Stalin. Am Hof des roten Zaren*, Frankfurt am Main [2004].
Moody, Kim (2012), »Generalstreik und Massenstreik«, in: *emanzipation. Zeitschrift für sozialistische Theorie und Praxis* 2/2.
Mosler, Peter (1977), *Was wir wollten, was wir wurden. Studentenrevolte – zehn Jahre danach*, Reinbek bei Hamburg.
Müller, Elfriede (2006), »Die Subversion des Mai 68. Klassenkämpfe in Frankreich im Mai und Juni 1968«, in: *Klassen + Kämpfe*, herausgegeben von der jour fixe initiative berlin, Münster.

Müller, Reinhard (Hg.) (1991), *Die Säuberung. Moskau 1936: Stenogramm einer geschlossenen Parteiversammlung*, Reinbek bei Hamburg.
Muñoz, José Esteban (2009), *Cruising Utopia. The Then and There of Queer Futurity*, New York.
Münster, Arno (1973), *Trotzkis Theorie der permanenten Revolution*, Darmstadt/Neuwied.
Nachtmann, Clemens (1997), »Adornos Orthodoxie. Das Fortbestehen der Revolutionstheorie nach ihrem Ende«, in: *Bahamas* 22.
Naiman, Eric (1997), *Sex in Public. The Incarnation of Early Soviet Ideology*, Princeton.
Ders. (1990), »The Case of Chubarov Alley. Collective Rape, Utopian Desire, and the Mentality of the NEP«, in: *Russian History/Histoire Russe* 17.
Nancy, Jean-Luc (1988), *Die undarstellbare Gemeinschaft*, Stuttgart [1985-86].
Negri, Antonio (1998), *Ready Mix. Vom richtigen Gebrauch der Erinnerung und des Vergessens*, Berlin.
Negt, Oskar/Alexander Kluge (1993), *Geschichte und Eigensinn*, 3 Bände, Frankfurt am Main.
Netschajew, Sergej (1965), »Der revolutionäre Katechismus. Die Pflichten des Revolutionärs sich selbst gegenüber«, in: *Lenin. Sein Leben und sein Tod*, herausgegeben von Robert Payne, München [1870].
Newton, Esther (2000), »Dick(less) Tracy and the Homecoming Queen. Lesbian Power and Representation in Gay Male Cherry Grove«, in: dies., *Margaret Mead Made Me Gay. Personal Essays, Public Ideas*, Durham/London.
Nickel, Hildegard Maria (1999), »Erosion und Persistenz. Gegen die Ausblendung des gesellschaftlichen Transformationsprozesses in der Frauen- und Geschlechterforschung«, in: *Transformationen, Unternehmensreorganisation, Geschlechterforschung*, herausgegeben von ders., Susanne Völker und Hasko Hüning, Opladen.
Notz, Gisela (2011), *Feminismus*, Köln.
Ostrowski, Nikolai (2004), *Wie der Stahl gehärtet wurde*, Leipzig [1932].
Panitz, Eberhard (1977), *Der Weg zum Rio Grande. Ein biographischer Bericht über Tamara Bunke*, Berlin.
Parsons, Talcott (1968), »Über den Zusammenhang von Charakter und Gesellschaft«, in: ders., *Sozialstruktur und Persönlichkeit*, Frankfurt am Main.
Piff, Paul K. (2013), »Does money make you mean?«, TED talk (Oktober).
Ders./Daniel M. Stancato/Stéphane Côté/Rodolfo Mendoza-Denton/Dacher Keltner (2012), »Higher social class predicts increased un-

ethical behaviour«, in: *The Proceedings of the National Academy of Sciences* 109/11, S. 4086-4091.

Pilnjak, Boris (1961), *Mahagoni und andere Erzählungen*, München [1929].

Pollmann, Arnd (2006), »Sache des Herzens, selten geglückt«, in: *polar. Politik, Theorie, Alltag* 1.

Postone, Moishe (2010), »Die mysteriöse Macht des Kapitals wird den Juden zugeschrieben«, Interview von Martin Thomas, in: *Jungle World* 17.

Ders. (2003), *Zeit, Arbeit und gesellschaftliche Herrschaft. Eine neue Interpretation der kritischen Theorie von Marx*, Freiburg [1993].

Pühl, Katharina/Susanne Schultz (2001), »Gouvernementalität und Geschlecht. Über das Paradox der Flexibilisierung und Festschreibung der Geschlechterverhältnisse«, in: *Globalisierung und Geschlecht. Kulturwissenschaftliche Streifzüge*, herausgegeben von Sabine Hess und Ramona Lenz, Königstein im Taunus.

Rabinowitch, Alexander (2010), *Die Sowjetmacht. Das Erste Jahr*, Essen [2007].

Rau, Alexandra (2010), *Psychopolitik. Macht, Subjekt und Arbeit in der neoliberalen Gesellschaft*, Frankfurt am Main.

Rawls, John (1975), *Eine Theorie der Gerechtigkeit*, Frankfurt am Main.

The Red Butterfly (1970), *Gay Liberation*, New York: o. V., online verfügbar unter: {http://paganpressbooks.com/jpl/TRB-GL10.PDF} (Stand: 17. August 2017).

Redecker, Eva von (2011 a), »Exposé zum Promotionsvorhaben *Radikaler Sozialer Wandel*« (Stand: November 2011).

Dies. (2011 b), *Zur Aktualität von Judith Butler. Einleitung in ihr Werk*, Wiesbaden.

Reed, John (1977), *10 Tage, die die Welt erschütterten*, Berlin [1922].

Reich, Wilhelm (1971), *Die sexuelle Revolution*, Frankfurt am Main [1936].

Rendtorff, Trutz/Heinz E. Tödt (Hg.) (1968), *Theologie der Revolution, Analysen und Materialien*, Frankfurt am Main.

Reuschling, Felicita (2012), »Produktives Gebären – Elemente einer feministischen Ökonomiekritik«, in: *outside the box. Zeitschrift für feministische Gesellschaftskritik* 3.

Dies. (2010), »Familie im Kommunismus«, in: *Phase 2. Zeitschrift gegen die Realität* 36.

Rheinisches JournalistInnenbüro (2005), *Unsere Opfer zählen nicht. Die Dritte Welt im 2. Weltkrieg*, Berlin.

Roesler, Jörg (2010), »1968 – auch eine Chance zur Reformierung der Wirtschaftsverfassungen? Ein Blick auf Ost- und Westeuropa«, in: *Pankower Vorträge* 150, herausgegeben von Helle Panke e.V., Berlin.

Rorty, Richard (1989), *Kontingenz, Ironie und Solidarität*, Frankfurt am Main.

Ross, Kristin (2015), *Communal Luxury. The Political Imaginary of the Paris Commune*, London/New York.

Ruddick, Sue (1992), »Das Gesellschaftliche konstruieren. Armut, Geschlechterverhältnisse und Familie im Goldenen Zeitalter«, in: *Hegemonie und Staat. Kapitalistische Regulation als Projekt und Prozess*, herausgegeben von Alex Demirović, Hans-Peter Krebs und Thomas Sablowski, Münster.

Saussure, Ferdinand de (1967), *Grundfragen der allgemeinen Sprachwissenschaft*, Berlin [1916].

Schäffter, Ortfried (2014), »Die Kategorie der Relationalität. Der paradigmatische Kern und Felder einzelwissenschaftlicher Forschung«, Werkstattpapier Version 18 (08. Januar 2014), online verfügbar unter: {http://www.fachsymposium-empowerment.de/Verschiedenes/katrel_16_1.pdf} (Stand: 07.03.2016).

Schieder, Theodor (1973), »Theorie der Revolution«, in: *Revolution und Gesellschaft. Theorie und Praxis der Systemveränderung*, herausgegeben von dems., Freiburg im Breisgau.

Schirmer, Uta (2010), *Geschlecht anders gestalten. Drag Kinging, geschlechtliche Selbstverhältnisse und Wirklichkeiten*, Bielefeld.

Dies. (1996), »Als Männer lebende Frauen in der frühen Neuzeit. Ein Beitrag zur Dekonstruktion des modernen Geschlechterdifferenzdiskurses«, unveröffentlichte Magisterarbeit, Frankfurt am Main.

Schlögel, Karl (2008), *Terror und Traum. Moskau 1937*, München.

Ders. (2007), »Die Stalinmaschine. Moskau 1937 – Eine Stadt in den Zeiten des großen Terrors«, in: *Lettre International* 76.

Schmidt, Christian (2012), »Die Politik des Kommunismus. Oder: Drei ›wirkliche‹ Probleme bei der Überwindung des Kapitalismus«, in: *Nie wieder Kommunismus? Zur linken Kritik an Stalinismus und Realsozialismus*, herausgegeben von der Gruppe Inex, Münster.

Schröter, Susanne (2002), *FeMale. Über Grenzverläufe zwischen den Geschlechtern*, Frankfurt am Main.

Stites, Richard (1978), *The Women's Liberation Movement in Russia. Feminism, Nihilism, and Bolshevism, 1860-1930*, New Jersey.

Schütrumpf, Jörn (2013), »Die Linke oder: die liebevolle Pflege selbstverschuldeter Unmündigkeit«, in: *Was tun mit Kommunismus?! Kapitalismus, »real existierender Sozialismus«, konkrete Utopien heute*, herausgegeben von der Selbsthilfegruppe Ei des Kommunismus (SEK), Münster.

Schwarzer, Alice (1975), *Der kleine Unterschied und seine großen Folgen. Frauen über sich. Beginn einer Befreiung*, Frankfurt am Main.

Scott, James C. (1990), *Domination and the Arts of Resistance. Hidden Transcripts*, New Haven.

Scott, Joan (1986), »Gender. A Useful Category of Historical Analysis«, in: *The American Historical Review* 91/5.

Sennett, Richard (2006), *Der flexible Mensch. Die Kultur des neuen Kapitalismus*, Berlin [1998].

Serge, Victor (1991), *Erinnerungen eines Revolutionärs. 1901-1941*, Hamburg [1951].

Siefkes, Christian (2008), *Beitragen statt tauschen. Materielle Produktion nach dem Modell Freier Software*, Neu-Ulm.

Silone, Ignazio (2005), [Ohne Titel], in: *Ein Gott, der keiner war. Arthur Koestler, Ignazio Silone, André Gide, Louis Fischer, Richard Wright, Stephen Spender schildern ihren Weg zum Kommunismus und ihre Abkehr*, herausgegeben von Wolfgang Leonhard und Richard Crossman, Zürich [1949].

Soiland, Tove (2011), »Queer, flexibel, erfolgreich. Haben dekonstruktive Ansätze den Feminismus entwaffnet?«, in: *ak – analyse & kritik. Zeitung für linke Debatte und Praxis* 558.

Spartacist (2006), »Women and Revolution. The Russian Revolution and the Emancipation of Women«, in: *Spartacist* (Frühling 2006).

Speck, Sarah (2012), *Zur Mutter berufen. Paradoxien entlohnter Haus- und Sorgearbeit im SOS-Kinderdorf*, Dissertation, Humboldt-Universität, Berlin.

Sperber, Manès (2003), *Wie eine Träne im Ozean*, München [1949-52].

Stalin, Josef (1954), »Rede auf dem VII. Kongress des Leninschen Kommunistischen Jugendverbands der Sowjetunion«, 16. Mai 1928, veröffentlicht in *Prawda* 113, zitiert nach: *Werke*, herausgegeben vom Marx-Engels-Institut beim ZK der KPdSU, Band 11, Berlin [Ost].

Stegbauer, Christian/Alexander Rausch/Elisabeth Bauer/Victoria Kartoshava (2009), *Wikipedia. Das Rätsel der Kooperation*, Wiesbaden.

Steinberg, Isaak (1981), *Gewalt und Terror in der Revolution. Das Schicksal der Erniedrigten und Beleidigten in der russischen Revolution*, Berlin [1923].

Sternfeld, Nora (2013), *Kontaktzonen der Geschichtsvermittlung. Transnationales Lernen über den Holocaust in der postnazistischen Migrationsgesellschaft*, Wien.

Stoff, Laurie S. (2006), *They Fought for the Motherland. Russia's Women Soldiers in World War I and the Revolution*, Lawrence (Kansas).

Stojaković, Krunoslav (2013), »Sozialistischer Humanismus. Zur konkreten Utopie Jugoslawiens«, in: *»Etwas fehlt«. Utopie, Kritik und*

Glücksversprechen, herausgegeben von der jour fixe initiative berlin, Münster.
Ströhm, Karl-Gustav (1967), *Vom Zarenreich zur Sowjetmacht*, Frankfurt am Main.
Stryker, Susan (2008), *Transgender History*, Berkeley.
Stüttgen, Tim (2007), »Post Porn Loss«, in: *absolute Feminismus*, herausgegeben von Gudrun Angele, Freiburg 2010.
Sußebach, Henning (2011), »Maria und Josef im Ghetto des Geldes«, in: *Die Zeit* (22. Dezember).
Ders. (2012), »Maria und Josef in Neukölln«, in: *Die Zeit* (19. Dezember).
Tetsch, Hartmut (1973), *Die permanente Revolution.* [Beiträge zur sozialwissenschaftlichen Forschung 11], Opladen.
Teuber, Nadine (2011), *Das Geschlecht der Depression. »Weiblichkeit« und »Männlichkeit« in der Konzeptualisierung depressiver Störungen*, Bielefeld.
Theweleit, Klaus (1980), *Männerphantasien*, Reinbek bei Hamburg [1977-78].
Timm, Uwe (1998), *Heißer Sommer*, München [1974].
Tirado, Isabel A. (1994), »Nietzschean Motifs in the Komsomol's Vanguardism«, in: *Nietzsche and Soviet Culture. Ally and Adversary*, herausgegeben von Bernice Glatzer Rosenthal, Cambridge.
Tönnies, Ferdinand (1912), *Gemeinschaft und Gesellschaft. Grundbegriffe der reinen Soziologie*, Berlin.
Traverso, Enzo (2007), *Gebrauchsanleitungen für die Vergangenheit*, Münster.
Tretjakow, Sergej Michajlovič (1976), *Ich will ein Kind haben*, in: ders., *Ich will ein Kind haben. Brülle, China! Zwei Stücke*, Berlin [1926].
Trotzki, Leo (2009), *Verratene Revolution*, Essen [1936].
Ders. (1990a), *Mein Leben. Versuch einer Autobiographie*, Berlin [1928].
Ders. (1990b), »Terrorismus und Kommunismus. Anti-Kautsky«, in: *Demokratie oder Diktatur*, Band 2, herausgegeben von Hans-Jürgen Mende, Berlin [1920].
Ders. (1973), *Geschichte der russischen Revolution*, Frankfurt am Main [1930].
Trumann, Andrea (2002), *Feministische Theorie. Frauenbewegung und weibliche Subjektbildung im Spätkapitalismus*, Stuttgart.
Tucker, Robert C. (1977), »Stalinism as a Revolution from Above«, in: *Stalinism*, herausgegeben von dems., New York.
Viehmann, Klaus (2006), »Stadtguerilla und Klassenkampf – revised«, in: *Klassen + Kämpfe*, herausgegeben von der jour fixe initiative berlin, Münster.

Voigts, Hanning (2010), *Entkorkte Flaschenpost. Herbert Marcuse, Theodor W. Adorno und der Streit um die Neue Linke*, Berlin.

Voß, G. Günter/Cornelia Weiß (2005), »Ist der Arbeitskraftunternehmer weiblich?«, in: *Subjektivierung von Arbeit. Riskante Chancen*, herausgegeben von Karin Lohr und Hildegard Maria Nickel, Münster.

Wallat, Hendrik (2012), *Staat oder Revolution. Aspekte und Probleme linker Bolschewismuskritik*, Münster.

Walzer, Michael (1988), *Exodus und Revolution*, Berlin [1985].

Watzlawick, Paul (2007), Interview, in: *Kommunikation und Seminar*, Paderborn.

Weil, Simone (1975a), »Kritische Prüfung der Revolutions- und Fortschrittsideen«, in: dies., *Unterdrückung und Freiheit. Politische Schriften*, München [1943].

Dies. (1975b), »Über die Widersprüche im Marxismus«, in: dies., *Unterdrückung und Freiheit. Politische Schriften*, München [1943].

Weinholz, Erhard (1995), »Die bescheidene Utopie. Zu den Prinzipien möglichst illusionsloser Gegenentwürfe«, in: *Subbotnik in LA. Politische Nachrichten und Hintergründe nicht nur für Halle 2* 73.

Werlhof, Claudia von (1978), »Frauenarbeit. Der blinde Fleck der politischen Ökonomie«, in: *Beiträge zur feministischen Theorie und Praxis* 1.

Werth, Nicolas (1998), »Ein Staat gegen sein Volk. Gewalt, Unterdrückung und Terror in der Sowjetunion«, in: *Das Schwarzbuch des Kommunismus, Unterdrückung, Verbrechen und Terror*, herausgegeben von Stéphane Courtois, Nicolas Werth, Jean-Louis Panné, Andrzej Paczkowski, Karel Bartosek u. a., Hamburg.

Wetterer, Angelika (1992), »Theoretische Konzepte zur Analyse der Marginalität von Frauen in hochqualifizierten Berufen und Professionen«, in: *Profession und Geschlecht. Über die Marginalität von Frauen in hochqualifizierten Berufen*, herausgegeben von ders., Frankfurt am Main/New York.

Wickham-Crowley, Timothy P. (1997), »Structural Theories of Revolution«, in: *Theorizing Revolution*, herausgegeben von John Forbes, London/New York.

Wickman, Jan (2003), »Masculinity and Female Bodies«, in: *NORA* 11.

Wiese, Leopold von (1967), *Soziologie. Geschichte und Hauptprobleme*, Berlin.

Ders. (1955), *System der Allgemeinen Soziologie – als Lehre von den sozialen Prozessen und den sozialen Gebilden der Menschen (Beziehungslehre)*, Berlin.

Wildt, Michael (2003), *Generation des Unbedingten. Das Führungskorps des Reichssicherheitshauptamtes*, Hamburg.

Williams, Raymond (1971), *Orwell*, London.
Wood, Elizabeth A. (1997), *The Baba and the Comrade. Gender Politics in Revolutionary Russia*, Bloomington (Indianapolis).
Worobec, Christine D. (1995), *Peasant Russia. Family and Community in the Post-Emancipation Period*, Illinois.
Zbarski, Ilya (1999), »Lenin und andere Leichen. Mein Leben im Schatten des Mausoleums«, in: *zum nachdenken. Lesenswerte Beiträge aus Zeitschriften und Büchern für politisch Interessierte* [gekürzte Ausgabe], Neue Folge Nr. 62, herausgegeben von Herbert Lilge [1997].
Zetkin, Clara (1985), *Erinnerungen an Lenin. Mit einem Anhang: Aus dem Briefwechsel mit Lenin und Nadeshda Krupskaja*, Berlin [1925].
Zibechi, Raúl (2011), *Territorien des Widerstands. Eine politische Kartographie der urbanen Peripherien Lateinamerikas*, Berlin/Hamburg.
Žižek, Slavoj (2012), »Occupy Wall Street: What Is to Be Done Next?«, in: *The Guardian* (24. April).
Ders. (2009), *First as Tragedy, Then as Farce*, London, New York.
Ders. (2007), »Foreword. Trotsky's Terrorism and Communism, or Despair and Utopia in the Turbulent Year of 1920«, in: *Slavoj Žižek presents Trotsky, Terrorism and Communism. A Reply to Karl Kautsky*, London/New York.

»Soziologie« in der edition suhrkamp Eine Auswahl

Pablo Alabarces. Für Messi sterben? Der Fußball und die Erfindung der argentinischen Nation. es 2608. 287 Seiten

Louis Althusser. Für Marx. Vollständige und durchgesehene Ausgabe. Herausgegeben von Frieder Otto Wolf. es 2600. 409 Seiten

Arjun Appadurai. Die Geographie des Zorns. Übersetzt von Bettina Engels. es 2541. 158 Seiten

Jakob Arnoldi. Alles Geld verdampft. Finanzkrise in der Weltrisikogesellschaft. Übersetzt von Niklas Hofmann. es 2590. 92 Seiten

Zygmunt Bauman
- Flüchtige Moderne. Übersetzt von Reinhard Kreissl. es 2447. 260 Seiten
- Gemeinschaften. Auf der Suche nach Sicherheit in einer bedrohlichen Welt. Übersetzt von Frank Jakubzik. es 2565. 180 Seiten
- Leben in der flüchtigen Moderne. Übersetzt von Frank Jakubzik. es 2503. 287 Seiten
- Wir Lebenskünstler. Übersetzt von Frank Jakubzik. es 2594. 206 Seiten

Peter-Paul Bänziger/Stefanie Duttweiler/Philipp Sarasin/Annika Wellmann (Hg.). Fragen Sie Dr. Sex. Ratgeberkommunikation und die mediale Konstruktion des Sexuellen. es 2595. 376 Seiten

NF 350/1/2.12

Ulrich Beck
- Nachrichten aus der Weltinnenpolitik. es 2619. 149 Seiten
- Die Neuvermessung der Ungleichheit unter den Menschen: Soziologische Aufklärung im 21. Jahrhundert. Eröffnungsvortrag zum Soziologentag »Unsichere Zeiten« am 6. Oktober 2008 in Jena. 57 Seiten
- Risikogesellschaft. Auf dem Weg in eine andere Moderne. es 1365 und es 3326. 396 Seiten

Ulrich Beck/Angelika Poferl (Hg.). Große Armut, großer Reichtum. Zur Transnationalisierung sozialer Ungleichheit. es 2614. 694 Seiten

Ulrich Beck/Anthony Giddens/Scott Lash. Reflexive Modernisierung. Eine Kontroverse. es 1705. 364 Seiten

Pierre Bourdieu
- Ein soziologischer Selbstversuch. Übersetzt von Stephan Egger. Mit einem Nachwort von Franz Schultheis. es 2311. 160 Seiten
- Praktische Vernunft. Zur Theorie des Handelns. Übersetzt von Hella Beister. es 1985. 226 Seiten
- Soziologische Fragen. Übersetzt von Hella Beister und Bernd Schwibs. es 1872. 256 Seiten

Elena Esposito. Die Fiktion der wahrscheinlichen Realität. Übersetzt von Nicole Reinhardt. es 2485. 127 Seiten

Hartmut Häußermann/Dieter Läpple/Walter Siebel. Stadtpolitik. es 2512. 403 Seiten

Wilhelm Heitmeyer (Hg.)
- Deutsche Zustände. Folge 1. es 2290. 304 Seiten
- Deutsche Zustände. Folge 2. es 2332. 320 Seiten
- Deutsche Zustände. Folge 3. es 2388. 300 Seiten

NF 350/2/2.12

- Deutsche Zustände. Folge 4. es 2454. 320 Seiten
- Deutsche Zustände. Folge 5. es 2484. 300 Seiten
- Deutsche Zustände. Folge 6. es 2525. 308 Seiten
- Deutsche Zustände. Folge 7. es 2552. 328 Seiten
- Deutsche Zustände. Folge 8. es 2602. 319 Seiten
- Deutsche Zustände. Folge 9. es 2616. 348 Seiten
- Deutsche Zustände. Folge 10. es 2647. 336 Seiten

Claudia Honegger/Sighard Neckel/Chantal Magnin (Hg.). Strukturierte Verantwortungslosigkeit. Berichte aus der Bankenwelt. Mit einem Text von Elfriede Jelinek. es 2607. 395 Seiten

Martina Löw/Renate Ruhne. Prostitution. Herstellungsweisen einer anderen Welt. es 2632. 215 Seiten

Daniel Miller. Der Trost der Dinge. Fünfzehn Porträts aus dem London von heute. es 2613. 226 Seite

Stephan Moebius/Markus Schroer (Hg.). Diven, Hacker, Spekulanten. Sozialfiguren der Gegenwart. es 2573. 462 Seiten

Richard Münch.
- Die akademische Elite. Zur sozialen Konstruktion wissenschaftlicher Exzellenz. es 2510. 474 Seiten
- Akademischer Kapitalismus. Über die politische Ökonomie der Hochschulreform. es 2633. 457 Seiten
- Globale Eliten, lokale Autoritäten. Bildung und Wissenschaft unter dem Regime von PISA, McKinsey &. Co. es 2560. 266 Seiten

Werner Schiffauer. Nach dem Islamismus. Die Islamische Gemeinschaft Milli Görüş. Eine Ethnographie. es 2570. 391 Seiten

Mark Terkessidis. Interkultur. es 2589. 220 Seiten

NF 350/3/2.12